KB252988

해양문화관광의 이해

이 저서는 2017년 정부(교육부)의 재원으로 한국연구재단 대학인문역
량강화사업(CORE)의 지원을 받아 수행된 저서임.

해양문화관광의 이해

양위주 · 이현찬
김명희 · 이샛별

서문

　책 집필의 주된 목적은 저자가 가진 전문지식과 특별한 경험의 공유와 공감 그리고 확산이라 생각한다. 그림이나 이미지로도 전달은 가능하지만 특정분야의 전문성을 나타내는 경우 대부분의 책은 text에 의존하게 된다. 이미지는 보조적 수단에 해당된다.

　인터넷 시대에 지식과 경험의 공유는 SNS를 통해 이전과 다른 방식으로 더욱 활발하게 소통되고 있는 현재의 상황을 고려할 때, 책 출간의 주목적은 심각한 도전에 직면하게 된다. 그러나 이태리 전 총리인 엔리코 레타의 이야기는 원래의 목적을 상기시켜 용기를 준다. “교육의 목적이 지식 전달에만 국한되어선 안 됩니다. 인터넷으로 배울 수 없는 ‘경험’을 가르치고, 나아가 빈부 격차 해소를 위한 통로가 돼야 합니다.”

　본서의 집필목적은 경험의 공유와 소통을 위함이었고, 그 목표를 달성하기 위한 가장 효과적인 방법으로 책의 내용을 구성하였음을 밝힌다. 지식검색, 위키피디아, 블로그, SNS 등 인터넷에 올라와있는 일부

정보들과 유사할 수도 있을 것이다.

문화의 출발은 다름의 인정에서 시작된다. 문화의 특색은 그 차이로 인해 발생한다. 차이 나는 문화는 호기심의 대상이 되고, 그 차이를 갖춘 장소를 방문하기 위해 시간과 비용을 준비하게 된다. 문화와 관광은 이렇게 만난다. 그러나 그 출발점이 차이임을 기억하자. 차이를 갖춘 장소가 관광목적지가 된다. 그러나 관광목적지에서는 그 차이로 인해 방문한 관광객과 그곳에 있는 사람들이 하나가 된다. 관광목적지에서는 그 차이가 녹아 차이가 없어짐을 경험하게 된다. 관광의 매력이리라.

이 책은 차이를 지닌 문화콘텐츠가 관광과의 만남을 통해서 문화관광이 됨을 밝힌다. 그러나 책의 일관된 흐름은 '해양적 사고의 틀'에서 시작부터 끝까지 관통하고 있다.

이 책은 공동집필로 이루어졌다. 서로 다른 지식, 경험을 지닌 네명의 사람들이 모였다. 다름이 문화의 시작이라는 기본적 전제에서 하나의 목표를 두고 시작했지만 "아이쿠", "두번할 짓은 아니다", "끝" 이런 단어들이 공동집필자들의 원고완성 이후 마지막으로 하고 싶은 이야기였다면 믿을 수 있을까?

10월 30일 최종 원고를 마무리한 이 시점.
그동안 작업스케줄을 정해놓고 수시로 만나서 주제를 논의하고, 채워넣어야 할 콘텐츠를 토론하면서, 수없이 많이 고민하고… 하루, 일주일, 한달…. 이렇게 시간을 보냈다.

각각 서로 다른 자신의 전공과 관심분야를 이야기하기에 앞서 본서의 취지와 목적에 맞는 가장 이상적인 목차를 도출하는데 상당한 시간을 쏟았다. 각자의 다름이 공동의 목표를 추구하는 과정에서 겪는 몸부림은 있기 마련이다. 최종적으로 목차를 정하는데만 3개월의 시간을 보냈다. 이 과정에 서로 다름은 충분한 논의와 의견 교환을 통하여 조정이 되었기에 이후의 작업들 목차별로 콘텐츠를 찾아내고, 논리적으로 글을 기술하는 것은 의의로 쉽게 진행되었다. 자신의 전공과 관심분야를 목차에 삽입하면서 많은 내용의 수정과 보완이 이루어졌다. 기본적으로 4명의 집필자들이 작성한 원고는 서로 다른 집필자들이 보고, 내용의 다른 스타일의 첨삭이 진행되었다.

글을 적는다는 것, 특히 책을 집필하는 것은 내용을 담는 것이 기본이지만 어느 순간부터는 내용을 비우는 작업으로 바뀌게 된다. 대부분이 공감하는 바와 같이 채우는 것 보다 비우는 것이 더 힘든 작업이라는 것을.

사람의 삶도 그런 것이 아닐까. 어느 순간 우리는 비우는 삶을 그리고 그 전제는 우리가 결국에는 흙으로 돌아간다는 명제를 순순히 받아들이는 것부터 그리고 그것을 가슴 깊이 체득하므로부터 시작되지 않을까..

오늘 이렇게 세상에 내놓은 이 책은 완성을 추구하지 않았다. 2017년 동시대에 다른 관심과 다른 생각을 가진 네명의 집필진들이 모여서 해양, 문화, 관광이라는 독특한 주제의 융합을 어떻게 할 것인가의 고민으로부터 해양문화라는 하나의 단어를 어떻게 우리 사회에 적용할

것인가와 이것을 대학생들에게 지식으로 전달하면서 무엇을 공유할
것인가의 관점에서 책의 내용들이 이루어졌음을 밝힌다.

　평가는 독자들의 몫이다.
　이 책을 보는 모든 독자들은 이 책에 대해서 많은 이야기를 직접적
으로 또는 간접적으로 더해야할 부분과 빼야할 부분들은 진정성을 가
지고 전달해주길 바란다.

　모든 집필진들이 열린 마음으로 기꺼이 수긍할 것이다. 그리고 겸손
히 받아들일 것이다.

　끝으로 서로 다른 네 개성들이 수개월 걸쳐 작업 하면서 얻은 소중
함은 서로에 대해 알아감이었고 그 과정에서 신뢰와 끈이 되었음을 감
히 밝힌다.

　모든 땀과 희생한 모든 것에 대해 감사의 마음을 돌린다.
　3분의 다른 집필진들에게 진정과 사랑을 보낸다.
　사람을 알아가는 것, 참으로 아름다운 도전이다.

　태평양에서 불어오는 Indian Summer를 느낀다.

양　위주

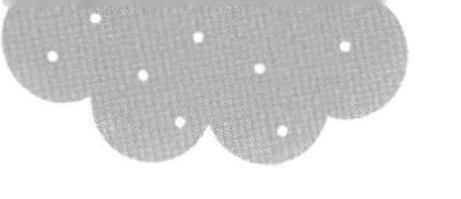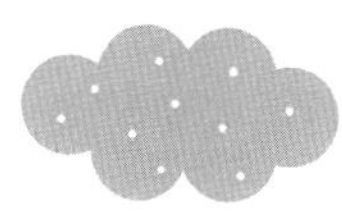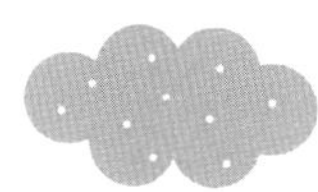

목 차

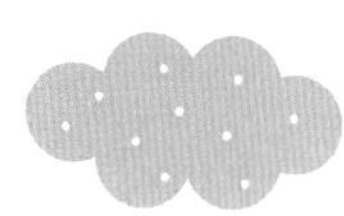

제3장 해양국가에 나타난 해양문화관광

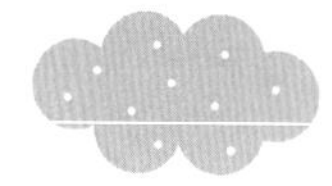

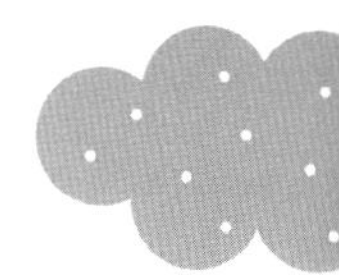

제1장

문화와 문화관광 알기

1. 문화, 문화관광의 개념

- 문화는 국민의 권리이다! -

1) 문화의 개념 : 일반적 정의

'문화란 무엇인가'라는 질문과 관련하여 사회학자인 Debra Marshall 은 학습되고, 규범화되며, 사회적으로 전승되고, 공유되며, 상대적이며, 자연스럽게(natural) 적응되어가는 것이라고 설명하고 있다. 유네스코(2002)에서는 문화를 한 사회 또는 사회적 집단에서 나타나는 예술, 문학, 생활양식, 더부살이, 가치관, 전통, 신념 등의 독특한 정신적, 물질적, 지적 특징으로 정의하고 있다. 즉, 문화는 한 사회의 주요한 행동이나 상징체계를 의미한다고 하였다.

이러한 개념적 정의를 정량적으로 접근할 경우, 문화는 다른 인간과 서로 다른 환경이 결합되면 적어도 산술적으로는 그 다름의 조합 수만큼 다른 문화가 존재하게 된다. 이러한 이유로 문화의 정의는 진리의 추구와 같은 철학적 접근보다는 사회현상으로써 현상학적 접근이 필요한 이유가 된다.

그러므로 본서에서는 문화를 어떤 시대, 어떤 지역이나 집단에 속한 환경과 그 환경의 상호작용을 통하여 그 사람들이 표현해내는 삶의 양식(life style)으로 보고자 한다. 시간의 흐름에 따라 걸러지고 또 추가되면서 집단 간 사회 간 상호 공유와 공감이 확산되면서 문화가 자리 잡게 된다. 인간은 여러 가지 면에서 서로 다르며, 또한 모든 문화에는 이러한 서로 다른 부분들이 존재한다는 것을 인정한다. 이러한 차이가 문화를 만들어낸다.

'다름' 그리고 그 '다름(차이)'에 대한 인정이 문화의 시작이 된다. 일상의 삶에는 어떤 특정 문화와 인접한 문화 간에 유사한 면도 존재하지만 서로 다른 많은 면도 존재한다. 공통분모가 많아질수록 확산의 속도는 빠르게 전개될 것이다. 예를 들면, 유튜브를 통한 음악의 경우, 어떤 노래는 다른 노래에 비해 압도적으로 높은 조회수를 기록한다.

문화는 딱 잘라서 한 가지로 정의할 수 없다. 다양하고 복잡한 여러 가지 '다른' 관점이 존재하기 때문이다. 개인과 개인이 모인 집단은 모두 서로 다르다는 것이 전제되어야 한다. Edward Taylor(1871)는 문화를 지식, 신앙, 예술, 도덕, 법률, 관습과 역량과 습관을 포괄하는 복합체로 이해하고 있다. 즉, 지식의 다름, 신앙의 다름, 예술의 다름, 도덕의 다름, 법률의 다름, 관습과 습관의 다름, 이러한 모든 '다름'은 국가와 지역, 사회 그리고 그것을 구성하는 사람과의 상호작용에 의해서 형성되어진다.

Clifford Geertz[1]는 문화가 인간에 미치는 영향력을 언급하면서 문화는 지각(perception)을 형성하고 행태(behavior)에 영향을 주는 가치, 신앙, 태도를 공유하고 학습하는 상징체계라고 주장하였다. 즉, 인간은

---

1) Interpretation of Cultures

자신의 문화를 창조하고 개조할 수 있는 능력을 가지고 있지만, 문화적 제도에 의해 부과된 이해나 분류방법을 통해 주변의 세계를 정의하는데 자신의 문화를 제공한다는 것이다. 그에 따르면, 인간은 자신의 문화를 벗어날 수 없다는 것이다. 즉, 인간은 문화를 창조하고 또한 그 창조한 문화에 갇혀있다는 것이다. 세계는 그들의 문화를 통해서 정의되어진다는 것이다.

문화와 관광의 융합이 필요한 이유는 여기에 있다. 문화의 출발이 '다름(차이)'에 있음을 전제로 할 때, 관광의 목적(동기) 가운데 '새로움의 추구(novelty-seeking)'을 인정한다면, 차이와 새로움의 결합은 바로 문화와 관광, 즉, 문화관광의 태동이 필연적임을 짐작할 수 있다.

<table>
<tr><td colspan="2" align="center">문화 지식 : PSY's 강남스타일 (출처: https://namu.wiki)</td></tr>
<tr><td>

2012년 세계 최고 인기 노래
-전 세계적으로 히트한 최초의 한국 대중음악
-한국 노래 및 한국어 노래 최초로 빌보드 HOT 100 10위 이내 기록(최고 기록 7주 연속 2위)
-한국 노래 최초로 33개국 이상의 공식 차트에서 1위 차지
-아이튠즈 음원 차트가 제공되는 70개국 가운데 49개국에서 1위 차지
-케이 차트 사상 첫번째 10주 연속 1위
-한국 대중음악 최초의 텐밀리언셀러
-유튜브의 전설이 된 비디오
 :전체 조회수 2위
 :게시 100일 내 5억뷰 돌파한 최초의 동영상
 :조회수 10억을 돌파한 최초 동영상(2017년 7월 현재 29억 달성, 비공식 1위 약 29억, 비공식 3위 약 28억, 비공식 4위 약 26억)
 :조회수 카운터 옆에 특별 서비스가 제공되었던 동영상
 :유튜브가 표시할 수 있는 동영상 조회수의 한계치를 넘겨버린 최초의 동영상
 :세계최초 10,000,000 추천달성(2015년 11월 3일 11시 23분경 달성)

</td><td>

-작사 싸이, 이하늘
 작곡 싸이, 유건형
 편곡 유건형
 뮤직비디오 제작 조수현 감독
-가수 싸이의 6번째 정규앨범 <6甲 Part.1>의 타이틀곡
-2012년 7월 15일 발표

</td></tr>
</table>

2) 문화의 개념 : 법적 정의

국민의 권리는 법적 보호를 받아야 한다. 국회는 이러한 책임을 다하기 위해 법의 제정을 담당하고 있다. 행정부는 제정된 법을 실행하고 집행하는 곳이 된다. 따라서 문화를 알기에 앞서 이러한 법적 관점에서 문화를 어떻게 명시하고 있는지에 대한 이해는 중요하다고 할 수 있다. 문화의 개념적 정의에 대한 학술적 관점에 앞서 법적 관점으로 보고자 한다. 이는 문화의 정의가 법적체계가 서로 다른 국가마다 다를 수밖에 없는 필연적 상황임을 인식하게 한다. 국가의 역사, 사회, 경제 등 국민의 생활과 환경이 다르기 때문에 이와 관련된 법적 체계는 필연적으로 다를 수밖에 없다. 따라서 문화는 그 차이가 중요함을 반증하게 된다.

우리나라의 경우 **문화기본법**[2])에 의거, 문화는 '문화예술, 생활양식, 공동체적 삶의 방식, 가치 체계, 전통 및 신념 등을 포함하는 사회나 사회 구성원의 고유한 정신적·물질적·지적·감성적 특성의 총체'로 정의되어 있다(제2조). 법적 관점에서 문화는 국민의 권리로 정해져 있으므로 문화정책의 방향과 추진은 국가 및 지방자치단체의 책임성과 관련된다. 따라서 문화는 그 가치와 위상을 높여 문화가 국민의 삶의 질을 향상시키고 국가사회의 발전에 중요한 역할을 할 수 있게끔 규정하고 있다.

그러므로 문화의 향유는 일부 소수계층의 전유물이 아니라 국민의 권리임을 명시하고 있다. 특히, 국민으로서 한 개인의 문화 표현과 활

---

2) [시행 2016.5.29.] [법률 제14203호, 2016.5.29., 일부개정]

동은 차별받지 아니하도록 하고 문화의 다양성, 자율성과 창조성의 원리가 조화롭게 실현되도록 하고 있다. 이러한 정책의 수립과 실행은 문화체육관광부 산하 문화여가정책과에서 담당하고 있다. 문화기본법 제5조에 의하면, 국가와 지방자치단체의 책무로써 다음과 같이 조항을 두고 있다.

① 국가는 국민의 문화권을 보장하기 위하여 문화진흥에 관한 정책을 수립·시행하고, 이를 위한 재원(財源)의 확충과 효율적인 운영을 위하여 노력하여야 한다.
② 국가는 지방자치단체의 문화 관련 계획, 시책과 자원을 존중하고, 지역 간 문화 격차의 해소를 통하여 균형 잡힌 문화 발전이 이루어지도록 노력하여야 한다.
③ 국가와 지방자치단체는 경제적·사회적·지리적 제약 등으로 문화를 향유하지 못하는 문화소외 계층의 문화 향유 기회를 확대하고 문화 활동을 장려하기 위하여 필요한 시책을 강구하여야 한다.
④ 국가와 지방자치단체는 각종 계획과 정책을 수립할 때에 문화적 관점에서 국민의 삶의 질에 미치는 영향을 평가(이하 이 조에서 '문화영향평가'라 한다)하여 문화적 가치가 사회적으로 확산될 수 있도록 하여야 한다.
⑤ 문화영향평가의 대상, 절차 및 방법 등에 필요한 사항은 대통령령으로 정한다.

국민의 문화적 삶의 질 향상과 국민경제의 발전에 이바지하도록 문화산업진흥을 위해 국가 및 지방자치단체는 문화산업의 지원 및 육성에 필요한 사항을 정하여 문화산업 발전의 기반을 조성하고 경쟁력을 강화하도록 요구하고 있다. 이와 관련하여 문화산업진흥기본법3)을 제정하고 있다. 이러한 정책의 수립과 실행은 문화체육관광부 산하 문화산업정책과에서 담당하고 있다. 문화는 국민의 권리이다.

---

3) [시행 2016.9.30.] [법률 제14127호, 2016.3.29., 타법개정] 문화체육관광부 문화산업정책과 담당

3) 문화의 구성요소

문화의 의미를 쉽게 알기 위해서는 문화를 구성하는 요소에 대한 이해가 필요하다. 일반적으로 문화는 상징, 언어, 예술, 기술, 규범, 가치 등 다양한 문화 요소로 구성되어 있다고 할 수 있다.

첫째, 상징은 일상적인 대상에 그 문화를 누리는 사람들이 특별한 의미를 부여하는 것이다.
- 2002 한일월드컵의 당시 우리나라 지도는 '호랑이'로 상징

둘째, 언어는 지역의 자연과 인문환경과 가장 밀접하게 표현되어진다.
- 에스키모인들은 눈(snow)을 표현하는 낱말이 200단어가 넘는다고 한다.

셋째, 기술 즉, technology가 문화의 요소가 된다. 현대의 가장 대표적인 IT기술인 인터넷 등장이 바로 그에 해당된다.
- SNS(카카오톡, 네이버 라인, 페이스북, 트위터, 인스타그램 등)

넷째, 예술이 문화의 요소가 된다. 예술은 일상과 비일상의 사고와 경험을 시간과 공간을 담거나 초월하여 표현된다.
- 음악, 그림, 무용, 춤, 소설, 연극, 영화 등

다섯째, 규범과 가치가 문화의 요소가 된다. 이는 한 사회에서 권장 혹은 규제하는 삶의 방식이나 지향하는 정신적 윤리를 담고 있기 때문에 각 지역마다 국가마다 사회마다 다양하게 존재한다.
- 동북아시아의 남아선호사상

이상과 같이 특정 지역이나 사회(society) 그리고 그곳에 속한 사람들이 시간의 흐름에 의해 축적되어지고 전승되어온 삶의 방식을 보여

주는 문화의 다양한 요소들은 문화를 이해하는 중요한 단서(cue)를 제
공한다.

2. 문화진흥을 위한 문화정책

문화기본법(제9조)에 의하면, 국가와 지방자치단체는 문화진흥을 위
해 다음 각 호에 따른 문화정책을 수립하고 시행하기 위해 노력해야
한다고 법적으로 명시하고 있다. 다음 각 호와 관련 법률을 검토해보
고자 한다.

1) 문화체육관광부

우리나라의 문화관련 정책 수립을 담당하는 부처는 문화체육관광부
이다. 조직도는 다음과 같다.

1장관-2차관-1차관보-7실-동계올림픽특구기획단을 두고 있다. 문
화는 제1차관 관할 문화예술정책실에서, 관광은 제2차관 관할 관광
정책실에서 담당하고 있다. 문화와 관광 관련 정책은 서로 다른 정책
실에서 수립되고 있기 때문에 협치를 통한 정책의 융복합화가 요구
된다.

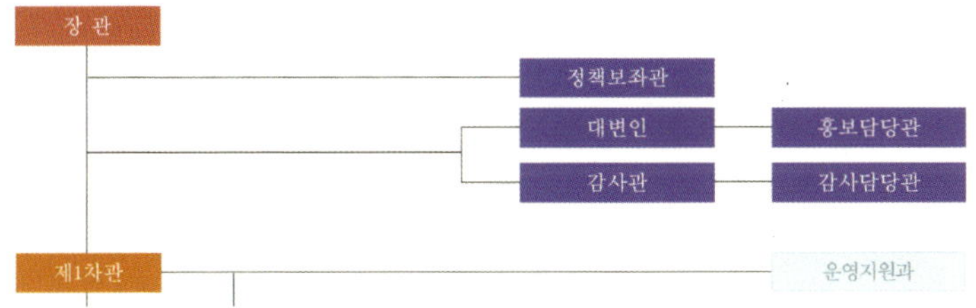

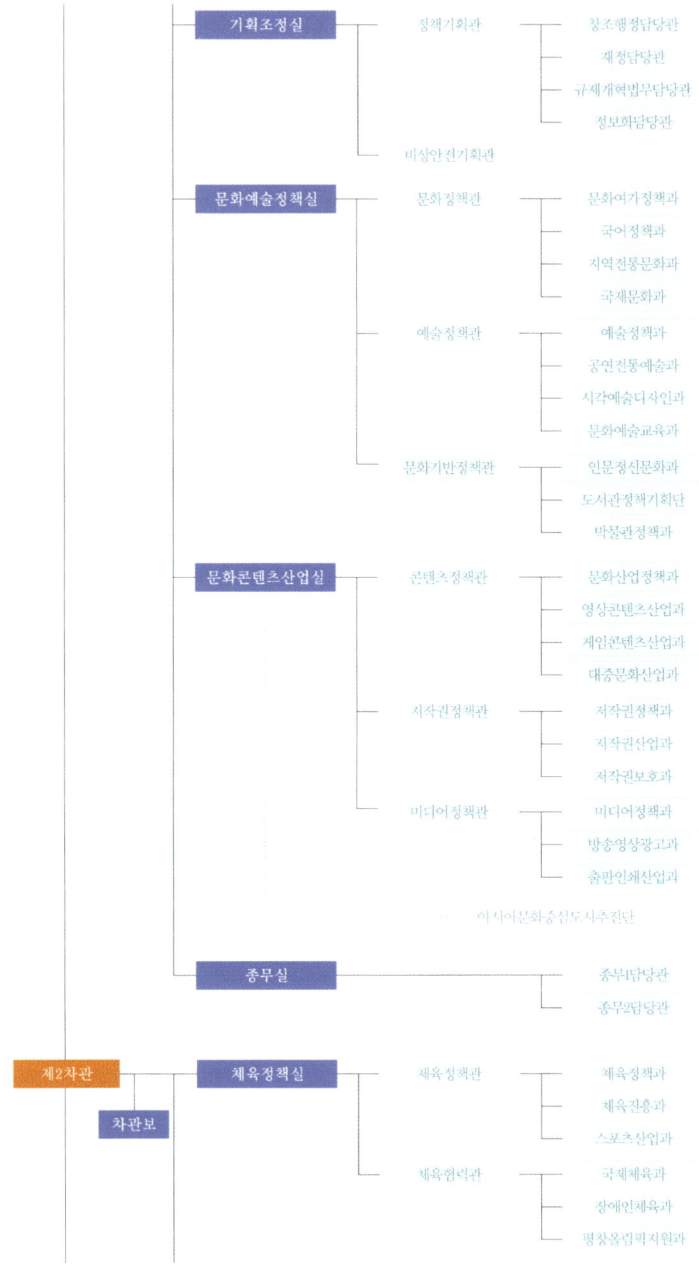
제2차관
차관보
기획조정실
정책기획관
창조행정담당관
재정담당관
규제개혁법무담당관
정보화담당관
비상안전기획관
문화예술정책실
문화정책관
문화여가정책과
국어정책과
지역전통문화과
국제문화과
예술정책관
예술정책과
공연전통예술과
시각예술디자인과
문화예술교육과
문화기반정책관
인문정신문화과
도서관정책기획단
박물관정책과
문화콘텐츠산업실
콘텐츠정책관
문화산업정책과
영상콘텐츠산업과
게임콘텐츠산업과
대중문화산업과
저작권정책관
저작권정책과
저작권산업과
저작권보호과
미디어정책관
미디어정책과
방송영상광고과
출판인쇄산업과
아시아문화중심도시추진단
종무실
종무1담당관
종무2담당관
체육정책실
체육정책관
체육정책과
체육진흥과
스포츠산업과
체육협력관
국제체육과
장애인체육과
평창올림픽지원과

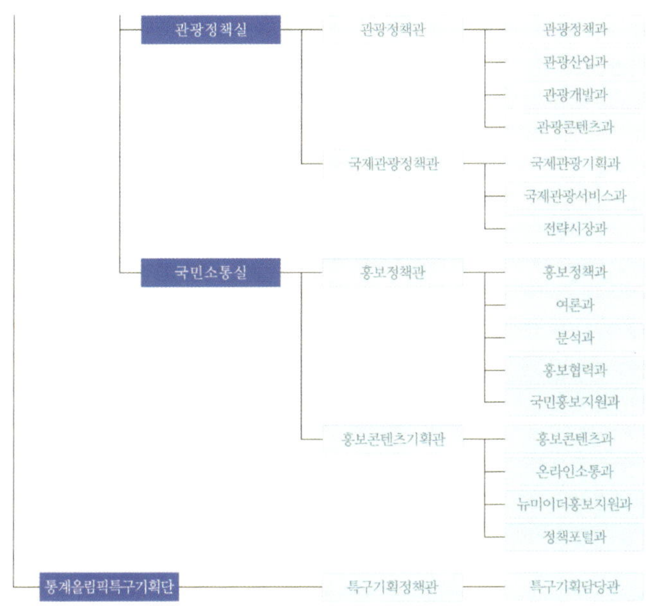

    2017년도는 새로운 정부의 출범과 더불어 이전 정부가 수립한 정책에 상당한 변화가 예상되며, 2018년도에는 정부의 뚜렷한 문화관광에 대한 의지를 볼 수 있을 것이다.

비전	다시찾고 싶은 문화관광국, 대한민국

2015년과 2017년의 문화관광 목표는 다음과 같다.

구 분	정량목표 2015년	정량목표 2017년
외국인 관광객 만족도	93.5%	95%
외국인 관광객 재방문율	46.1%	50%
국제 관광경쟁력 순위	29위	20위이내
외국인 관광객 1인당 지출액	$1,713	$2,000
국내관광 지출	25조원	28조원
지역방문 비율	42.5%	50%
체류 기간	6.6일	7일

목표달성을 위한 전략을 다음과 같이 수립하였다.

- 콘텐츠 다양화, FIT정책 강화, 규제완화, 협업강화

이러한 전략은 다음과 같은 추진과제를 제시하고 있다.

	추 진 전 략	추 진 과 제
관광콘텐츠	여행패턴을 고려한 입체적 관광콘텐츠 육성	테마여행 10선, 코리아둘레길, 권역별 관광개발
관광서비스	국민 눈높이에 맞춘 관광수용태세 질적 개선	관광품질인증제, 스마트관광, 대중교통개선, 숙박확충
기업지원	관광벤처기업 체계적 육성 및 양질의 고용창출	관광벤처기업 육성, 관광기업 금융지원 제도개선
외래관광객	인바운드 관광시장의 질적 체질 개선	시장다변화 및 고품격화, 중국시장 관리, FIT 특화 정책 추진
전략산업	의료·웰니스관광 및 MICE산업 경쟁력 강화	의료웰니스관광육성, MICE산업 경쟁력 강화

2) 문화정책의 역사

우리나라의 문화정책의 흐름을 검토해보고자 한다. 다음은 우리나라의 정부별 문화정책의 흐름을 1980년도부터 2016년까지 정책의 주요방향과 정책목표를 정리해놓았다.

구 분	문화정책 주요방향	정 책 목 표
전두환 정부 **(1980~1987)**	문화기반시설 확충	1. 문화복지의 구현 2. 문화적 주체성의 확립 3. 문화창조능력의 활성화 4. 문화의 국제화 5. 문화의 국가발전의 동력화
	· 문화시설 건립을 통해 문화향유 여건을 조성하고 가시적 성과를 거두려함 · 국립국악당(1984), 국립현대미술관(1986), 독립기념관(1984), 예술의전당(1988) 등 건립 · 각 시도에 종합문예회관, 특장문화시설, 중요무형문화재 전수관 등 확충	

구 분	문화정책 주요방향	정 책 목 표
노태우 정부 **(1988~1992)**	찾아가는 프로그램 등 향수 프로그램 개발	1990년 '문화발전 10개년 계획'과 1991년에 작성된 '7차 5개년 계획'등 장기적인 문화발전계획을 수립하여 새로운 국면을 맞이함. 경제안정과 더불어 민주화 구현, 국민의 문화에 대한 관심이 높아짐에 따라 예술 창조자 중심에서 향수자 중심으로 변경
	· '모든 국민에게 문화를'이라는 민주주의 표방 · 실제 국민이 즐길 수 있는 문화프로그램 조성 · 문화학교 운영, 문화가족운동, 사랑티켓제도, 문화의 거리 같은 프로그램 개발	
김영삼 정부 **(1993~1997)**	문화복지 개념 확립	1. 규제에서 자율로 2. 중앙에서 지역으로 3. 창조계층에서 향수계층으로 4. 분단에서 통일로 5. 보다 넓은 세계로
	· '문화발전 10개년 계획(1990-1999)' 수립 · 삶의 질의 중요성을 인식하여 '문화복지' 강조 · 1996년 문화복지기획단을 설립하고 『문화복지 중장기 발전계획』 수립 ①기본권으로서의 문화권 보장, ②생산적·예방적 복지, ③참여 활성화에 따른 복지공동체 형성 · 문화의 집 조성, 재외 문화원 확충, 한국문화 주간 설정, 국제 문화예술 행사 창설 등 한국문화의 세계화 추진	
김대중 정부 **(1998~2002)**	창의적 문화복지 국가	1. 문화복지의 실질적 구현을 통한 삶의 질 향상 2. 문화기반시설의 확충과 운영개선 3. 문화를 기반으로 지역간 균형발전 및 사회통합 4. 중산층과 서민을 위한 문화복지 확대
	· 문화를 통한 창의성의 발현이야말로 문화복지국가의 원동력 · 평생학습을 위한 문화기반시설 역할 확대, 문화지구, 문화프로그램 정보 등 강조	
노무현 정부 **(2003~2007)**	문화 취약계층(지역) 문화복지	1. 국가발전을 이끄는 문화 2. 문화·관광으로 지역균형발전 3. 광복 60주년을 맞아 문화로 국민통합 4. 모두가 함께 누리는 문화 5. 아시아의 중심에서 세계로 뻗어가는 문화
	· 문화예술교육을 본격적으로 펼침. 한국문화예술교육진흥원 설립(2005), 『문화예술교육지원법』 제정(2005) · 문화소외계층, 문화소외지역이란 용어를 사용하며, 장애인, 노인, 저소득층, 실업자, 이주민, 재소자, 지역 등 문화복지정책 대상으로 설정. 복권기금 문화나눔사업 수행(2004)	

구 분	문화정책 주요방향	정 책 목 표
이명박 정부 **(2008~2012)**	저소득층 문화향유 기회확대	1. 멋있는 한국인, 창조적 문화예술의 나라 2. 잘사는 한국인, 콘텐츠산업으로 부유한 나라 3. 정겨운 한국인, 다시찾는 관광의 나라 4. 신나는 한국인, 어디서나 스포츠를 즐기는 나라
	· 2010년 친서민 정책을 강조. 문화이용권 확대	
박근혜 정부 **(2013~2016)**	문화의 융성 및 문화를 통한 융성	1. 모든 국민이 문화가 있는 삶을 누림 2. 문화의 가치로 사회적갈등 치유 3. 문화예술을 통한 국가발전 문화를 통한 국민행복 추구
	· 문화기본법(2013), 지역문화진흥법(2014), 문화다양성의 보호와 증진에 관한 법률(2014), 인문학 및 인문정신문화의 진흥에 관한 법률(2016), 문화진흥법(2016) 등 문화융성 관련 법률 제정 · 콘텐츠 산업 육성, 경제부흥을 위해서 문화 융성, 문화와 산업의 융합, 창조산업 강조	

(출처 : KMI 내부자료, 2017)

문화정책의 기조 아래 수립된 문화계획의 역사를 시기별로 검토해보면, 우리나라 문화발전의 흐름에 다음과 같은 특징이 나타난다. 1970년대는 문화예술정책으로 민족문화의 중흥, 전통문화유산의 보전, 문화예술제도 법제화의 기치 아래 문화예술진흥법을 제정하였다. 1980년대 문화발전 10개년 계획을 수립하여 문화국가 지향, 지역문화, 민족문화, 한국문화의 세계화를 내세웠다. 1994년 문화체육관광부, 문화산업국을 설립하여 산업적 측면에서 문화의 고부가가치 개념을 도입하였다. 다음의 표는 정부별로 추진한 기본계획과 정책내용을 정리한 것이다.

기본계획	추진정부	정책내용
문예중흥 5개년 계획	박정희정부 (1973년)	• 주체적인 민족문화 창달 • 문화진흥 법제화 • 문화예술진흥기관 및 시설 건립
제5차 경제사회 발전 "문화부문계획"	전두환정부 (1980년)	• 문화시설 확충과 지방문화 육성 • 전통문화유산 개발과 창작여건 개선 • 민족문화의 국제적 선양
문화발전 10개년 계획	노태우정부 (1990년)	• 문화자율성 신장 • 문화향수권 강화 • 문화격차 해소
문화창달 5개년 계획	김영삼정부 (1993년)	• 한국문화의 세계화 • 문화복지정책추진 • 통일대비 문화정책
새 문화정책	김대중정부 (1998년)	• 뉴밀레니엄 문화진흥 • 일본대중문화 개방 • 문화산업 진흥
창의한국	노무현정부 (2004년)	• 문화분권·자율·참여의 문화행정 • 수요지중심 문화정책 • 문화인적자원 정책
'C-KOREA 2010'	이명박정부 (2008년)	• 문화를 통한 국가브랜드 제고 • 국가대표문화시설 건립 • 문화예술지원제도 개선

(출처 : KMI 내부연구자료, 2017)

프랑스 : Minister of Culture	한국 : Ministre of Culture, Sports, and Tourism
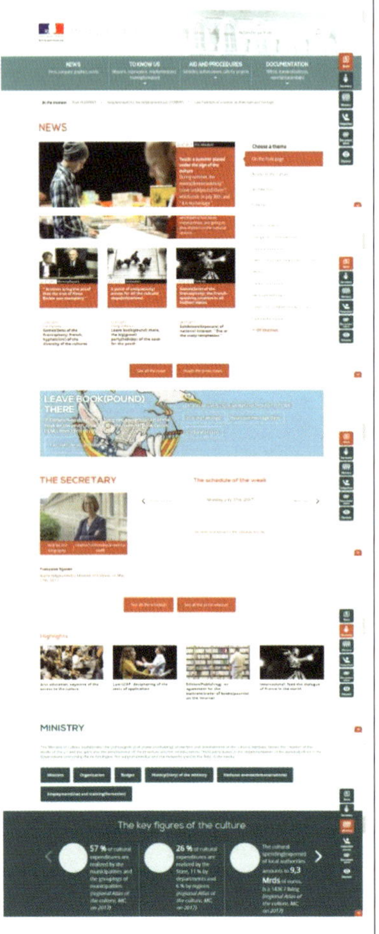	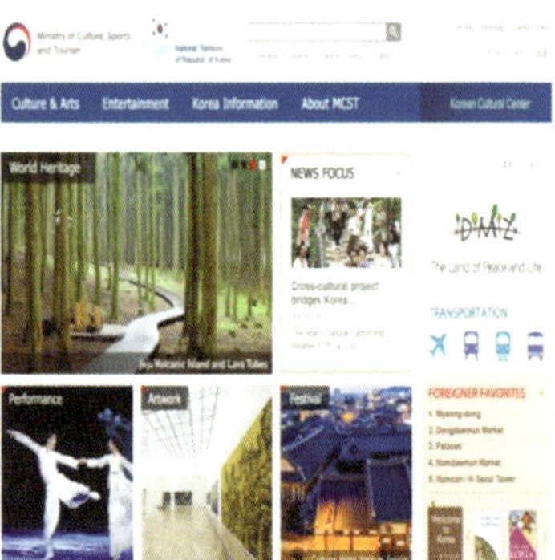

프랑스 : Minister of Culture	한국 : Ministre of Culture, Sports, and Tourism
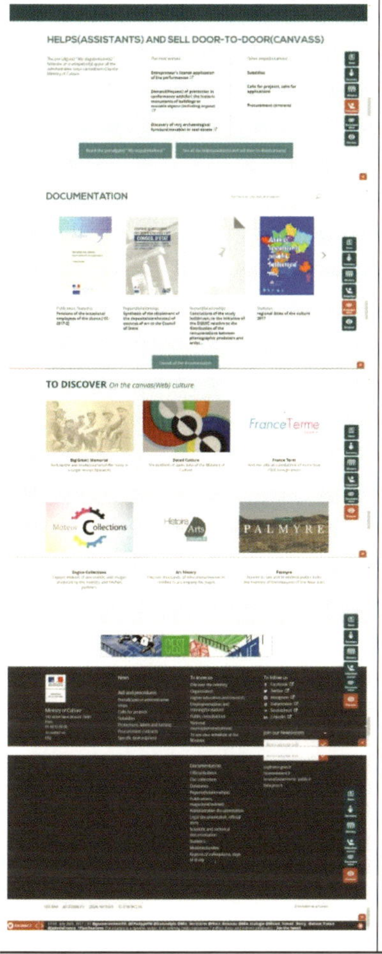	

3) 문화와 해양문화의 방향

기존 문화기본법이나 관련 정책을 검토해볼 때, 문화와 문화정책에 관한 내용이 대부분 국토의 공간적 관점에서 접근되었기 때문에 상대적으로 해양과 해양문화에 대한 내용은 거의 부재한 상태임을 알 수 있다. 따라서 해양문화도 해양문화와 해양문화산업의 융합성이 지닌 의미를 살리기 위하여 담당부서를 초월하여 협치(governance)의 관점에서 관련 법률의 보완이 요구된다.

이는 점진적으로 문화의 수식어로 해양문화의 개념보다는 신조어의 관점에서 개념적 정의가 필요할 것이다. 해양문화의 개념정립을 토대로 해양문화정책이라는 용어도 해양문화관광이라는 용어도 국민적 공감을 확산시키는데 탄력을 받게 될 것이다.

이를 위해서 기본적으로 해양에 대한 이해 승진을 위해 유치원, 초등학교, 중학교에서부터, 고등학교의 문과 이과 등의 교과목에 해양에 대한 학습권을 추진하는 것이 바람직할 것이다. 아울러 방과후 수업, 봉사활동, 지역연계 수업 등에 있어 체험활동의 대상으로 해양을 적극 활용할 필요가 있다. 또한 일반 시민의 경우, 해안 지역에 대한 애호사상의 보급·계발, 국립해양공원, 자연환경보전지역 등을 활용한 체험활동의 추진 및 전담 레인저, 자원 봉사 등의 육성, 각종 정보 접근과 이용에 편의성을 제공하며, 각 도시별로 박물관과 전시관을 중심으로 해양문화 역사·문화·고문서 등에 대한 자료수집 등을 통하여 해양문화 확산에 참여해야할 것이다.

바다어미(Sea Mither[4]; Mither of the Sea)는 오크니 제도의 전설에 나오는 존재로서 여름의 정령이며, 스코틀랜드 북쪽의 섬들을 둘러싼 바닷물의 요동을 가라앉힌다고 전래된다. 셰틀랜드 제도 사람들, 특히 그 중에서도 어부들은 그녀가 악마로부터 자신들을 보호해 주기를 기원했다.

여름철에 바다속에 살면서 사악한 물귀신인 누켈라비를 바다 깊숙한 데에 가두어 놓는다. 봄철이 되면 그녀는 자기의 맞수인 겨울 폭풍의 정령인 테란(Teran)[5]과 바다와 날씨의 지배권을 놓고 싸움을 벌인다. 최종적으로 바다어미가 테란을 이겨서 그를 바다 깊숙이 처박아 버리지만, 바다어미는 여름철 동안 선행을 하느라고 기력을 다 써버리고, 가을이 되면 겨울의 정령인 테란이 바다어미를 이기고 바다와 날씨를 자신의 손아귀에 넣게 된다.

바다어미와 테란의 싸움 이야기는 오크니의 전설들 중에서도 가장 오래된 것으로, 날씨의 변화 및 다른 자연현상을 설명하기 위해 순진한 섬사람들이 만들어낸 이야기로 생각된다. 셰틀랜드 제도의 어부들은 자신들을 악마에게서 지켜달라고 바다어미에게 기원을 드린다.

4) 해양문화 추진 주체

(1) 정부기구 : 해양수산부

정부의 문화정책이 문화관광부를 중심으로 수립되는 반면, 해양문화나 해양관광과 관련된 정책은 해양수산부에서 수립되어진다. 이와

---

4) "미더"(Mither)란 "마더"(mother)의 스코틀랜드 사투리로, 오크니 현지의 발음
5) "테란"(Teran) 이름은 "격렬한 분노"를 의미하는 오크니 사투리, "분노"를 의미하는 노르드어 "튀렌"tyrren)에서 파생되었을 가능성

관련하여 해양수산부 조직도를 검토해보기로 한다. 1장관-1차관-3실3국-2단 체재를 유지하고 있다. 해양관광과 관련해서는 해양정책실에서 담당하고 있다.

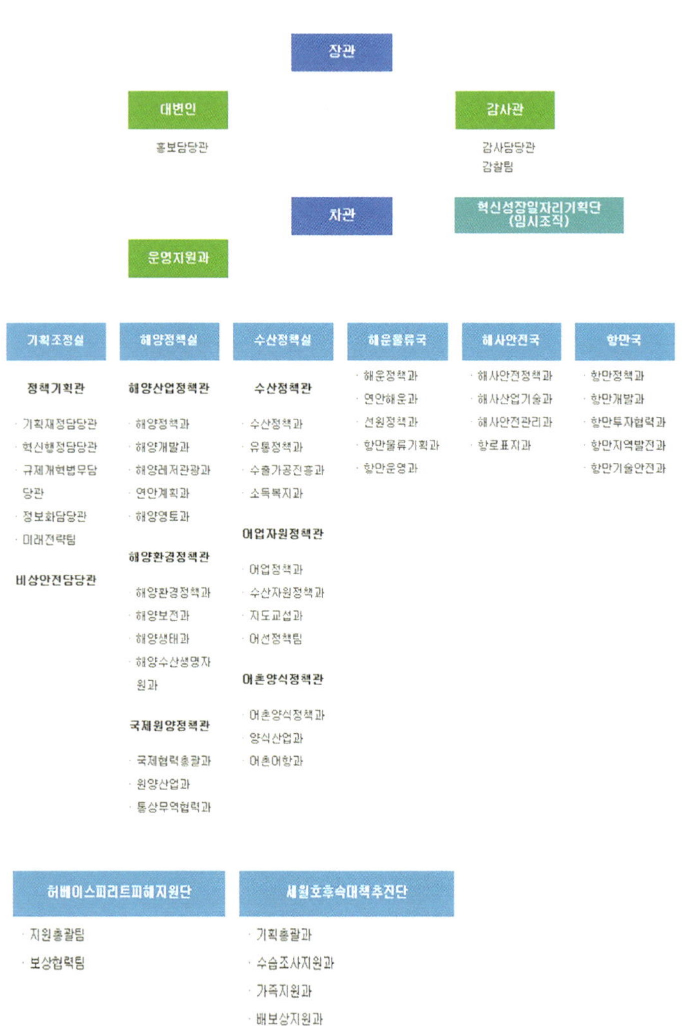

(2) 비정부기구 : 한국해양재단과 한국해양소년단연맹

비정부기구로써 대표적인 한국해양재단과 한국해양소년단연맹에 대해서 살펴보고자 한다. 한국해양재단(홈페이지: http://koreamaritime foundation.or.kr/)은 (재)해상왕장보고기념사업회와 (재)해양문화재단과의 유사 기능 통합으로 시너지 효과를 극대화하여 우리나라 해양분야를 대표하는 공익법인으로 발전, 해양대국 실현에 이바지하고자 2011년 11월 설립되었다. 한국해양재단의 사업영역은 다음과 같다.

<그림. 한국해양재단 홈페이지 첫화면>

<표. 한국해양재단의 사업분야와 세부내용>

사 업 분 야	세 부 내 용
바다의 날 기념식	-매년 5월31일 국가기념일 지정
해양영토대장정	-해양주권의식 함양과 대한민국 해양영토 중요성 재확인 몸 소체험 -선박을 이용하여 해양도시/도서 지역(백령도, 가거도, 독도 등) 방문
독도 및 해양시설 견학	-독도 가치의 의미 재확인
해안누리길 활성화 사업	-전국 52개 노선(총연장 505.1㎞) 해안누리길 활성화 사업

해양교육 교재 개발	-일선 교육현장 활용가능한 교육 교재 제작
해양교육관계자 워크숍	-해양 및 해양교육 정보 공유를 통한 해양교육 활성화 도모로 전문적 해양인재 육성
해양교육 콘텐츠 개발	-해양교육 콘텐츠 개발, 해양교육동영상, 지역해양체험자원지도, 교육과정 연계자료 개발 및 누적
해양교육 동아리 지원	-친해양인 양성 목적, 매년 20개 내외 해양관련 동아리활동 지원
대한민국 해양사진대전	-2006년 해양관련 단체가 각기 추진하던 5개 사진공모전 통합 출범
해양문학상 공모	-2007년부터 매년 개최, 바다 소재의 해양인의 수기와 문학작품 공모(해양수기, 시(동시), 소설(동화), 수필 부문 등)
해상왕 장보고 재조명 평가사업	-장보고의 해양경영 업적을 미래지향적으로 재조명 평가 -한국해양사 편찬사업, 동북아 공동체 실현을 위한 학술, 교육, 문화사업 전개
국제해양법 모의재판대회	-대학(원)생에게 해양영토의 중요성, 해양전반의 관심증대 및 발전 가능성의 장 제공
해양영토 글짓기대회	-바다에 대한 관심과 해양영토의 중요성에 대한 이해 확산 -초·중·고 및 19세미만 청소년(대학생 제외)
해양영토 논문경시대회	-해양영토의 중요성과 함께 해양전반 관심 확신 -대학(원)생
해양학술정보 DB	-단행본, 연구논문, 학위논문, 연속간행물, 해양교육자료, 도록 등

한국해양소년단연맹(Sea Explorers of Korea, http://www.sekh.or.kr/)은 청소년들에게 바다와 관련된 교육과 훈련 과정을 제공하는 국내 유일의 해양 관련 청소년 단체로서 청소년 대상 해양 교육 훈련을 통해 해양 사상 고취 및 해양개발과 국가발전에 이바지하고자 설립되었다. 전신은 1962년 12월 7일 대한소년단 산하에 설립된 해양소년대. 해양소년대는 1980년까지 대한소년단 산하에 속해 있다가 이 해에 사단법인으로 설립 인가를 받으면서 정식으로 독립(출처 : 네이버). 현재 19개 지방 연맹이 있다.

<그림. 한국해양소년연맹 홈페이지>

한국해양소년단연맹의 사업영역은 다음과 같다.

구 분	사 업 내 용
기획관리사업	-청소년해양교육원 건립 -해양레저스포츠체험교실 운영 -한국해양교육연구소 운영 -바다식목일 활동 확대 -해상국립공원 가꾸기 사업
홍보출판사업	-해양소년단 소식지 발간
문화활동사업	-해양소년단 리갓타 -전국해양스포츠제전 -전국 카누/드래곤보트대회 -해양소년단총재배 요트대회 -사회공헌사업 -해양수산가족 청소년 여름해양캠프 -전국해양수산문화과학경진대회 -농어촌 청소년 체험활동 -해양안전실천본부 활동
훈육활동사업	-청소년 호국수련활동 -청소년 수련활동 인증재 프로그램 추진 -단원의 해양레저스포츠 1특기 제도 실시 -국제청소년성취 포상제 운영 -해양영토지킴이 활동
연수활동사업	-지도자 1급 훈련 개설 -바다해설사 자격증 연수
국제교류사업	-국제청소년 해양축제 -세계해양소년단연맹(ISCA) 하계교환 프로그램

영어로는 Humpback whale, 우리말로 혹고래, 혹고래의 다른 이름도 있다. 학명은 Megaptera novaeangliae.

거대한 '바다의 천사', '바다의 현자(賢者)', '바다의 수호자'라고 불린다.

성격은 착하다. 온순하다. 친절하다.

세계 여러 곳에서 발견되는 혹등고래는 성체의 경우 길이 18m, 무게 25~50t.

어미 혹등고래는 수영에 서투른 새끼 고래가 숨을 쉴 수 있도록 20분에 한 번씩 새끼 고래를 물 밖으로 밀어 올린다. 젖을 먹여 키우는 6개월 동안 자신은 아무것도 먹지 않는 모성도 보인다.

3. 다른 나라의 문화관광정책

1) 프랑스의 문화정책

2017년 5월 8일 프랑스 역사상 가장 어린 39세의 대통령 엠마누엘 마크롱(Emmanuel Macron)의 당선으로 프랑스 대통령선거가 종료되었다. 전통적으로 중도우파(공화당)와 중도좌파(사회당)의 대결이었던 프랑스 대선에서 의석을 단 1개도 가지지 못한 정당의 대표가 선출된 이례적인 상황이 연출되었다. 이는 혁신 또는 변화의 아이콘인 젊은 대통령의 "다함께, 프랑스(Ensemble, la France)!"의 기치에 대한 관심과 기대가 반영되었다. 이를 계기로 프랑스 문화정책에도 많은 변화가 예상되지만, 그의 공약을 중심으로 검토해보고자 한다.

1990년까지 중도우파의 경우, 과거의 국가 문화유산의 가치를 제고하는 것에 우선순위를 둔 문화민주화를 주장한 반면 중도좌파의 경우, 예술창작지원에 초점을 둔 문화정책을 설계하며 이념적 성향을 달리하였다. 그러나 2007년 대선에서는 정당간의 문화정책에는 큰 차이가 없이 공통적으로 문화에 대한 대중의 확대에 우선순위를 두고 있으며, 대표적으로 예술교육의 중요성을 언급하고 있었다. 다른 한편으로 문화분야의 공적지원과 디지털 시대의 콘텐츠 저작권 보호를 중요하게 다루고 있다. 그러나 마크롱 대통령의 문화정책은 크게 3가지 목표와 주요 정책을 제시하고 있다.

<표. 마크롱 대통령의 문화정책 목표와 주요 정책>

정 책 목 표	주 요 정 책
문화에 대한 접근성 제고	-문화예술교육[6]의 중요성 강조 (학교프로그램으로 오케스트라 활동 확대추진) -프랑스의 공공도서관 개방시간 확대
유럽이라는 큰 틀에서의 문화정책 추진	-자국 및 유럽 콘텐츠의 인터넷 사용과 관련한 디지털 콘텐츠 보호
프랑스 문화 창작의 환경을 유지 정책	-현장전문 민간 사업가의 정책수립 참여[7] -문화의 상업적 활용과 공공영역간의 융합

마크롱 정부의 문화정책은 기본적으로 '현장'과 '국민 체감'의 강조

---

6) 만 18세가 된 청소년에게 500유로의 문화 활동비를 제공
7) 문화부 장관으로 프랑스 아를지역의 대표 출판사인 Acte Sud의 편집장인 프랑수아 니셴 (François Nyssen) 임명

로 귀결된다. 이는 문화란 국가의 정책 속에서 움직이는 것이 아닌 국민의 일상생활 안에 녹아나야 하며, 국민이 일상생활에서 그것을 느끼고 경험할 때, 하나된 '프랑스 문화의 가치'를 공유하게 되며, 국가와 지역사회 발전에 기여할 것이라는 기대 때문일 것이다.[8]

2) 중국의 관광정책

중국의 관광정책은 관련법규제정과 성장추이 등에 기반하여 5단계로 구분가능하다.

기간	1984~1989	1990~1996	1997~2001	2002~2009	2010~현재
특징	친지방문관광 및 변경관광 시작	사실상의 해외관광 시작 및 출국관련 법규제정	자비해외관광 가능 및 출국관련 법규제정	해외관광의 통제완화 및 시장규모와 목적지 개방 확대	해외관광 시장규모 및 지출규모의 급속 성장
	홍콩, 마카오 지역 친지방문 관광 시작(중국 광동성 시범지역)	동남아 3개국 친지방문 관광 가능 (태국, 싱가포르, 말레이시아)	중국인의 자비 해외관광 가능 (2000년 방한관광 전면개방)	해외관광에 대한 제한 완화 및 수속절차 간소화	해외관광객 수 1억 명 돌파(2014)
	변경관광 시작 (중국 라오닝성과 북한)	〈중국인의 동남아 3국 관광조직에 대한 임시관리판법〉 반포	〈중국공민자비출국 관광관리임시판법〉 반포	〈중국공민출국관광 관리판법〉 반포	중국의 관광 관련 종합법률 〈여유법〉 시행
	해외관광 개방에 대한 통제적 방침	홍콩, 마카오 지역 관광 및 변경관광 지속 증가	계획과 통제가 주요 특징이나, 규범적 성장 시작	해외관광 시장규모 빠른 성장 및 목적지 개방 속도 가속화	중국인 해외관광 지출규모 1위 도약 (2012)
성장단계	탐색적	초보적	규범적	쾌속적	폭발적

<그림. 중국의 관광정책 변화>
(출처: 김현주·최경은(2016). 중국 관광환경 및 시장분석. 한국문화관광연구원)

2010년을 전후하여 최근까지 중국의 관광정책은 급변하는 양상을 보여주고 있다.

---

8) 출처 : 김현경(2017). 2017년 프랑스 대선을 통해 살펴본 프랑스 새 정부 문화정책의 방향과 그 의미. 웹진 문화관광, 2017.06호.

<표. 연도별 중국의 관광정책 주요내용>

연도	주요 내용
2009	-국무원 41호 문건 <관광업의 발전 가속화에 대한 의견> 발표
2013	-상기 41호 문건에 의거하여 <국민관광레저강요(2013-2020)> 제정 -중국 관광분야 최초의 종합적 법률인 <여유법> 시행
2014	-국무원 31호 문건 <관광업 개혁발전 촉진에 관한 몇가지 의견> 발표
2015	-중국 국가여유국은 2015 전국관광업무회의 <관광업무보고>발표에서 "515전략"제시 -국무원 판공청 62호 문건 <관광투자 및 소비촉진 활성화에 과한 몇가지 의견> 발표 -중국 국가여유국 217호 및 218호 통지에서 "관광활동 중 사기 및 쇼핑 강요와 여행사 조직의 불합리한 저가관광 단속에 대한 의견" 제시

최근의 정책환경의 변화는 다음과 같은 특징을 지니고 있다.

첫째, 중국 경제성장의 중요한 산업으로서 관광업의 인정과 더불어 지속적인 발전을 적극 도모하도록 지원하고 있다.

둘째, 중국 국민들의 관광수요 활성화를 통한 내수진작을 위한 내수소비 촉진을 추진하고 있다.

셋째, 중국 관광시장의 활성화는 기본이 되는 관광시장 질서 유지와 더불어 국민의식 수준의 변화를 요구하고 있다.

3) 일본의 관광정책

일본의 관광정책은 기본적으로 관광입국추진 기본계획에 근거하고 있다. 이는 우리나라의 관광진흥 5개년 계획과 같은 성격으로써 법정계획이며, 5개년 계획에 해당한다. 그리고 관광입국 실현을 위한 구체적 프로그램은 실행계획으로써 매년 수립하는 구조를 지니고 있다. 또한 전년도 상황과 금년도 관광정책을 담은 관광백서(연차보고서 성격)도 매년 발행하고 있다. 주요 관광정책회의 경우, 내각총리대신이 주재하는 주요 회의로써의 위상을 지니면서, 기본계획 및 실행계획 수립에 반영하고 있다. 주요 정책과 관련된 것을 우리나라와 비교하면 다음과 같다.

<표. 일본과 우리나라의 관광정책 비교>

구 분	일 본	우 리 나 라
법률	관광입국추진 기본법 (2006.12 개정)[9]	관광진흥법
연차보고서	관광백서	관광동향에 관한 연차보고서
기본계획	관광입국추진 기본계획 내일의 일본 관광비전 관광입국추진 액션 프로그램	관광진흥 5개년 계획
주요 관광정책 회의	관광입국추진 각료회의	관광진흥확대회의, 관광산업경쟁력강화회의
유관부처	국토교통성 산하기관 관광청	문화체육관광부 관광정책실

일본의 관광정책은 <내일의 일본 관광비전>을 통해서 자세히 볼 수 있다.

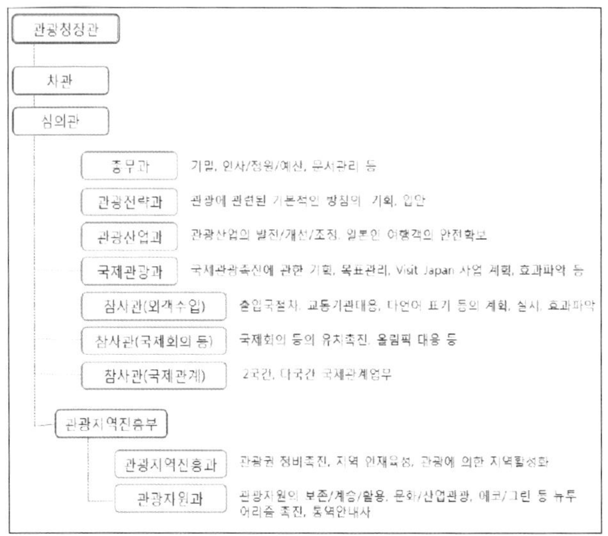

<그림. 일본 관광청 조직 및 주요 업무>
(출처: 조아라·이성태(2016). 한일국제관광 정책분석. 한국문화관광연구원)

---

9) 1963년 관광기본법이 제정되어 시행되어 오다가 개정

아래의 내용을 검토해보면 비교적 상세하게 정책시점과 정책목표가 제시된 것을 알 수 있으며, 특히, 주목할 점은 재방문자 수를 명확하게 정책목표로 제시한 것은 향후 우리나라 관광정책에 반영해야할 중요한 지표로 인식된다.

<표. 일본의 관광정책 시점과 정책목표>

구분	내 용		
비전	세계가 방문하고 싶어지는 일본으로		
정책 시점	-관광자원의 매력을 극대화하여 지방 창생의 초석으로 -관광산업을 혁신하고, 국제경쟁력 제고를 통해, 국가의 기간산업으로 -모든 여행자가 스트레스 없이 쾌적하게 관광을 할 수 있는 환경으로		
정책 목표	방일외국인여행자수	2020년 4,000만명	2030년 6,000만명
	방일외국인여행자소비액	2020년 8조엔	2030년 15조엔
	지방부(3대도시권 이외) 외국인 연 숙박자수	2020년 7,000만명 박	2030년 1억 3,000만명 박
	외국인 재방문자 수	2020년 2,400만명	2030년 3,6000만명
	일본인 국내여행 소비액	2020년 21조엔	2030년 22조엔

(출처: 조아라·이성태(2016). 한일국제관광 정책분석. 한국문화관광연구원)

정책시점별 주요 정책은 다음과 같다.

<표. 일본의 관광정책 시점과 주요 정책>

정책시점	주요 정책
관광자원의 매력을 극대화하여 지방창생의 초석으로	-매력있는 공공시설 개방: 아카사카, 교토의 영빈관 등의 공개 및 개방 -문화재 보존우선에서 관광객 시점에서의 이해촉진, 활용으로 변화 -국립공원을 세계적인 수준의 national park로 -2020년 목표로 전국에 경관계획 수립 -지방 상점가 등의 관광수요 획득/전통공예품 등의 소비확대
관광산업을 혁신하고, 국제경쟁력 제고를 통해, 국가 기간산업으로	-오래된 규제 재검토, 생산성 중심 관광산업 전환 -민박 서비스 대응: 관련규제 및 법제도 검토 -숙박시설 부족 해소, 다양한 수요에 맞춘 숙박시설 제공위한 대처방안 강구 -료칸 등의 투자촉진 -료칸 등 공실의 활용 -인재양성, 다양한 수요대응, 시설정비 등 -새로운 시장개척, 장기체재와 소비확대 실시 -2020년까지 세계수준의 DMO를 전국 100개 형성 -관광지 재생/활성화 펀드, 규제완화 등 지속적인 관광마을 만들기 실현

	-방일 프로모션의 전략적 고도화 -인바운드 관광촉진을 위한 대외발신 강화 -관광교육, 젊은층의 아웃바운드 활성화
모든 여행자가 스트레스 없이 쾌적하게 관광을 할 수 있는 환경으로	-소프트 인프라 개선: 출입국심사, 통신/교통이용환경, cashless 관광 실현 -JR-Pass방일 후 구입가능화, 신칸센, 공항 등 관광지 접근성 강화 등 -다언어 대응, 외국인환자 수입체제 -지방공항의 게이트웨이 기능강화, LCC 취항촉진, 크루즈선 수입의 확충 -휴가제도 개선, 휴가취득 분산화로 관광수요 평준화

(출처: 조아라·이성태(2016). 한일국제관광 정책분석. 한국문화관광연구원)

전반적으로 일본의 관광정책과 관련된 중장기계획에서 한국과 큰 차이가 나지 않음을 알 수 있다. 이는 동북아시아에서 한국과 일본 그리고 중국간의 관광교류와 더불어 국가적 차원에서의 공동 관광정책 수립의 필요성을 제기한다.

문화지식: 독특한 문화현상, Monkey Buffet Festival

-개최장소 : 태국 롭 부리(Lopburi) 지방의 수도인 Lopburi의 Pra Prang Sam Yot 사원(방콕 북동쪽 180㎞ 위치)
-개최시기 : 매년 11월
-2007년도에는 지역에 있는 2,000마리의 원숭이에게 청과물을 제공
-2011년도에는 2,000㎏ 이상의 과일과 채소 제공
-이 축제는 런던의 가디언(Guardian) 신문에 의해 '세상에서 가장 이상한 축제' 중 하나로 묘사

제 2 장

해양문화와 인문학의 만남

　해양문화는 해양과 인간의 상호작용으로 나타난 정신적 및 물질적 산물의 총체라고 할 수 있다. 해양문화가 지닌 복잡한 개념적 속성으로 단일한 학제나 학과, 전공분야에서 연구되지 않았고, 연구되기도 어려운 실정이었다. 특히, 현대사회의 복합적 문화현상과 어울려 융·복합적 성격을 가장 잘 나타내는 것이 바로 문화학에 해당된다. 해양문화의 경우, 문화의 개념이 지닌 광범위성과 아울러 '해양'이란 용어가 지닌 공간적 범위의 모호성으로 인해 그 정의하는 작업을 더 어렵게 만든다.

　그러므로 본서에서는 '해양문화란 무엇인가'에 대한 개념적 접근보다 문학, 음악, 미술, 영화, 축제 등과 같은 인문학 영역이 지리적으로 공간적으로 해양이나 해양과 관련된 장소와 결합되어 신화나 설화, 구전, 민속 등이 풍속과 관습을 통해 전승되어져서 스토리 구조를 형성하여 표현되는 것을 대상으로 한다. 즉, 일상권에 머무는 일반인(잠재적 관광객)들이 일상권에서 접하는 소설이나 음악, 미술, 영화를 통해 간접적으로 형성된 방문욕구(관광욕구: '장소'를 직접 방문해서 확인해보고 경험해보고 싶어하는 욕구)는 자연스런 관광동기가 된다. 비일상권의 묘사나 기술, 장면 등을 접하면서 실제 자신의 오감을 통해 확인하고 경험해보고 싶어 '그곳'을 찾게 되며, '그곳'이 잠재 관광객들의 최종적인 관광목적지가 된다.

본서에서는 이러한 현상을 인문학적 관점에서 간접적 기술이나 묘사, 또는 모티브가 실제 지역관광산업과 관광개발에 어떻게 문화에 영향을 미치어 나타나는지에 대한 분석이라고 할 수 있겠다. 따라서 해양문화와 인문학적 관점에서, 해양과 예술, 해양과 축제, 해양과 커피에 대한 다양한 사례를 통해 이를 접근해보고자 한다.

1. 해양문화로서 예술과 문화관광

1) 해양문화와 문학의 만남

(1) 노인과 바다(The Old Man and the Sea)

"노인이 되어 쿠바 바다에서 청새치를 바라보면서 모히토 한잔을"

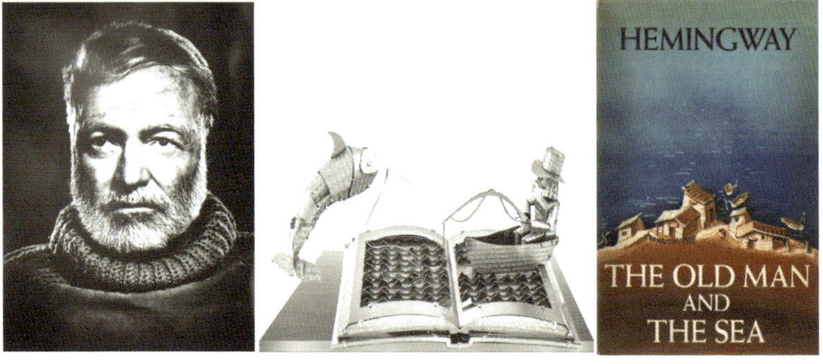

| 어니스트 헤밍웨이 | Book Sculpture | 책 표지 |

<노인과 바다>의 배경이 되었던 쿠바의 '코히마르(Cojimar)'. 최근(2015년) 미국과의 수교를 통해서 더 많은 관심을 받게된 국가 쿠바. 낯선 곳이지만, 적어도 헤밍웨이라는 세계적인 작가를 통해 '친밀한 곳, 가보고 싶은 곳'인 곳이다.

① 노인과 바다 "어니스트 헤밍웨이(Ernest Hemingway)"

헤밍웨이는 미국 일리노이주 오크 파크(Illinois Oak Park)(현, 시카고) 출생(1899년 7월 21일 - 1961년 7월 2일)으로 소설가이자 시인이다. <태양은 다시 떠오른다>로 27살의 나이에 인기를 얻기 시작하면서 그는 소설가로서 자리를 잡기 시작한다. 저자의 역동적이고 남성적인 취미(권투, 낚시, 사냥, 투우관람 등), 세계 1차, 2차 대전, 스페인 내전과 쿠바에서의 생활은 대부분의 작품에 고스란히 담겨 있다. 대표적인 작품으로는 <무기여 잘 있거라(A Farewall to Arms)(1929년)>와 <누구를 위하여 종은 울리나(For Whom the Bell Tolls)(1940년)> 등이 있다.[1] 그 중에서도 <노인과 바다(The Old Man and the Sea)>는 대표적인 단편소설.

② 개요

이 소설은 1952년에 쓰였으며, 저자가 쿠바에 살면서 경험한 이야기와 낚시가 취미였던 자신의 지식이 토대가 되었다.[2] 찰스 스크리브너스 선스(Charles Scribner's Sons) 출판사에서 출판되어 1953년 퓰리처상(Pulitzer Prize)을 수상하고, 1954년에 노벨 문학상을 안겨준 '불후의 명작'이 되었으며, 1990년에는 감독 '주드 테일러(Jud Taylor)'에 의

---

1) http://yes250.tistory.com/191
   http://ko.wikipedia.org/wiki/%EC%96%B4%EB%8B%88%EC%8A%A4%ED%8A%B8_%ED%9
   7%A4%EB%B0%8D%EC%9B%A8%EC%9D%B4
   http://blog.naver.com/PostView.nhn?blogId=ky2615&logNo=30082759902
2) http://ko.wikipedia.org/wiki/%EB%85%B8%EC%9D%B8%EA%B3%BC_%EB%B0%94%EB%
   8B%A4

해 영화로도 제작되었다.[3] 이 소설을 검색해보면 노인이 청새치를 잡는 모습, 큰 청새치가 입을 벌리고 있는 모습 등 다양한 책의 표지들을 볼 수 있다.

③ 줄거리

어부 산티아고(Santiago)는 멕시코 만류에서 고기잡이를 하는 노인이다. 바다에 나가있는 84일 동안 물고기를 한 마리도 잡지 못하던 그는 어느 날 자신이 고기를 잡을 수 있다는 확신을 가지며 85일째 되는 날에 아주 큰 청새치를 잡게 된다.

하지만 집으로 돌아가는 동안 청새치는 상어 떼의 습격으로 뼈만 남게 된다. 산티아고가 집으로 돌아온 후, 다른 어부들은 산티아고가 청새치를 잡았다는 것을 인정하지 않는다. 그러나 산티아고는 좌절하지 않고 다시 꿈을 꾸는 것으로 소설은 끝이 난다.

(2) 노인과 바다의 흔적을 찾아서

쿠바는 카리브해(Caribbean Sea)에 있는 가장 큰 섬과 인근 섬들로 이루어진 아메리카 대륙의 유일의 공산주의 국가이다. 과거 스페인의 식민지였으나 1898년 10월 10일에 독립하였다. 쿠바는 관광객들에게 카리브해의 종착역으로 여겨지는 땅으로, 수도인 아바나(La Habana)는 카리브 해의 여러 도시 중 가장 큰 도시이며 항구도시로 쿠바의 중심지이다.[4]

아바나는 체 게바라(Che Guevara)와 헤밍웨이가 먹여 살린다고 할 정도로, 아바나를 찾는 관광객들 투어의 대부분이 헤밍웨이의 흔적을

---

3) http://yes250.tistory.com/191
4) http://ko.wikipedia.org/wiki/%EC%BF%A0%EB%B0%94

찾는 것에서 시작되기 때문에[5] 그의 흔적이 있는 장소는 모두 관광목적지가 되어 관광객들로 북적거리는 것을 볼 수 있다.[6] 아바나 도심에 위치한 '암보스 문도스 호텔(Ambos Mundos Hotel)'과 바 '엘 플로리디타(El Floridita)', 단골 술집 '라 보데기타 델 메디오(La Bodeguita Del Medio)' 순으로 대표적인 관광명소로 인식된다.

- 암보스 문도스 호텔(Ambos Mundos Hotel)

이곳은 헤밍웨이가 아바나에 지내면서 묵었던 호텔로서 헤밍웨이가 묵었던 방을 꾸며서 관광객들을 끌어들이고 있다. 호텔의 1층에서부터 헤밍웨이의 사진이 붙어있으며, 헤밍웨이의 방은 아침 10시부터 5시까지 열려 있고, 입장료는 2CUC(약 3,000원)다. 하지만 헤밍웨이가 사용하던 물건은 모두 헤밍웨이 박물관으로 이전되어 있다. 5층에 올라가면 헤밍웨이의 방(511호)으로 안내하는 안내 표지를 볼 수 있는데, 그만큼 많은 사람이 방문한다는 것을 추측할 수 있다.[7] 방문 옆에는 헤밍웨이의 얼굴 조각과 이 방에 묵었다는 표식이 붙어 있고, 방안은 '헤밍웨이의 아프리카 방문' 등과 같이 매년 주제를 달리해서 관련된 물품을 전시한다고 한다.[8]

암보스 문보스 호텔

---

5) http://www.segye.com/Articles/NEWS/CULTURE/Article.asp?aid=20120415020957&subctg1=&subctg2=
6) http://www.ohmynews.com/NWS_Web/view/at_pg.aspx?CNTN_CD=A0001614789
7) http://kimchi39.tistory.com/entry/ambos-mundos
8) http://ilya.blog.me/70034341085

- 엘 플로리디타(El Floridita)

쿠바의 명동이라고 불리는 오비스포(Calle Obispo) 거리에 위치해 있으며, 입구에는 헤밍웨이의 사인이 걸려있다. 이곳은 헤밍웨이가 자주 마신 다이끼리(Daiquiri)[9]라는 칵테일로 유명하며, 술집의 벽면에는 '헤밍웨이가 좋아하던 곳'이라고 적혀 있다. 다이끼리의 인기뿐만 아니라 미소를 지으며 바텐더와 이야기하고 있는 포즈를 하고 있는 헤밍웨이의 동상 또한 많은 관광객들을 끌어들이는 역할을 하고 있다.[10]

엘 플로리디타

- 라 보데기타 델 메디오(La Bodeguita Del Medio)

'엘 플로리디타'가 다이끼리로 유명하다면, 세 번째로 '라 보데기타 델 메디오'라는 술집 겸 레스토랑은 모히또(Mojito)[11]로 유명하다. 헤밍웨이는 "내 삶은 라 보데기타 델 메디오(La Bodeguita Del Medio)의 모히또에 있다"라는 말을 남겼다.[12] 특히나 이곳은 헤밍웨이가 애착을 가졌던 곳인 만큼 아바나를 찾는 관광객들의 필수코

---

9) 다이끼리(Daiquiri) : 럼, 라임주스, 얼음, 설탕이 주재료이다. 이 칵테일의 특징은 갈은 얼음을 넣는다는 것이며, 화이트럼과 라임주스를 1:1분량으로 섞고, 설탕을 한 스푼 넣은 뒤 갈은 얼음 넣는 것으로, 낮은 도수와 상큼한 맛으로 인기가 있다.
10) http://kimchi39.tistory.com/entry/cuba-la-cloridita
11) 모히토(Mojito) : 클럽 하바나 럼, 민트, 라임, 설탕, 탄산수(페리에 등)이 주재료이다. 먼저 일정량의 설탕(2스푼), 민트잎(5~6장)을 넣고 그곳에 자신이 원하는 정도의 럼과 1/4크기의 라임(레몬)을 썰어 넣으면 된다.
12) http://blog.naver.com/PostView.nhn?blogId=steetsteet&logNo=30143108734&redirect=Dlog&widgetTypeCall=true

스로 자리잡고 있다.[13)

보데기타 델 메디오

- 코히마르(Cojimar)

'노인과 바다'의 모티브가 된 장소로 수도 아바나에서 동쪽으로 10분 거리에 위치해 있는 마을이다. 20년 넘는 세월을 쿠바에 머물렀던 헤밍웨이는 코히마르에서 낚시를 즐겼고, 실제 주인공인 노인 선장과 술잔을 기울이며 풍류를 나눴던 곳이다. 해변가에 가면 헤밍웨이의 흉상이 이곳이 소설의 모티브가 된 포구라는 사실을 알려준다. 코히마르는 헤밍웨이 관련 투어를 하면 꼭 찾아오는 곳이지만, 헤밍웨이의 절친이자 실제 주인공인 그레고리오 뿌엔테스(Gregorio Fuentes)가 2002년 104세의 나이로 세상을 떠난 뒤 그를 만나러 오는 사람은 사라지고 동상으로 보러 오는 곳이 전부가 되었다.[14) 레스토랑 '라 테레사(La Terraza)'에는 헤밍웨이가 살아있을 때 즐겨 찾았다고 하여 벽마다 헤밍웨이의 사진이 걸려있다.[15) 또한 이곳은 헤밍웨이를 기리기 위해 매년 '청새치 낚시 대회'가 열린다고 한다.

---

13) http://iam_stunning.blog.me/90161637033
14) http://primabella.tistory.com/55
15) http://youmakemehappy.tistory.com/1250

코히마르 모습   헤밍웨이 동상

- 헤밍웨이 박물관(Museo Ernest Hemingway)

아바나에서 남쪽으로 12km정도 떨어진 곳에는 그가 실제로 거주했던 핑카 비히아(Finca Vigia) 저택을 개조해서 만든 '헤밍웨이 박물관'이 있다. 아바나에서 약 30분 떨어진 산프란시스코(San Francisco) 지역에 있다. 헤밍웨이 박물관의 입장료는 4CUC(약 6,000원)이고, 사진을 찍는 비용은 5CUC(약 7,500원)이며 비디오는 20CUC(약 30,000원)을 지불해야 한다.[16] 입장료와 사진 찍는 비용을 받는 것을 보면 꾸준히 관광객들이 이곳을 찾는다는 것을 추측할 수 있다.

헤밍웨이가 살던 집의 흔적을 그대로 남겨 놓은 곳으로, 거실에 있는 책들은 직접 소장하고 있던 책으로 집의 배치 또한 헤밍웨이가 살았던 때와 거의 달라진 곳이 없다. 박물관 뒤 쪽에는 낚시를 좋아했던 헤밍웨이가 사용하던 배 '삘라르(Pilar)'도 있어 많은 관광객들이 찾아온다고 한다.[17]

---

16) http://kimchi39.tistory.com/entry/e-hemingway
17) http://blog.naver.com/bwv1010?Redirect=Log&logNo=60190940608
    http://blog.joinsmsn.com/media/folderlistslide.asp?uid=yoo003&folder=3&list_id=12979247
    http://kimchi39.tistory.com/entry/e-hemingway

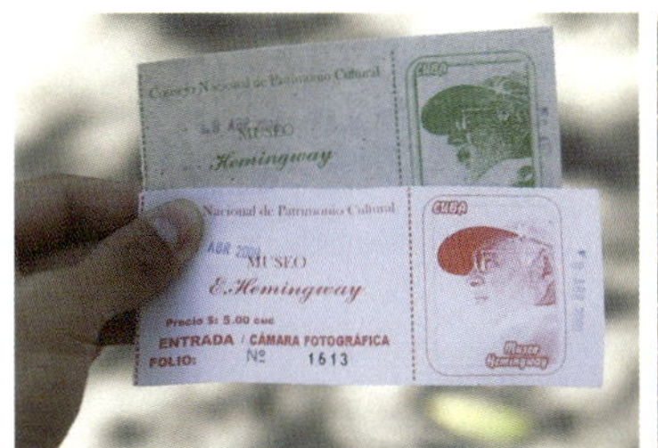

헤밍웨이 박물관 입장표   헤밍웨이 박물관 내부사진

왼쪽부터 헤밍웨이박물관팻말, 헤밍웨이박물관, 낚싯배, 실내 침실

- 마리나 헤밍웨이(Marina Hemingway)

소설의 배경이 된 또 다른 곳으로는 '마리나 헤밍웨이'가 있다. 쿠바 정부에서는 헤밍웨이를 기리기 위해 지명에 헤밍웨이의 이름을 포함시켰다. 실제로 이곳은 헤밍웨이 소설의 배경으로 등장했었다. 결과적으로 소설의 배경이 되었을 당시(1940년대~50년대)에는 아주 작은 어촌 마을에 불과했지만, 현재(2013년) 다양한 요트가 정박해 있으며 쿠바의 부호들을 비롯한 해외의 관광객들이 요트를 즐길 수 있는 리조트 타운이 되었다.[18]

---

18) http://kimchi39.tistory.com/entry/marina-h

마리나 헤밍웨이 공사 장면   마리나 간판   마리나에 계류중인
                                                캐나다 요트

(3) 쿠바 현황

쿠바 경제는 1989년까지 GDP가 아닌 GSP(Global Social Product, GDP에서 서비스를 제외) 개념을 사용했으며, 정부 발표 거시경제지표도 1981년 불변가격을 기준으로 집계하고 있어 과거의 경제규모를 정확히 파악하기는 불가능하다.

<표. 방문관광객수 및 관광수입>

연도	1997	1998	1999	2000	2001	2002	2003	2004
방문객수 (천명)	1,170	1,416	1,603	1,774	1,775	1,687	1,906	2,049
관광수입 (백만불)	1,515	1,759	1,901	1,948	1,840	1,753	2,034	2,329

(출처 : 쿠바중앙은행, 관광부)

쿠바 정부는 온난한 카리브해 기후, 천혜의 자연조건, 유럽, 아프리카, 미국 문화가 혼합된 문화적 장점 등을 활용하여 관광산업을 국가핵심산업으로 육성하기로 함에 따라 1994년부터 관광수입(동년 8억 5,000만불)이 쿠바의 최대 외화획득(전체 외화수입의 40%)으로 부상하게 된다. 또한 외국인 관광객 수가 1990년 34만명에서 2004년 사상 최대인 200만명을 넘어섰으며, 관광수입은 23억불(GDP의 7.1%)을 돌파함으로써 관광객 일인당 평균 1,200불을 소비하는 것으로 나타났다.

2005년부터는 지속적으로 추억의 유적지(헤밍웨이 박물관 등)나 환경 친화적 관광, 해양 스포츠 등에 초점을 맞춘 기획관광상품을 개발하기 시작하였다. 쿠바 정부는 그 동안 '핀카 비히아(Finca Vigia)'의 관리를 소홀히 해오다가 이것이 중요한 관광자원이 될 수 있다는 사실을 착안하고 2007년 3월에 헤밍웨이가 묵었던 '핀카 비히아' 저택은 물론이고 그의 손 때가 묻은 타자기, 책, 음반 등을 정리하는 한편 수영장도 청소하고 애견의 무덤에서 풀을 뽑는 등의 대청소를 실시하는 등 대대적인 복원에 나서기 시작하였다.[19] 또한 2010년 1월에는 쿠바 정부와 미국 민간단체가 헤밍웨이의 저택과 유물을 보존하는데 협력하기로 했으며, 헤밍웨이의 유적 보존에 200만~300만 달러(약 23억~34억원)의 비용이 든 것으로 추정하고 있다.[20]

최근(2012년 5월) 쿠바의 관광산업은 연간 250만 명의 관광객들이 쿠바를 방문하며, 관광수입이 연간 25억 달러로 추정될 정도로 큰 비중을 차지함에 따라 쿠바정부는 관광분야에 대한 지원을 아끼지 않고 있다.[21] 또한 쿠바 정부에서 헤밍웨이의 유적지 보존에 많은 예산을 투입하는 것을 보면 쿠바관광 수입에 긍정적으로 많은 영향을 미친다는 것을 예측할 수 있다.

<표. 연도별 쿠바 관광객 유입현황(단위, 천명)>

항목	2005	2006	2007	2008	2009	2010
총관광객	2,319	2,221	2,152	2,348	2,430	2,532

---

19) http://www.lesvacances.co.kr/dest/news/view.asp?nactCode=CU000HAB00&newsEvntGubn=N&newsNumb=20070328105221

20) http://www.seoul.co.kr/news/newsView.php?id=20100123025017&spage=1714

21) http://www.globalwindow.org/gw/overmarket/GWOMAL020M.html?ARTICLE_ID=2151250&BBS_ID=10
(표 http://www.globalwindow.org/gw/overmarket/GWOMAL020M.html?ARTICLE_ID=2151250&BBS_ID=10)

위의 표에서 쿠바가 안정적으로 관광객을 유치하고 있다는 것을 알
수 있다. 2005년부터 2007년 사이에는 감소하는 추세였지만 2007년
이후 다시 관광객이 증가하는 추세를 볼 때 쿠바정부의 헤밍웨이 생가
보수공사도 영향을 미친 것으로 사료된다.

(4) 결론

공산주의 국가인 쿠바는 관련 정보의 업데이트가 신속히 진행되지
않는 상황이라 관련 통계자료도 최근 것을 확보하기가 어렵다. 하지만
쿠바에 있는 헤밍웨이를 기리는 동상과 생가, 헤밍웨이가 자주 갔던
해안가와 술집 등이 그대로 보존되어 있어서 많은 관광객들의 방문 후
기와 관련 사진이 있었다. 21세기에 들면서 종이매체보다 영상매체에
익숙해진 사람들에게 소설은 사라져간다고 생각하였지만, 헤밍웨이의
'노인과 바다'에 대하여 조사하면서 글의 힘이 강하다는 것을 실감하
게 되었다.

최근 미국과의 수교 이전, 오랫동안 단교를 통한 공산주의 혁명의
자존심과 기품을 지키려는 쿠바. 그 당시 쿠바 관광의 큰 수입원이 민
주주의 국가인 미국인 소설가 헤밍웨이가 남겨 놓은 흔적들이라는 것
은 역사적 아이러니라고 할 수 있다. 헤밍웨이 자신이 즐겨 찾던 모히
토, 다이끼리 술집에 관광객들을 불러 모으고 있을 뿐만 아니라 헤밍
웨이 박물관과 그 입장료와 박물관으로 오는 택시비까지 벌어주니 이
것저것 따지면 쿠바 경제에 상당한 도움을 주고 있다는 것은 틀림없
다. 자본주의 국가 미국은 싫어하지만, 헤밍웨이를 통한 관광상품은
또 다른 문제인 듯하다.

2) 해양문화와 애니메이션의 만남

(1) 니모를 찾아서(Finding Nemo)

"니모, 도리를 찾아서 배리어리프 바다 속으로 갈까나"

① 개요

개봉 : 2003년 6월 6일(금)
감독/원안/각본/ "크리쉬"목소리 : 앤드류 스탠튼
공동감독 : 리 언크리치
주연배우(목소리) : 스탠튼 알렉산더 굴드, 엘런 드
　　　　　　　제너러스, 알버트 브룩스, 윌렘 데포
관람등급 : 전체이용가
흥행수입 : 2014년1월 27일 기준 전 세계적으로 9
　　　　　억 3,670만 달러 수입(3D확장판 제외
　　　　　수입, 역대 애니메이션 수입에서 5위)
관객동원 : 국내 개봉 당시 전국 약 130만 명 관객
　　　　　동원
제작사 및 제작비 : Pixar Animation Studio &
　　　　　Walt Disney Pictures
제작기간 : 기획 7년, 제작 4년 등 총 11년 만에 완성
제작비 : 94억 US달러[22)

<표. 세계 역대 애니메이션 흥행수입 TOP 5>

흥행수입 TOP 5	제작사	애니메이션(단위 : US달러)
Toy story 3	Disney	10억 6,320
Lion King	Disney	9억 8,750
Frozen(겨울왕국)	Disney	9억 8,612
Despicⅰble 3(슈퍼배드 3)	Universal Studios	9억 7,080
Finding Nemo(니모를 찾아서)	Disney	9억 3,670

(출처 : 모조)

---

22) http://view.asiae.co.kr/news/view.htm?idxno=2014013012174051041

② 줄거리

아빠 물고기 말린과 아들 물고기 니모는 오스트레일리아 동북부에 있는 세계 최대의 산호초 지역에서 사는데, 말린은 아들을 과잉보호하며 키운다. 니모가 아빠 품을 벗어나 처음 학교에 등교하는 날, 그날 열대어를 수집하는 다이버에게 납치되어 시드니 항구가 내다보이는 치과 수족관에 갇힌다. 말린은 아들을 구하기 위해 여행길에 나서는데, 도리라는 건망증이 심한 친구와 함께 여행하면서 과감하고 영웅적인 행동으로 위기를 헤쳐 나간다. 그들의 영웅적인 모험 이야기는 널리 퍼져나가 니모의 수족관에까지 전해지고, 말린은 끝없는 방해와 위기를 이겨낸 후 아들을 구하게 된다.23)

- 에피소드

2004년 아카데미상에서 각본상·애니메이션 작품상·음향편집상·음악상 등 4개 부문의 후보에 올라 애니메이션 작품상을 수상하였다. '니모를 찾아서'를 제작하게 된 계기는 아들에 대한 감독 스탠튼의 남다른 애정이었다. 그는 아들이 다섯 살일 때 공원에 데려간 적이 있는데, 항상 일에만 쫓겨 아들과 많은 시간을 같이 보내지 못한 죄의식으로 가슴이 죄어 속으로는 "보고 싶었어"를 외치면서도, 공원을 거니는 내내 "저건 만지지 마", "이건 하지 마", "그러다 다쳐" 하며 잔소리를 해댔다. 그러다 갑자기 머릿속에서 이런 목소리가 들려왔다. "넌 아들과 지내는 이 소중한 시간을 완전히 망치고 있어" 그 후로 그는 겁이 많으면, 좋은 아빠가 되기 힘들다는 생각을 갖게 되었다. 이러한 기억의 조각들을 하나로 모아, 스탠튼은 <니모를 찾아서>의 스토리를 착안하게 된 것이라고 한다.24)

---

23) [네이버 지식백과] 니모를 찾아서 [Finding Nemo] (두산백과, 두산백과)
24) http://www.koreafilm.co.kr/movie/review/finding_nemo.htm

- 배경

호주의 그레이트 베리어 리프(Great Barrier Reef)는 영화의 실제 배경이 되었던 곳이며, 영화 속에 등장하는 모든 어종들 역시 그곳에 실제로 살고 있는 어종들이다. 영화 속 주인공은 말린과 니모인데요. 실제 물고기의 이름은 흰 동가리(clown fish)이며, 영화 속의 집이 말미잘인 것처럼 실제로도 말미잘과 공생하며 살아간다.[25]

(2) Great Barrier Reef

호주 북동해안을 따라 약 15,000년 전 산호가 조금씩 형성되면서 생긴 곳으로 세계 최대의 산호초 지역이며, 면적은 207,000㎢이고 길이는 2,600㎞에 이르며 너비 500~2,000m로 서식생물도 산호 400여종 어류 1,500여종 연체동물 4,000여종이나 서식하고 있다.

북쪽은 뉴기니 남안의 플라이긴 어귀에서 남쪽은 퀸즐랜드의 레이디 엘리엇까지 이어져 있으며 호주 퀸즈랜드주 해안선의 2/3을 차지하고 있다. 크고 작은 600여개의 섬들이 흩어져 있는데 섬 600개 중 20개 정도만이 관광객을 위하여 개방되었고, 대부분은 보호되고 있다. 1981년 유네스코(UNESCO:국제연합교육과학문화기구)에서 세계자연유산으로 지정하였으며, 2003년에는 BBC에서 선정한 '죽기 전에 꼭 가봐야 하는 여행지 50곳' 중 2위를 차지한 곳이기도 하다. 2007년 5월에는 세계관광협의회(World Travel and Tourism Council)에서 선정한 올해의 관광목적지상(Destination Award)을 수상하기도 하였다.

기온은 온화하고 우기와 건기가 뚜렷이 구분되며 눈부시도록 푸른 에메랄드 빛 바다와 아름다운 자연경관을 찾아 모여드는 많은 관

---

25) http://blog.naver.com/kmozzart?Redirect=Log&logNo=40176186489

광객들과 여러 오염요인으로부터 보호하기 위해 호주 정부에서는 1975년 그레이트 배리어 리프 해양국립공원을 조성하여 4살 이상 관광객에게는 EMC(환경유지비)를 청구해 공원의 보호와 관리를 시작했다.

매력적인 해양관광목적지로 성장하게 된 이유로 그레이트 배리어 리프는 크게 와일드 북부 퀸즈랜드(The wild North), 케언즈와 포트 더글라스(Cairns and Port Douglas), 타운즈빌(Townsvile), 휫선데이즈와 맥케이(Whitsundays and Mackey), 서던 그레이트 베리어리프(Southern Great Barrier Reef)의 총 5개 구역으로 구분되어 있다. 각 구역에 해당하는 섬들마다 각기 다양하고 다른 특별한 해양경험을 할 수 있기 때문에 많은 관광객들이 자신의 선호에 따라 목적지를 선택하여 방문함으로써 다양한 관광욕구를 만족하게 된다. 이제 각 구역마다 가장 유명하고 대표적인 섬과 그곳에서의 해양 레저스포츠에 대해서 알아보고자 한다.

- 와일드 북부 퀸즈랜드(The Wild North)

와일드 북부의 훼손되지 않은 야생지역은 풍부한 어종의 낚시, 때 묻지 않은 산호초 탐험과 원주민들을 만나는 해양 모험을 제공한다. 거대한 대구에 먹이주기와 고래와의 다이빙. 리저드 아일랜드(Lizard Island)에 위치한 코드 홀의 바다 속에서 직접 해양생물과 마주할 수 있는 기회를 갖게 된다. 겨울철에 방문하면 밍크 고래와 돌고래 떼를 볼 수 있다.

- 케언즈와 포트 더글라스(Cairns and Port Douglas)

세계 자연유산인 열대우림과 산호초가 만나는 지역으로 스쿠버다이빙, 씨워킹,[26] 14,000 피트 상공에서 이뤄지는 스카이다이빙과 같은 다양한 해양레저활동의 선택이 가능하며 주변의 많은 섬들 중에서도 그린 섬(Green Island)과 피츠 로이 섬(Fitzroy Island)은 아름답고 작은 산호초를 가까이에서 즐길 수 있는 곳이다. 스쿠버 다이빙의 경우, 소요시간은 1회당 15~20분으로 스쿠버 장비를 착용하고 바다 깊은 곳으로 들어가 수중 생태계를 탐험할 수 있는 수중레포츠 중에서는 난이도가 있다. 해저에서 어떤 일이 발생할지 모르기 때문에 다이빙을 위해 철저한 교육을 필수로 받고 있다.

- 타운즈빌(Townsvile)

세계에서 가장 큰 산호초 수족관인 리프 HQ(Reef HQ)가 있다. HQ는 생태관광시설이면서 동시에 생태계 보호의식을 심어주는 자연보호기관이라고 한다. 퀸즈랜드 박물관(Museum of Tropical Queensland)에서는 1791년에 난파한 HMS 판도라 호(HMS Pandora Shipwreck)를 관람할 수도 있고, 타운즈빌에서 배타고 약 20분정도 가면 코알라의 수도라고 불릴 만큼 많은 코알라와 야생동물을 체험할 수 있는 마그네틱 섬(Magnetic Island)이 있다.

- 횟선데이즈와 맥케이(Whitsundays and Mackay)

74개의 섬으로 구성된 횟선데이즈는 대부분의 섬들이 국립공원으로 지정되어 있어 지금까지 사람이 살지 않는 원시 자연상태 그대로의 모습을 간직하고 있다. 74개의 섬 중에서 8개의 섬에만 원주민들이 거주하고 있고, 9개 섬에는 리조트가 있어 다양한 숙박시설과 볼거리를 제

---

26) 소요시간은 20~30분으로 물속에서도 손쉽게 호흡이 가능하도록 고안된 헬멧을 쓰고 바다 속을 걷는 레포츠로 바다 속에 안전하게 설치된 펜스를 따라 걸으면서 해양 생물들을 관찰하는 것으로 수영을 못하더라도 즐길 수 있는 레포츠다.

공하고 있다. 대표적인 섬으로는 에얼리 비치(Airlie Beach), 해밀턴 아일랜드(Hamilton Island), 헤이만(Hayman)이 있다. 요트를 타고 74개의 섬으로 이루어진 휫선데이(Whitsunday) 제도를 투어할 수 있으며, 짧게는 3~4시간에서 길게는 6박7일까지 세일링을 할 수 있다 또한 스노클링, 스쿠버다이빙을 즐길 수 있는 보트, 섬에 상륙해 하룻밤을 보내는 보트, 저녁마다 파티가 열리는 보트 등 다양한 보트투어 활동이 가능하다.

- 서던 그레이트 베리어리프(Southern Great Barrier Reef)

대표적으로 헤론섬(Heron Island), 레이디 엘리엇섬(Lady Elliot Island)이 있으며 레이디 엘리엇 섬은 프로다이빙 강사 협회(PADI)가 선정한 세계 최고 다이빙, 스노클링 포인트이기도 한 곳이다. 총 19개의 다이빙 포인트가 있는데, 아름다운 장관을 이루는 최고의 포인트는 라이트 하우스 보미(Lighthouse Bommie), 코랄 가든(Coral Garden), 모이리(Moiri), 그리고 샤크 풀(Shark Pool)이 있다.

(3) 관광산업의 효과

그레이트 베리어리프 해양국립공원청에서 조사한 1993~2013년까지의 관광객 수를 그래프로 살펴보면, 2001년도부터 증가하는 관광객 수는 영화 '니모를 찾아서'를 개봉한 2003년 이후 지속적인 증가세를 보이더니 2005년에는 관광객 수가 최고치에 달한 것으로 볼 수 있다. 영화를 관람한 관람객들은 스크린 속에 나오는 에메랄드빛의 바다 속에 가고 싶은 감정을 느꼈을 것이며 실제 배경이 되었던 장소가 방문에 영향을 미친 것으로 사료된다. 이후로 점차 하락하지만 최근 들어 다시 상승하고 있는 추세를 보인다.

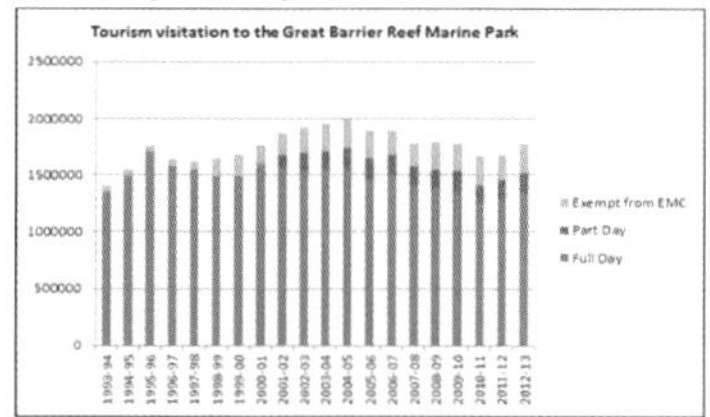

관광객 수치 그래프

Table 7.1: Economic contributions of the Great Barrier Reef World Heritage Area to Australia, 2012

	Direct expenditure ($m)	Value-added ($m)	Employment (FTE)
Tourism	6,410.6	5,175.6	64,338
Recreation	332.4	243.9	2,785
Commercial Fishing	192.5	160.3	975
Scientific research & management	106.1	98.0	881
Total	7,041.5	5,677.8	68,978

Source: Deloitte Access Economics estimates

경제적 공헌도

Deloitte Access Economics에서 조사한 통계를 보면, 2012년 그레이트 베리어 리프가 호주의 경제에 미친 영향으로 직접적인 지출은 70억 4천만 달러로 환산되었으며, 우리나라 환율로 계산할 경우, 약 7조 4천억 원이며, 간접적인 부가가치는 56억 7천만 달러로 5조 6천억 원에 이른다. 또한 약 6만 9천명의 고용효과를 통한 경제적 파급효과를 미치는 것으로 나타났다. 특히 주목할 것은 매년 전 세계에서 방문하는 관광객들로 인한 오염으로부터 보호하기 위해 호주 정부에서 실시하는 4살 이상 관광객에게는 EMC(환경유지비)를 청구하는 것이다. 또한 모든 섬을 개방하지 않고 부분적인 방문을 허용하며, 나머지는 모두 해양 생태계를 그대로 유지하도록 보호한다는 점이다. 또한 HQ라는 해양생태 관광시설이면서 동시에 생태계 보호의식을 심어주는 기관을 설립해 자연보호의 중요성을 알리고 있다. 이는 해양관광의 새로운 방향성을 제시한다는 점에서 시사하는 바가 크며 지속가능성(Sustainable Tourism)의 관점에서 많은 관광객의 유치를 위해 무분별한 개발보다 오히려 해양 생태계를 보호하면서 관광을 위해 최소한의 정도만 개발을 허용하는 지속가능한 개발 철학과 일맥상통한다.

(4) 결론

세계 최대의 해양관광목적지인 그레이트 베리어리프는 그곳을 보호
하면서 이용하는 지속가능한 관광개발의 가장 성공적인 사례로서 인
식된다. 그리고 기후온난화 문제로 산호초 생태계가 위협받고 있는 현
실을 고려할 때 해양생태계의 지속성에 관한 문제는 인류의 생존과 직
결됨을 인식하여야 한다는 교훈을 지닌 해양교육의 장이기도 하다.

3) 해양문화와 영화의 만남

(1) 타이타닉(Titanic)

"레오나르도 디카프리오의 명작, 타이타닉과 문화관광"

① 개요

개봉일: 1997년11월 18일(런던)
러닝타임: 198분
감독: 제임스 캐머런
주제곡: My Heart Will Go On
작곡가: 제임스 호너
출연진: 레오나르도 디카프리오, 케이트
　　　　윈슬렛, 빌리 제인 등
수상: 제70회 아카데미상 시상식(1997년)
　　　에서 14개 노미네이트 중 11개 상
　　　수상(작품상, 시각효과상, 미술상,
　　　감독상, 촬영상, 음향효과상, 의상
　　　상, 음악상, 편집상, 음향편집상 등)
국내등급: 15세 이상 관람가
월드박스오피스: $2,186,772,302(최종)
제작비: 2억불
미국 내 흥행 성적 6억 달러, 미국 제외
국외 흥행성적 12억 4천 5백만 달러를 합
쳐, 총합 약 18억 4천 5백만 달러로 10년
넘게 세계 1위 타이틀 고수

- 줄거리

1990년대 과학자들은 첨단장비를 동원하여 침몰한 타이타닉호 안에 있을 보물을 찾기 위해 탐사를 벌인다. 그러던 중 해저에서 이상한 궤짝 하나를 발견, 기대에 부풀어 열어보지만 한 여인의 나체화 그림만을 발견하고 크게 실망한다. 하지만 그림 속 여인의 목에는 그토록 탐사 팀이 찾던 어마어마하게 큰 보석 목걸이가 걸려있었다. TV에서 이 기사를 접한 어느 늙은 할머니가 그림 속의 여자가 바로 자신이라며 직접 탐사선으로 오게 된다. 그림 속 보석 목걸이에 관심을 가진 탐사 팀에게 할머니의 이야기가 시작된다.[27] 그리고 타이타닉을 본 사람이라면 누구나 알고 있는 너무나 아름다운 현대판 '로미오와 줄리엣'의 이야기가 타이타닉의 갑판에서 이어진다. 실제 타이타닉 호의 침몰이라는 사건을 배경으로, 잭과 로즈라는 연인이 이루는 짧고 비극적인 사랑을 그렸다. 정밀한 고증과 재연으로 타이타닉 호의 침몰을 다루는 다큐멘터리 영화의 측면을 가지면서도 동시에 가공인물인 잭과 로즈의 러브 스토리를 포함시켰다. 다큐멘터리와 러브 스토리는 언뜻 보기엔 전혀 어울리지 않는 조합이지만, 극적으로는 굉장한 시너지 효과를 일으켰다.

- 에피소드

'타이타닉'은 실제로 있었던 일을 배경으로 하고 있어서 더욱 안타까움과 감동을 주는 영화이다. 타이타닉호는 1912년 4월 15일 사우스햄프턴(Soathampton)에서 뉴욕(New York)으로 처음 항해하던 중 빙산에 부딪혀 침몰했다. 구명보트가 모자랐던 탓에 승객 2,200여 명 가운데 700명만이 살아남았다. 화이트 스타라인이 제작했던 타이타닉호는

---

27) http://movie.naver.com/movie/bi/mi/basic.nhn?code=18847

객실 840개에 갑판 9개를 갖춰 당시 세계최대 여객선이었다.[28]

② 영화 제작

'타이타닉'의 감독은 '제임스 카메론'이다. 터미네이터 시리즈, 에일리언 시리즈 그리고 세계최대의 흥행성적을 낸 아바타. 그가 메가폰을 잡은 영화(아바타, 타이타닉)가 전 세계 흥행 1,2위를 차지하고 있다. 주연배우들로 2016년 레버넌트(The Revenant)[29]로 아카데미 남우주연상을 수상한 '레오나르도 디카프리오', 여자 주인공에는 'Eternal Sunshine' 등으로 유명한 '케이트 윈슬렛'이 맡아서 열연을 펼쳤다.

'타이타닉'의 제작비는 2억불(한화 3,300억 정도)이었다. 요즘에도 이 정도의 제작비를 들이는 영화가 자주 없는데 그 당시에는 엄청난 규모의 제작비였다. 이 제작비를 감당할 제작사를 찾기 위해 '타이타닉'의 감독인 '제임스 카메론' 감독은 20세기 폭스의 회장을 만났다. 그 자리에서 '제임스 카메론' 감독은 진중한 제작계획서 대신 깜깜한 바다 위에 휘황찬란한 조명으로 치장한 타이타닉의 사진을 보여주며 "타이타닉 위에서 펼쳐지는 로미오와 줄리엣의 이야기"라고만 했다고 한다. 그 한마디에 2억불이라는 천문학적인 규모의 투자가 결정되었다.[30] 20세기 폭스사의 회장이 사진 하나에 투자를 결정하게 된 것에는 '제임스 카메론' 감독에 대한 절대적인 신뢰와 그의 믿음을 마음으로 느꼈기 때문일 것이라고 생각한다.

'타이타닉' 영화를 본 사람들은 쉽사리 이 영화를 잊지 못할 것이다. 그렇기 때문에 마음에서 '타이타닉'을 지우지 못하고 지금도 계속해서

---

28) http://news.naver.com/main/read.nhn?mode=LSD&mid=sec&sid1=101&oid=001&aid=0006117667
http://movie.naver.com/movie/bi/mi/photoViewPopup.nhn?imageNid=6264791
http://blog.naver.com/kkongflower?Redirect=Log&logNo=20152794325
29) 사전적으로 저승 내지는 저승과도 같은 처절한 데에서 돌아온 망령이라는 의미
30) http://blog.naver.com/haramson?Redirect=Log&logNo=140173770690

찾고 있는지도 모르겠다. 2012년에는 약 200억의 제작비를 들여 '타이타닉' 100주년을 맞아 '타이타닉'을 3D로 Remastering을 하여 재개봉하였다. 또한 '타이타닉'이 2016년에 새로 항해되었다. 그 내용은 호주의 광산재벌 클라이브 파머가 추진하는 21세기판 타이타닉호 건조 사업의 청사진이다. 계획대로라면 2016년 말 잉글랜드 남동부 항구도시인 사우스햄프턴에서 미국 뉴욕으로 향할 예정이다. 파머는 2012년 4월 타이타닉호 침몰 100주년을 맞아 중국 CSC 진링조선소(China Changjiang National Shipping Corporation Jinling Shipyard)에 1912년 당시와 똑같은 크기의 뉴 타이타닉 제작을 주문했다. 그런 배경에서 뉴 타이타닉 승객들도 1912년 당시와 같은 복장으로 같은 메뉴의 음식을 즐기며 항해하는 것으로 계획되어 있다.31) 이 정도되면 이 영화는 사람들에게 영화적 재미를 뛰어넘어서 말로 할 수 없는 무언가를 주었다고 할 수 있을 것이다.

실제 사진

고증된 장면

'타이타닉'은 영국을 출발해 미국으로 가는 초호화 크루즈선 이었다. '타이타닉'은 그때 당시에 최고의 기술로 만들어진 세계 최고의 크루

---

31) http://news.naver.com/main/read.nhn?mode=LSD&mid=sec&sid1=101&oid=001&aid=0006117667

즈선 이었다.

영화 '타이타닉'이 당시에 크루즈 산업에 미친 영향은 알 수 없다. 그러나 '타이타닉'이 침몰한 지 100주년을 맞은 2012년 호주 광산재벌인 클라이브 파머는 '타이타닉 2'를 건조해서 기존의 '타이타닉'의 항로를 따라 크루즈 여행을 기획하겠다고 밝혔으며, '타이타닉'호에 수장되었던 보물들을 건져 100주년 기념 전시회를 개최하기도 하였다. 이러한 점을 보았을 때 영화 '타이타닉'은 사람들의 마음 깊은 곳에 자리잡아 시간이 많이 지난 지금에도 '타이타닉'의 향수를 불러일으키고 있다는 것을 짐작할 수 있다.

③ 결론

1997년 개봉된 영화 타이타닉은 해양관광 분야에서 전 세계적으로 크루즈, 특히 호화크루즈의 붐을 일으킨 영화로 기억된다. 영화를 계기로 세계 3대 크루즈 선사들은 호화크루즈 건조를 주도했으며, 최근까지 그 규모는 점점 커져가고 있다. 이에 따라 국제여객터미널 규모도 확대되어가는 추세이며, 기항지의 경우 육지와 연계된 다양한 해양관광상품 개발에 경쟁이 가속화되고 있다.

Oasis of the Seas

<표. 년도별 해외크루즈 관광객 입국추이>

년도	크루즈관광객 입국 수	한국인 크루즈 관광객 수
2012	28만	14,000명
2013	79만	15,000명
2014	95만	16,000명
2015	105만	30,000명(추정)
2016	150만	-
2020	300만(추정)	200,000명(추정)

(출처 : 해양수산부)

최근 엄청난 증가세를 보이고 있는 크루즈 관광객 입국추이를 살펴보면 아시아 크루즈 관광의 폭발적인 성장을 이끄는 나라는 중국의 영향이 가장 크게 작용한다. 중국 관광객들이 가장 선호하는 코스는 한국을 경유, 일본의 유명 관광목적지를 방문하는 코스다. 중국과 일본 사이에 위치한 한국의 지정학적 조건이 크루즈 산업 육성과 성장의 가장 큰 자산이 될 수 있으며, 우리나라는 제주도를 비롯하여, 부산, 인천 등에 기항지를 설정하고 있다. 이러한 전략적 환경은 세계 2위의 경제대국 중국과 3위인 일본을 잇는 '동북아 크루즈 여행 벨트의 중심축'으로 성장하기 위해서는 정부와 관련 산업의 협업이 매우 중요하다.

크루즈 관광상품은 오후 늦게 출항, 이튿날 아침 기항지에 도착해 하루 일정의 관광을 하는 일정으로 짜여 있다. 낮에 기항지의 관광명소를 돌고, 쇼핑 등을 하고 난 뒤 밤에 이동하는 패턴이다. 기항지와 기항지 거리가 멀어 배를 타는 시간이 길어지면 여행객들은 '바다 위를 떠다니는 호화 리조트'에서 느긋한 휴식을 취한다.

이러한 여행패턴으로 인해 해외에서 한국을 방문하는 크루즈 관광객은 급증하는 추세지만, 정작 해외로 나가는 국내 크루즈 관광객 수는 미미하다. 크루즈 관광이 활성화 돼 있지 않아 공식 통계도 찾기 어렵다. 국제크루즈선사협회(Cruise Lines International Association·CLIA)가 조사한 회원사의 실적, 해양수산부의 자료를 토대로 분석하면 작년 3만명 안팎의 한국인이 크루즈 여객선을 타고 해외여행을 한 것으로 추정된다. 또한 CLIA가 분석한 2014년 아시아 크루즈 보고서에는 2012년(1만 3,973명)부터 2013년(1만 5,462명), 2014년(1만 6,491명)까지 한국인 크루즈 관광객이 매년 8.6% 증가한 것으로 나타난다.

*** 바다 지식 : Oasis of the Seas**

- 세계에서 제일 큰 크루즈선
- 크루즈 전문 회사인 '로얄캐리비안 인터네셔널'사 소유
- STX 유럽이 건조
- 오아시스급 1번선 오아시스 오브 더 시즈(Oasis of the Seas)와 오아시스급 2번선 얼루어 오브 더 시즈(Allure of the Seas) 두 선박 제원 동일
- 총톤수 225,000톤
- 길이 362m
- 너비 66m
- 높이 72m
- 승객 6,318명, 승무원 2,394명, 합 8,700명 탑승
- 최고속도 22노트

4) 해양문화와 음악의 만남

(1) Surfin' U.S.A.

음악이라는 예술장르도 계절이나 날씨와 연관이 있을까. '시즌음악'. 공식적인 용어는 아니지만 실제로 그 시즌이 다가오면 많이 찾고 듣게 되는 음악이 있다. 해양관광은 우리나라의 경우, 계절별 특성이 명확한 관광행태이다. 여름 시즌을 성수기로 한다면, 여름에 가장 잘 어울리는 음악은 바로 서프(Surf) 뮤직. 그 중에서도 비치 보이스(The Beach Boys)의 음악일 것이다. 비치 보이스의 Surfin' U.S.A.를 통해 캘리포니아(California)와 그 곳의 해양문화에 대해 알아보자.

① 개요

비치 보이스 멤버   Surfin'U.S.A.의 앨범커버

비치 보이스(The Beach Boys)는 1961년 캘리포니아주 호손(Hawthorne)에서 결성된 전형적인 미국 밴드이다. 미국 태평양 해안을 끼고 있는 서해안 젊은이들의 문화(특히 푸른 바다, 서핑, 비키니, 자동차)를 테

마로 한 경쾌한 서프 뮤직(Surf Music)을 대중화한 대표적인 밴드로
알려져 있다.[32] 대표곡으로는 <Surfin' U.S.A.>, <Fun, Fun, Fun> 등이
있으며, 1988년 로큰롤 명예의 전당에 입성하였다.

"Surfin' U.S.A."

If everybody had an ocean across the U.S.A.
Then everybody'd be surfin' like Californ-i-a

You'd seem'em wearing their baggies, Huarachi sandals, too
A bushy bushy blonde hairdo. Surfin' U.S.A.

<후렴>

You'd catch'em surfin' at Del Mar Ventura County line
Santa Cruz and Trestles Australia's Narrabeen All over Manhattan

And down Doheny way Everybody's gone surfin'. Surfin' U.S.A.
We'll all be planning out a route We're gonna take real soon
We're waxing down our surfboards. We can't wait for June
We'll all be gone for the summer We're on surfari to stay
Tell the teacher we're surfin'. Surfin' U.S.A.

<후렴>

Haggerty's and Swami's Pacific Palisades San Onofre and Sunset
Redondo Beach L.A. All over La Jolla At Waimea Bay
Everybody's gone surfin'. Surfin' U.S.A
Everybody's gone surfin'. Surfin' U.S.A
Everybody's gone surfin'. Surfin' U.S.A

---

32) 네이버 지식백과
　　http://terms.naver.com/entry.nhn?cid=235&docId=813973&mobile&categoryId=235

Surfin' U.S.A.는 1964년 3월 발매된 노래로 비치보이즈 멤버인 브라이언 윌슨이 작곡한 노래이다. 그의 동생의 남자친구인 척 베리가 서핑을 좋아하는 것을 알고 그에게 캘리포니아의 서핑 명소를 가르쳐 달라고 해서 작사해 만들었다. 이 노래에는 캘리포니아의 서핑 명소 14곳과 하와이 1곳, 호주 1곳의 서핑 명소가 가사로 등장한다.

- SURFING이란?

해안으로 밀려드는 파도를 이용하여 보드(board)를 타고 파도 속을 빠져 나가면서 묘기를 부리는 해양레저스포츠. 파도타기라고도 한다. 서핑(SURFING)의 역사는 선사시대로까지 거슬러 올라간다. 타히티(Tahiti)와 폴리네시아인(Polynesia人) 조상들이 시작하여 하와이(Hawaii)로 전달되었으며, 하와이에서 전통적인 해양레저스포츠로 이어져 왔으므로, 하와이를 서핑의 발상지로 본다.[33]

② 노래의 배경과 캘리포니아 관광목적지

캘리포니아주는 미국 서부 해안선의 반 정도를 차지하는 주(State)로, 현재 미국에서 가장 인구가 많다. 캘리포니아만(Gulf of California)을 형성하는 저지대는 북서쪽으로 이어져서 캘리포니아주(州) 남부에서 임피리얼계곡(Imperial Valley)의 저지대가 되는데, 그 대부분이 해면보다 낮다. 코스트산맥에는 발달하여 태평양의 해안선은 비교적 단조롭다.[34]

Surfin' U.S.A.에 나오는 곳은 델마(Del Mar), 산타크루즈(SantaCruz),

---

33) 네이버 지식백과
　　http://terms.naver.com/entry.nhn?cid=200000000&docId=1149535&mobile&categoryId=200001320
　　출처: http://www.beach-broker.com/
34) 네이버 지식백과
　　http://terms.naver.com/entry.nhn?cid=680&docId=966371&mobile&categoryId=1403
　　출처: http://www.lajollaresidential.com

맨하튼(Manhattan), 벤투라 카운티(Ventura County), 트레스틀(Trestle), 도니웨이(Doheny Way), 해거티스와 스와미즈(Haggerties and Swamies), 퍼시픽 패러세이드즈(Pacific Palisades), 산 오노프레(San Onofre), 레돈도비치(Redondo Beach), 라호야(La Jolla) 등이다.

노래 속 서핑명소 12곳의 위치
- 라호야 비치, 맨하튼 비치, 산오노프레 비치, 벤투라 카운티 비치, 산타크루즈 비치
- 퍼시픽 패러세이즈드 비치, 레돈도 비치, 델마 비치, 도니웨이 비치
- 트레스틀 비치, 해거티스 비치, 스와미즈 비치

본서에서는 대표적으로 레돈도와 라호야 비치에 대해 알아보도록 하겠다.

- 레돈도비치(Redondo Beach)

1910년대 레돈도 비치

현재 레돈도 비치

여름에 캘리포니아 해변은 서핑 보드에 왁스를 잔뜩 먹인 서퍼들이 모여드는 서핑의 천국이다. 파도가 높아 서핑하기에 적격인 레돈도 비치 역시 맨해튼 비치와 함께 서퍼들에게 잘 알려진 해변이다. 현대 서핑이 탄생한 곳이라 불리며 Surfin' U.S.A.의 비트 탄생지이

다. LA 인근에 위치하는 해변이 대부분 그러하듯 이곳에도 피어 (Pier)가 있는데 그 형태가 남다르다. 바다를 향해 일직선으로 뻗은 여느 피어와 달리 다각형 모양을 띠고 있다. 피어에는 스포츠 피싱을 즐기는 사람들 사이에서 낚시한 물고기를 얻어 먹으려는 심사인 펠리칸을 발견할 수 있다. 커다란 부리를 연신 조아리며 뒤뚱뒤뚱 걷는 펠리칸 모습은 또 하나의 볼거리다.[35]

- 라 호야(La Jolla)

1889년 라 호야 비치

현재 라 호야 비치

스페인(Spain)어로 '보석'을 의미하며 국제서핑협회가 있는 곳이다. 태평양이 내려다보이는 언덕 위에 위치한다. 일년내내 온화한 날씨와 아름다운 해안선이 있다. 해양스포츠 시즌에는 윈드서핑과 파도타기를 즐기는 젊은이들로 항상 붐빈다. 미국에서 파도타기를 즐기기에 가장 적합한 곳으로 평가받고 있으며, 파도타기를 주제로 한 ≪폭풍 속으로≫라는 영화도 이곳에서 촬영되었다.[36]

---

35) 네이버 지식백과
　　http://terms.naver.com/entry.nhn?cid=680&docId=966371&mobile&categoryId=1403
　　출처: http://www.Lajollaresidential.com
36) 네이버 지식백과
　　http://terms.naver.com/entry.nhn?cid=200000000&docId=1280329&mobile&categoryId=200000355

③ Surfin' U.S.A. 이후 캘리포니아

캘리포니아 비치들은 해양관광목적지로 노래 이전에도 미국뿐만 아니라 전 세계인들이 방문하는 장소였지만, 이 노래는 이곳을 방문하는 관광객들에게 새로운 의미를 부여해 주고 있다. 지역의 해양관광 매력물을 살펴보고자 한다.

- 국제서핑박물관

국제서핑박물관은 미국 내에서 서핑을 하기에 가장 좋은 해양여건을 지니고 있는 캘리포니아 비치에 위치하고 있다. 오래된 서핑 보드와 서핑 사진, 조각과 도서 등이 있어 서핑의 역사 자료를 볼 수 있다.

위 치 : 411 Olive Avenue Huntington Beach, California 92648

개방시간 : 정오5 : 00pm(여름 : 수～월요일, 겨울 : 수～일요일 개방)[37]

- 애견서핑대회

---

37) 넷츠코 http://www.netsko.com/50716

미국 캘리포니아 로우스 코로나도 베이 리조트에서 애견서핑대회
(Annual Loews Coronado Bay Resort Surf Dog Competition)가 개최된
다. 2007년도 제1회 대회가 개최된 이래 많은 견주들의 명소가 되었
고, 독특한 볼거리로 전 세계에 캘리포니아 비치를 알리는데 큰 홍보
역할을 담당하였다. 시합방식은 애견 50마리가 10분간 서핑경쟁. 심판
은 안정된 균형감각은 물론 긴 파도타기와 패션 감각까지도 본다. 이
긴 강아지는 애견 리조트 휴가패키지 이용권이 주어진다. 이 경기를
보기위해 많은 관광객들이 서핑대회를 여는 캘리포니아 비치로 모여
든다.38)

캘리포니아 관광청 추천 서핑 코스

캘리포니아 관광청에서는 캘리포니아 해변에서 즐길 수 있는 해양
레저스포츠 활동 중 하나로 서핑을 추천한다. 또한 서핑하기에 좋은
해변들을 추천한다. 매년 캘리포니아에서 열리는 국제서핑대회도 해
양관광목적지로써 캘리포니아의 경쟁력을 제고시키는데 기여하고 있
다. 1964년부터 개최되며 약 50만명의 관광객이 몰려든다고 한다. 9일
간 지속되는 이 경기는 오렌지카운티 경제에 $21.5 million, 헌팅턴비
치에 $16.4 million의 경제적 파급효과를 미친다고 한다.39)

④ 관광효과

캘리포니아 관광청에서 조사한 캘리포니아 이미지 조사결과를 보
면, 서핑과 해변 그리고 팝송 등의 응답항목들을 볼 수 있다. 팝송은
특히, hotel california와 아울러 Surfin' U.S.A.노래가 캘리포니아의 매
력을 높여주는 것으로 볼 수 있다. 노래를 들으면서 시원한 파도가 치

---

38) 티스토리 블로그 http://madein.tistory.com/720
39) 위키피디아 http://en.wikipedia.org/wiki/U.S._Open_of_Surfing

는 캘리포니아 해변을 연상하면서 이곳을 방문할 생각을 하게 되고 한 여름의 더위가 가기 전 서핑을 하고자 그곳을 방문할 것이다.[40]

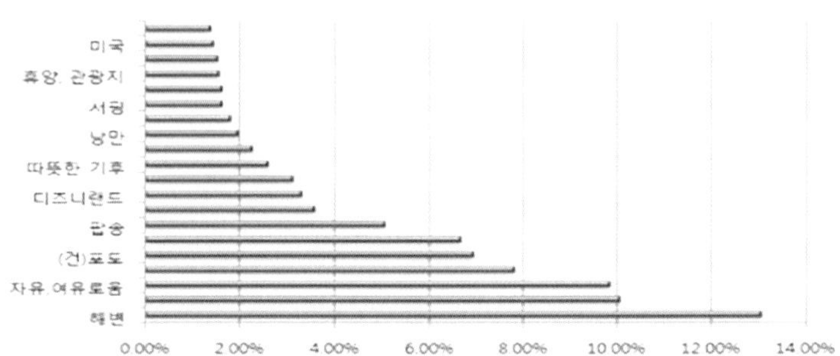

캘리포니아 관광청의 이미지 조사 (중복응답)

⑤ 결론

캘리포니아, 비치, 그리고 서핑. 캘리포니아 해변들이 해양관광목적지로 경쟁력을 갖는 데에는 해양환경의 자연적 여건뿐만 아니라 서핑이라는 해양레저스포츠가 함께 하고 있다. 그리고 이를 전 세계에 알린 노래 Surfin' U.S.A, 노래. 전 세계인이 공유하는 음악. 그리고 하계절… 해양관광목적지에 인문학과의 만남에서 음악 그리고 노래가 얼마나 소중한지를 깨닫게 한다.

---

40) http://www.visitcalifornia.co.kr

2. 해양문화로서 축제와 문화관광

1) 해양문화와 음악축제의 만남

(1) 부산마루국제음악제

"예술관광의 도시, 부산! 서양음악제로 관광객을 매료하다!"

제8회 부산마루국제음악제 중 Central Aichi Symphony Orchestra[41]

"부산마루국제음악제"는 대한민국 제1의 해양도시인 부산에서 개최되는 대표적인 음악축제로 가을이 시작되는 8월 말에서 9월 초에 열린다.

콘서트는 크게 프린지 콘서트(Fringe Concert)와 메인 콘서트(Main Concert)로 구분된다. 프린지 콘서트는 지하철 광장, 부산역 광장, 시민공원 등 다소 유동성이 높은 곳에서, 메인 콘서트는 부산문화회관을 중심으로 을숙도 문화회관, 해운대 문화회관, 동래 문화회관, 금정 문화회관, 사상 다누림 센터, 영도 문화회관 등에서 진행된다(개막식 공연, 실내악 공연, 폐막 공연 등).

제1회 부산마루국제음악제는 강동석 음악 감독을 중심으로, 피아니스트 파스칼 드봐이용(Pascal Devoyon), 클라리네티스트 로망귀요(Romain Guyot), 첼리스트 엠마뉴엘 베르트랑(Emmanuelle Bertrand)

---

41) https://www.google.com

등 세계적인 음악가들이 참여하였다. 메인콘서트는 부산문화회관, 을숙도문화회관, 금정문화화관 등에서 프린지콘서트는 해운대, 광안리, 범어사 등에서 개최되었다.

이 음악축제에는 부산지역 예술인들을 포함한 세계 정상급의 교향악단과 앙상블이 출연한다. 이를 테면, 2017년 제8회 부산마루국제음악제에는 센트럴 아이치 심포니 오케스트라(Central Aichi Symphony Orchestra)와 지휘자 초세이 코마쯔(Chosei KOMATSU), 트럼펫 연주자 오타비아노 크리스토폴리(Ottaviano CRISTOFOU) 등이 출연하였다.[42] 공연 레퍼토리는 슈만 '만프레드' 서곡, 작품번호 115번(R.Schumann/ Overture 'Manfred', Op.115), 아르투니안 트럼펫 협주곡 내림가장조 (A.A.Arutiunian / Trumpet Concerto in Ab Major), 드보르작 교향곡 제8번 사장조, 작품번호 88번(A.Dvořák / Symphony No.8 in G Major, Op.88) 등으로 구성되었다.

출연자의 이름과 공연 레퍼토리만으로 공연의 품질을 정확하게 평가할 수는 없다. 그러나 수준 높은 음악축제를 기획함으로써 부산의 새로운 문화자원을 개발하고, 지역민들과 관광객들에게 즐거움을 제공하기 위한 노력은 이 축제가 해양도시인 부산의 문화관광으로 직결될 수 있음을 잘 보여준다.

*** 부산마루국제음악제의 다양한 모습들**

| 2016 BMIMF 앙상블콘서트 Ⅱ | 2015 BMIMF 메인콘서트 Ⅱ | 2013 부산마루국제음악제 Chamber Music 『1819』 |

---

42) 개막식은 9월 2일(토) 부산문화회관 대극장에서 개최되었다.

<표. 2017 부산마루국제음악제>

공연시간	2017.08.26.~2017.09.09/평일
관람소요시간	기간 내 자유
관람가능연령	7세 이상
이용요금	개막콘서트(메인콘서트1), 폐막콘서트(메인콘서트7) : VIP 3만원, R석 2만원, S석 1만원 을숙도문화회관(메인콘서트2) : 전석 1만원(균일) 해운대문화회관(메인콘서트3, 앙상블콘서트) : VIP 2만원, R석 1만원, A석(2층) 5천원 부산문화회관(부산시립국악단-메인콘서트4) : 1만원(균일) 부산문화회관(갈라콘서트-메인콘서트5) : 전석무료 금정문화회관(메인콘서트6) : R석 1만원, S석 5천원 사상다누림홀(앙상블콘서트), 영도문화회관(앙상블콘서트) : 전석무료 동래문화회관(키즈콘서트) : 1만원(균일) 아웃리치콘서트, 부산음악인시리즈, 스쿨클래식, 오케스트라 드림프로젝트 : 전석무료
할인정보	아카데미 티켓: 초, 중, 고 및 음악전공 대학생은 부산문화회관 대극장(3층) 한하여 선착순 무료(학생증 지참), 장애인, 다문화가정, 국가유공자 : 무료 (증빙카드 지참), 경로할인(만 65세 이상 50%)
예매처	부산문화회관 공연 : www.ticketlink.co.kr, 1588-7890

(2) 제주국제관악제 · 제주국제관악콩쿠르

“대한민국 속의 또 다른 대한민국, 환상의 섬! 제주도에서 관악축제를”

김영갑 갤러리 공연 중 일부	2016 제주국제관악제 포스터

“제주국제관악제”는 제주도의 대표적인 음악축제로 야외공연이 가

능한 관악만을 활용한다. 이 관악제는 제주도에 거주하고 있는 관악 연주자들을 중심으로 1995년부터 시작되어 지금까지 지속되고 있다. 현재는 전 세계 다양한 관악 연주자들을 대상으로 재능을 발휘하며 관악 합주, 앙상블 공연, 관악 경연 등이 펼쳐지고 있다. 2017년의 경우, CNS윈드오케스트라, 제주클라리넷콰이어, KMC빅밴드, 강릉그린실버악단, 강원명진학교 관악단, 경남리틀싱어즈, 경남필하모닉 청소년 관악단, 골든브라스앙상블, 광양제철초등학교관악대, 광양초등학교 윈드오케스트라, 광주시립소년소녀합창단, 굿 호프 초등학교 관악대, 기장청소년 리코더합주단 등이 참여하였다.

　　"제주국제관악콩쿠르"의 경우 평가 방법은 일반 콩쿠르와 유사하다. 각 부문별 1, 2차는 피아노 반주와 함께, 결선은 교향악단의 반주와 함께 진행된다. 지난 2017년의 경우 호른과 테너 트럼본은 8월 7일 제주대학교에서, 트럼펫과 금관 5중주는 서귀포 예술의전당에서 진행되었다. 강연은 세계적으로 유일하게 금관악기 전 부문인 호른, 트럼펫, 테너 트롬본, 베이스 트롬본, 유포니 움, 튜바, 금관 5중주와 타악기 8개 부문으로 구성되며, 참가자 전원 합동 캠프 생활을 통해 음악적 교류를 돕고 있다.

제주국제관악제 · 제주국제관악콩쿠르 개최지

서귀포예술의전당

난드르해상 공연장

가파도 선착장

<table>
<tr><td>제주문화회관</td><td>제주해녀박물관</td><td>제주삼다공원</td></tr>
</table>

<표. 2016년 제주국제 관악제 · 제11회 제주국제관악콩쿠르>

명칭	2016 제주국제관악제 · 제11회 제주국제관악콩쿠르
주제	섬, 그 바람의 울림!
기간	2016년 8월 8일(월)~2016년 8월 16일(화)
장소	제주시 / 제주아트센터, 제주해변공연장, 이호테우해변 등
주최/후원	서귀포시 / 서귀포예술의 전당, 천지연폭포야외공연장, 서복전시관 등/제주특별자치도, 제주국제관악제조직위원회
협찬	문화체육관광부, 한국문화예술위원회, 제주문화예술재단, 제주관광공사, ADANS, YAMAHA

(3) 결론

'부산과 서양음악'. '제주도와 관악축제' 어쩌면 이질감이 드는 말일 수도 있다. 일반적으로 부산과 제주도를 떠올리면, 가장 먼저 '바다'가 생각날 것이다. 아니면 회, 전복 등과 같이 해산물과 관련된 음식문화가 생각나거나. 이처럼 부산과 제주도에서 음악축제는 활성화되었던 것은 아니었다. 그러나 이 곳은 더 이상 음악축제의 불모지는 아닌 것이다.

물론 음악제들이 부산과 제주도의 해양문화 혹은 해양인문학을 모두 설명할 수 있는 것은 아니지만 지역민들을 포함하여 많은 관광객들에게 양질의 음악문화를 비롯하여 공감대 형성을 비롯한 다양한 문화경험을 제공하는 것은 해양도시인 부산과 제주도의 관광산업에 음악제들이 많은 영향을 미칠 것이다.

<표. 제주도 관광수요 예측>

구분	2008	2009	2010	2011	2012	2020	2025	2030
전체	477	538	638	748	969	1,980	2,320	2,580
내국인	423	475	560	643	801	1,220	1,310	1,330
외국인	54	63	78	105	168	760	1,010	1,250
중국	18	26	41	57	108	675	906	1,125
일본	17.7	18.3	18.8	17.4	18	19	19.5	20
홍콩	1.1	1.5	1.2	2.7	3.9	5	5.5	6
대만	6.8	4.1	4.1	3.2	5.1	7	7.5	8
싱가폴	2.9	3.3	3.1	5.6	6.4	7	7	7
말레이	1.3	1.5	2.4	5.3	7.6	8	9	10
미국	2.3	2.4	2.0	2.7	2.5	2.6	2.8	3
기타	4.4	6.3	5.6	10.8	16.2	36	53	71

2) 해양문화와 영화축제의 만남

(1) 부산국제영화제(BIFF:Busan International Film Festival)

"부산의 얼굴, 아시아 최대 영화제"

제15회 부산국제영화제 개막작 소개

부산국제영화제 로고

① 개요

"부산국제영화제"는 매년 10월 초에 열리는 우리나라 최초의 국제 영화제로 부산을 상징하는 대표적인 영화축제다. 아시아의 새로운 영화작가를 발굴·지원한다는 비전으로 1996년부터 부산국제영화제 조직위원회가 주최하여 현재까지 지속되고 있다. 특히, 2017년 부산국제영화제는 고(故) 김지석 수석 프로그래머가 보여준 아시아 영화에 대한 열정을 추모하고 그 정신을 이어가기 위한 프로그램을 마련하였다. 한국과 아시아 영화인들의 마음을 담은 추모행사는 영화제 기간 중인 10월 15일(일)에 진행되었으며, 고(故) 김지석 수석 프로그래머가 생전에 준비하던 아시아 독립영화인 네트워크 '플랫폼 부산'[43]을 런칭하였다.

<표. 2017 부산국제영화제>

개최기간	2017년 10월 12일(목)~21일(토)
상영관	5개 극장 32개 스크린 / 영화의 전당, 롯데시네마 센텀시티, CGV센텀시티, 메가박스 해운대, 동서대학교 소향시어터홀
상영작	초청작 75개국 300편 월드+인터내셔널 프리미어 130편 -월드 프리미어 99편(장편 75편, 단편 24편) -인터내셔널 프리미어 31편(장편 26편, 단편 5편) -뉴 커런츠 상영작 : 전편 월드, 인터내셔널 프리미어
주요 행사	핸드프린팅, 마스터클래스, 플랫폼 부산, 오픈토크, 아주담담

② 프로그램 구성

부산국제영화제의 프로그램은 크게 11개의 섹션으로 구분된다. 갈라 프레젠테이션(Gala Presentation), 아시아 영화의 창(A Window on

---

43) 플랫폼 부산은 부산국제영화제에서 아시아 독립영화인들이 교류하며 경험을 나누는 과정을 통해 공동성장을 모색할 수 있는 플랫폼을 제공하고자 신설되었다. 이를 통해 이들이 세계무대 진출은 물론 세미나, 포럼, 워크숍 등의 교류 기회를 제공한다.

Asian Cinema), 뉴 커런츠(New Currents), 한국 영화의 오늘(Korean Cinema Today), 한국 영화 회고전(Korean Cinema Retrospective), 월드 시네마(World Cinema), 플래시 포워드(Flash Forward), 와이드 앵글(Wide Angle), 오픈 시네마(Open Cinema), 미드나잇 패션(Midnight Passion), 특별 기획 등.

③ 역사

연도	회차	개막일	폐막일	개막작	폐막작	상영작품	관객수	비고
1996년	1	9월 13일	9월 21일	비밀과 거짓말	무산의 비구름	31개국 169편	184,071명	—
1997년	2	10월 10일	10월 18일	차이니즈 박스	반생연	33개국 163편	170,206명	—
1998년	3	9월 24일	10월 1일	고요	간장선생	41개국 211편	192,547명	부산프로모션플랜 (PPP) 출범
1999년	4	10월 14일	10월 23일	박하사탕	책상 서랍 속의 동화	53개국 207편	180,914명	—
2000년	5	10월 6일	10월 14일	레슬러	화양연화	55개국 207편	181,708명	—
2001년	6	11월 9일	11월 17일	흑수선	수리요타이	60개국 201편	143,103명	—
2002년	7	11월 14일	11월 23일	해안선	돌스	55개국 226편	167,349명	—
2003년	8	10월 2일	10월 10일	도플갱어	아카시아	61개국 243편	165,103명	아시아영화산업센터 (AFIC) 출범
2004년	9	10월 7일	10월 15일	2046	주홍글씨	63개국 262편	166,164명	—
2005년	10	10월 6일	10월 14일	쓰리타임즈	나의 결혼 원정기	73개국 307편	192,970명	아시아영화 아카데미 (AFA) 운영
2006년	11	10월 12일	10월 20일	가을로	크레이지 스톤	62개국 246편	162,835명	아시안필름 마켓 (AFM) 출범
2007년	12	10월 4일	10월 12일	집결호	에반게리온 신극장판: 서	64개국 275편	198,603명	아시아영화 펀드 (ACF) 출범

연도	회	시작	종료	개막작	폐막작	상영작	관객 수	비고
2008년	13	10월 2일	10월 10일	스탈린의 선물	나는 행복합니다	60개국 315편	198,818명	—
2009년	14	10월 8일	10월 16일	굿모닝 프레지던트	바람의 소리	70개국 355편	173,516명	—
2010년	15	10월 7일	10월 15일	산사나무 아래	카멜리아	67개국 306편	182,046명	—
2011년	16	10월 6일	10월 14일	오직 그대만	내 어머니의 연대기	70개국 307편	196,177명	영문 명칭 변경, 영화의전당 개관
2012년	17	10월 4일	10월 13일	콜드 워	텔레비전	75개국 304편	221,002명	아시아연기자아카데미 (AAA) 운영
2013년	18	10월 3일	10월 12일	바라: 축복	만찬	70개국 299편	217,865명	—
2014년	19	10월 2일	10월 11일	군중낙원	갱스터의 월급날	79개국 312편	226,473명	—
2015년	20	10월 1일	10월 10일	주바안	산이 울다	75개국 304편	227,377명	—
2016년	21	10월 6일	10월 15일	춘몽	검은 바람	69개국 299편	165,149명	—
2017년	22	10월 12일	10월 21일	유리정원	상애상친	75개국 298편	—	—

④ 바다와 관련된 영화 촬영장소

- 기장 대변항

대변항은 부산광역시 기장군 기장읍 대변리에 있는 곳으로, 1971년 12월 21일 국가어항으로 지정되었다. 이곳은 2017년 봄, 이성민, 조진웅, 김성균이 출연하면서 250만 관객을 돌파한 영화 '보안관'의 주 무대이기도 하다. 국내 최대의 멸치 산지이기도 하며, 영화지로 알려지게 되면서 관광객들의 발길이 이어지고 있다.

- 흰여울 문화마을

흰여울 문화마을은 2013년에 개봉하여 천만 관객을 돌파한 영화 '변호인'으로 인해 매우 유명해진 부산의 한 마을이다. 극중, 송우석(송강호)이 진우(임시완)의 변호를 맡기 위해 담배를 태우면서 국밥집 주인 순애(김영애)를 기다리던 장면이 바로 이곳이다. 부산을 방문하는 관광객들이라면 한 번쯤은 꼭 들러고 싶어 하는 관광명소이기도 하다.

- 이기대 공원

부산광역시 남구 용호동 산25번지 근처에 위치해있다. 흔히 '이기대'라고 부르나, 정식 명칭은 **"이기대 도시 자연 공원"**이다. 해안 일대에 걸쳐 특이한 모양의 암반들이 약 4km정도로 이루어져 있으며, 광안대교의 조망 및 사진 촬영 장소로도 이용되고 있다. 특히 영화 '해운대'의 촬영지로 극중 이민기가 '두 이, 기생 기, 열 번'을 토하며 설명했던 바로 그 공원이며, 드라마 '적도의 남자'의 촬영지이기도 하다.

영화 '해운대' 중 촬영 모습[44]

⑤ 해양문화관광으로서 의의와 기여도

부산은 어느덧 영화의 도시라 불릴 만큼 영화와 맺은 인연이 각별하다. 부산국제영화제는 물론, 영화제를 둘러싼 관광목적지 또한 영화촬영지로서 명성을 쌓고 있다. 오래전 부산을 알렸던 영화 '친구'를 생각해보면, 부산과 바다, 영화, 관광은 꽤나 오래전부터 지속되었다고 볼 수 있다. 대한민국 최초 영화제가 부산에 역사의 뿌리를 둘 수밖에 없었던 것도 바로 이러한 이유에서 아닐까 한다.

그 중에서도, 특히 부산국제영화제는 지역민들과 영화인들로부터 부산에서 "꼭 필요한 영화제"라는 평가를 받고 있다. 그만큼, 수준 높은 작품들과 다양한 프로그램들이 확보되고 관광객들로부터 높은 관심을 받고 있다. 뿐만 아니라, 대한민국의 제1의 항구도시인 부산이 지닌 지역적 특성과 지역사회의 높은 관심도 또한 부산국제영화제가 지닌 해양 문화관광 상품으로서 발전할 수 있는 가능성으로 다가온다.

---

44) https://www.google.com/search?hl=ko&biw=1607&bih=767&tbm=isch&sa=1&ei=YfDxWYvsBYP
78gXRn72gDQ&q=%EC%98%81%ED%99%94+%ED%95%B4%EC%9A%B4%EB%8C%80+
%EC%9D%B4%EA%B8%B0%EB%8C%80&oq=%EC%98%81%ED%99%94+%ED%95%B4
%EC%9A%B4%EB%8C%80+%EC%9D%B4%EA%B8%B0%EB%8C%80&gs_l=psy-ab.3...26
72267.2676581.0.2676763.29.23.2.0.0.0.269.2887.0j17j2.19.0....0...1.1j4.64.psy-ab..14.14.2058...
0j0i13i30k1j0i24k1j0i13k1j0i30k1.0.j3H4ko2Qbgo#imgrc=TXfCd2giLUDLYM:

이러한 점은 우리나라 최초 국제영화제로서의 위상과 가치를 세우며, 한국영화의 활성화 및 관광 상품 그리고 문화관광도시로서 위상을 제고시킬 것이다.

(2) 프랑스 칸 영화제(Cannes Film Festival)

"영화…그리고 관광의 도시 프랑스 칸"

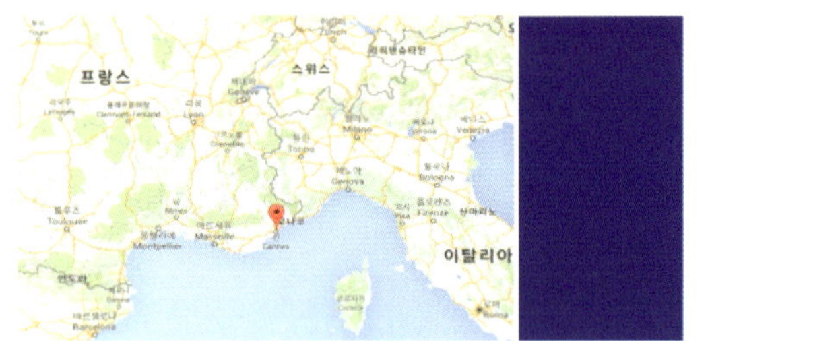

① 개요

"칸 영화제"는 프랑스 남부 휴양도시인 '칸'에서 개최되는 국제영화제로 1946년 9월 20일에 처음으로 개최되었다. 그만큼 칸 영화제의 역사와 뿌리는 매우 깊다고 할 수 있다. 본래 1939년 9월 1일에 제1회 칸영화제를 기획했으나, 히틀러의 폴란드 최후통첩으로 인해 연기되어 1946년 9월 20일에 18개국의 영화를 모아 시작되었다. 오늘날 칸 영화제는 국제적으로 최고의 명성을 얻고 있으며, 매년 5월 2주에 걸쳐 뤼미에르 극장45)에서 진행된다.

---

45) 뤼미에르 극장은 제69회 칸 국제영화제 공식 경쟁부문에서 초청작으로 성장된 우리나라 영화 <아가씨>가 프레스 스크리닝으로 첫 상영된 곳이기도 하다.

프랑스 칸[46]   뤼미에르 극장(Théâtre Lumière)[47]

우리나라 수상작들

- 1984년 : 이두용 감독 <물레야 물레야> 특별부문상
- 1999년 : 임권택 감독 <춘향뎐> 제52회 칸영화제 경쟁부문 진출
          송일곤 감독 <소풍> 제52회 칸영화제 단편부문 심사위원상
          수상
- 2002년 : 임권택 감독 <취화선> 제55회 칸영화제 감독상
- 2004년 : 박찬욱 감독 <올드보이> 제57회 칸영화제 심사위원 대상
- 2005년 : 류승완 감독 <주먹이 운다> 제58회 칸영화제 국제비평가상
          수상
- 2007년 : 배우 전도연 이창동 감독 <밀양> 제60회 칸영화제 여우주연
          상을 수상
- 2009년 : 박찬욱 감독 <박취> 제62회 칸영화제 심사위원상
- 2010년 : 이창독 감독 <시> 제63회 칸영화제 각본상
          홍상수 감독 <하하하> 제63회 칸영화제 주목할만한 시선
          대상
- 2010년 : 김기덕 감독 <아리랑> 제64회 칸영화제 주목할만한 시선 대상
- 2015년 : 류성희 미술감독 <아가씨> 제69회 칸영화제 벌칸상 수상[48]

---

46) http://terms.naver.com/entry.nhn?docId=1149209&cid=40942&categoryId=31805
47) https://www.bing.com/images/search?view=detail
48) http://terms.naver.com/entry.nhn?docId=1149209&cid=40942&categoryId=31805

② 세계적인 관광도시 '칸'

니스 남서쪽으로는 약 30km가 떨어져 있으며, 농업과 수산업의 중심지였다. 그러나 1894년 영국의 한 단체가 이탈리아에 머문 것을 시작으로 많은 귀족들이 이곳에 별장을 세웠고, 이후 점차적으로 리조트 및 관광산업이 발달하게 되었다. 특히, 프랑스 칸을 방문할 기회가 있다면, 항구 부근 르 쉬케(Le Suquet)는 꼭 들러보아야 할 것이다. 칸 시가지를 한 눈에 감상할 수 있기 때문이다.

영화도시 칸의 관광매력물로는 크루아제트 대로(Promenade de la Croisette), 노트르담 드 레스페랑스 성당(Église Notre-Dame de l'Espérance), 뮤지컬(Notre Paméde Paris), 카스트르 박물관(Musée de la Castre) 등이 있다.

르 쉬케(Le Suquet)49)

---

49) https://www.google.com/search?hl=ko&biw=1093&bih=522&tbm=isch&sa=1&ei=iLTwWfefIc

③ 결론

프랑스는 세계적으로 유명한 관광 국가로, 본서에 전부 담을 수 없을 만큼의 수많은 관광 명소를 갖고 있다. 그 중에서도 칸은 지중해 연안의 고급 휴양지로서 이전에는 농업과 수산업이 주요 수입 원천이었지만, 이제는 '영화제의 도시'라고 부르는 것이 더욱 어울릴 것 같다. 더욱이 이 곳 프랑스는 세계 3대 뮤지컬이라 불리는 "노트르담드 대성당"의 근원지인 만큼, 문화예술이 매우 발전되었다.

프랑스와 영화제, 프랑스와 문화예술, 관광객들에게 어떠한 것들이 더욱 중요하고 매력을 주고 있는지는 모른다. 그러나 이러한 다양한 문화콘텐츠들이 해양국가인 프랑스의 관광산업을 보다 활성화 시킬 수 있는 매우 중요한 기념비작들이라는 것은 틀림없을 것이다. '칸영화제'와 '노트르담 드 대성당'. 영화와 문화예술에 관심이 없는 사람들도 한 번쯤은 들어봤을 것이다. 그만큼 프랑스의 영화와 문화예술의 명성은 전 세계적으로 인정받고 있다.

그 중에서도 특히, 지중해의 가장 아름다운 풍경과 역사적인 건축물과 함께하는 칸영화제는 프랑스 남부 프로방스알프코트다쥐르 알프마리팀 주가 낳은 지중해의 가장 아름다운 해양 문화관광 콘텐츠가 아닐까 한다.

jK0ASf0Ii4BQ&q=%ED%94%84%EB%9E%91%EC%8A%A4+%EB%A5%B4%EC%89%AC%EC%BC%80&oq=%ED%94%84%EB%9E%91%EC%8A%A4+%EB%A5%B4%EC%89%AC%EC%BC%80&gs_l=psy-ab.12...0.0.0.13005.0.0.0.0.0.0.0.0..0.0....0...1..64.psy-ab..0.0.0....0.WZbu5Q0lw9E#imgdii=sz1QvsIXOxobjM:&imgrc=iisxaTuWqnkrrM:

3) 해양문화와 미술축제의 만남

(1) 이탈리아 베네치아 비엔날레(Venice Biennale)

"이탈리아 베네치아에는 비엔날레의 어머니가 있다!?"

　베네치아는 이탈리아 북동쪽에 위치한 지역으로, '물의 도시'로 불린다. **"베네치아 비엔날레"**[50]는 베네치아에서 열리는 국제 현대미술 전시회로 미술계의 올림픽으로 불리며, 1895년도에 시작되었다. 국내에도 다양한 비엔날레들이 존재하지만, 베네치아 비엔날레는 이들의 어머니로 불릴 만큼 그 역사의 뿌리가 깊다. 베네치아 비엔날레는 홀수년도 즉, 2년마다 개최되며, 오늘날 모든 비엔날레들이 베네치아 비엔날레에서 유래했다고 볼 수 있다. 특히 2017년도는 제57회를 맞이한 해로써, 6월부터 11월까지 약 5개월동안 개최되었다. 베네치아 비엔날레는 미국의 휘트니 비엔날레(Whitney Biennale), 브라질의 상파

---

50) *비엔날레(Biennale) 란 '2년마다' 라는* 뜻을 뜻하는 이탈리아 용어다. 이탈리아 왕국의 국앙 움베르토 1세(Umberto I)와 마르게리타(Margherita) 왕비의 은혼식(결혼 25주년; 1894년)을 기념할 목적으로 베네치아 시에 의해 기획되었다. 그러나 1년 후인 1895년도에 제1회 '베네치아 시 국제 미술 전시회'라는 명칭으로 개최되었으며, 많은 관람객들의 인기로 현재까지 큰 인기를 누리고 있다.

울루 비엔날레(Bienal de Sao Paulo)와 더불어 세계 3대 미술축제로 불린다. 그러나 베네치아 비엔날레가 가장 권위있고 유명하다고 한다.

<표. 베네치아 비엔날레>

개최지역	이탈리아 / 베네치아
개최시기	홀수 해 6월~11월(2년마다)
개최장소	베네치아 시 전 지역

Lorenzo Quinn[51]

　　베네치아 비엔날레의 주요 전시공간은 베네치아시 남동쪽에 위치하고 있는 카스텔로 공원(Giardini di Castello)과 아르세날레(Arsenale)이다.[52] 이곳은 줄여서 '자르디니(Giardini)'라고 부른다. 공원 제일 안쪽에 들어가보면 중앙 전시관과 29개 국가의 개별 국가관을 볼 수 있다. 아르세날레는 본래 전시공간은 아니었지만, 조선소와 무기 제작을 하는 공간을 복원하여 전시공간으로 사용하고 있다. 즉, 베네치아 비엔날레는 다른 축제와는 달리 국가별 전시공간이 존재한다는 것이 특징이며, 이는 이후 미술박람회, 미술올림픽 등 현재 '미술계의 올림픽'으

---

51) 구글
52) http://terms.naver.com/entry.nhn?docId=2076182&cid=42836&categoryId=42836

로 불리는 중요한 이유가 될 수 있었다.

카스텔로 공원

아르세날레

(2) 미국 휘트니 비엔날레(Whitney Biennale)

"짝수 해에 개최되는 세계 제3대 비엔날레, 뉴욕 휘트니 비엔날레"

"휘트니 비엔날레(Whitney Biennale)"는 1932년에 처음 시작되었다. 미국 뉴욕시 매디슨가(Madison Avenue)에 있는 휘트니 미술관 (Whitney Museum of American Art)에서 2년마다 개최되는 국제 미술 축제로 2018년도에는 제79회를 맞이한다.

휘트니 미술관[53]

　　베니치아 비엔날레와 달리 짝수 해에 개최된다. 축제 시기는 3월에서 5월 달(약 3개월)이다. 미술의 요람인 유럽에 맞서 미국 미술의 위상을 세우고 지역내 젊은 작가들을 발굴하려는 목적으로, 회화, 조각, 팝아트, 설치미술, 행위예술 등까지 포함하는 종합 미술축제로 발전해왔다. 그러므로 휘트니 비엔날레는 이미 잘 알려진 유명한 미술 작품보다는 실험적인 정신이 가득한 젊은 작가들의 작품 비중이 더욱 크다.

---

53) https://ko.wikipedia.org/wiki/%ED%9C%98%ED%8A%B8%EB%8B%88_%EB%AF%B8%EC%88%A0%EA%B4%80 뉴욕에 위치한 미술관. 거트루드 밴더빌트 휘트니에 의해 1931년에 설립되어, 1966년 마스셀 브로이어에 의해 뉴욕의 매디슨가로 이전하였다.

휘트니 미술관/ 비엔날레 작품 중 일부

　뉴욕(New York City)은 미국 북동부, 뉴욕 주의 남쪽 끝이 있는 도시다. 1624년 네덜란드 공화국의 이주민들이 무역항으로 설립하였는데, 본래는 뉴암스테르담이라고 불렸다. 그러다가 1664년 영국인들이 통치하게 되면서, 뉴욕이라고 불리기 시작했다. 1789년부터 1791년까지 미국의 수도였기에, 미국에서는 인구밀도가 가장 높다. 그래서 금융, 상업, 예술, 패션, 교육 등 전 분야가 활발한 곳이라고 볼 수 있다. 그래서 이곳은 상징적인 것들이 굉장히 많다. 자유의 여신상, 타임스스퀘어, 엠파이어 스테이트 빌딩, 크라이슬러 빌딩, 센트럴 파크, 브루클린 다리 등.

- 뉴욕의 바다, 영화 <이터널 션사인>의 촬영지 '몬탁 해변(Montauk Beach)'

　미국 동부 뉴욕, 롱 아일랜드(Long Island)의 아름다운 섬, 몬탁! 영화 <이터널 션샤인>(Eternal Sunshine Of The Spotless Mind, 2004)[54]의 배경지이다.

이터널 션샤인[55]

---

54) 영화 <이터널 션샤인>은 로맨스 영화로, 주옥같은 명대사를 남겼다.
Remember me. Try your best. Maybe we can
You can earse someone from your mind, getting them out of your heart is another story
Please let me keep this memory, just this moment
I can't remember anything without you 등.
55) https://www.google.com

4) 해양문화와 연극축제의 만남

- 아비뇽 페스티벌(Festival d'Avignon)

"세계 최대 프랑스 연극 축제, 남프랑스가 낳은 문화예술의 도시"

프랑스에서 개최되는 **"아비뇽 페스티벌(Festival d'Avignon)"**! 1947년 프랑스의 연극배우이자 무대감독인 장 빌라브라 교향청 안마당에서 셰익스피어의 작품을 공연하면서 초연되었다. 즉, 아비뇽 페스티벌은 연극이 주된 장르이며, 뮤지컬, 무용, 현대 음악, 마임, 퍼포먼스 등이 열린다.

공연은 선정 부문(In Festival)[56]과 자유 참가 부문(Off Festival)[57]으

로 구분되며, 선정 부문은 대부분 신작들로 구성된다. 자유 참가 부문은 말 그대로 누구든지 참여할 수 있으며, 카페, 레스토랑, 광장 등에서 공연된다.

　아비뇽 페스티벌의 중요한 특징 중 하나는 행정적으로 지원을 하지만, 공연에 결코 간섭하지 않는다는 '팔길이 원칙(Arm's Length Principle)'[58]을 준수하고 있다는 것이다. 또한 예술 감독에게 5년의 임기를 위임하며, 예술 감독의 행사 진행 능력을 보장하고 신뢰한다는 점이다. 이는 아비뇽 페스티벌이 내·외적으로 탄탄한 신뢰와 사랑을 받아올 수 있었던 이유이기도 하다.

　남부 프랑스 보클뤼즈(Vaucluse)[59]에 속한 코뮌, 1999년 인구 조사 결과 전체 인구는 290,466명이고, 2004년 중반 조사한 도심 지역 인구는 89,300명으로 집계된다. 지역적으로는 타원형 도시로 파리 시로부터 남남서 방향으로 580km 떨어진 거리에 있으며, 겨울과 봄에는 미스트랄(mistral)[60]이라 불리우는 강한 바람이 분다.

---

56) 축제 18개월 전부터 주최 측의 선정 작업을 거쳐서 선별된 공식 작품들로 구성되는 것.
57) 축제의 규모를 확장시키는 데 기여한 방식으로 아마추어와 프로를 구분하지 않고 자유롭게 참여할 수 있도록 구성한 것.
58) 팔길이만큼 거리를 둔다는 뜻으로 공공지원 분야에서 고위 공무원이 지원은 하되, 간섭은 하지 않는다는 의미를 지니고 있다. 문화예술 분야에서 많이 활용되는 원칙이기도 하다.
59) 프랑스 남동부의 현으로 서쪽으로는 론 강이, 남쪽으로는 뒤랑스 강이 흐른다.

1947년 장 빌라(Jean Vilar)에 의해 시작되었으며, 오늘날 가장 세계적이고 현대적인 주요 행사로 널리 알려져 있다. 매년 7월, 아비뇽은 도시 전체가 공연 무대로 탈바꿈한다. 다양한 건축 유산을 배경으로 한 역사적인 도시에는 수 만 명의 관람객들이 행사를 보기 위해 몰려든다(100,000 관람 이상).[61]

관 주도가 아닌, 전문 예술인들에 의해 진행되고 있다는 점이 특징적이다. 또한 다른 축제들과는 달리, 상업성 보다는 예술성이 우선시되었다는 점에서 주목할만하다. 그러므로 축제 기간 동안에는 '예술공연'을 관람하려는 '관광객'들로 시끌벅적하며, 전체 공연 관람객은 약 10만 명, 페스티벌 기간 동안 아비뇽을 찾는 관광객은 약 50만 명해 달하는 것으로 집계되고 있다.

5) 해양문화와 재즈축제의 만남

(1) 자라섬 국제재즈패스티벌

재즈페스티벌이라고 하면 다소 어렵지 않은 대중적인 공연축제로 생각하기 쉽다. 그만큼 재즈는 우리의 삶과 가까운 곳에서 즐거움을 제공하는 음악 축제다. **"자라섬 국제재즈페스티벌"**은 그 중에서도 특정한 장르 즉, '재즈'에 중점을 두고 스윙, 퓨전, 보사노바, 비밥, 월드뮤직 등 다양한 종류의 곡들을 국내에 소개하며, 재즈의 다양화를 위해 노력하는 축제이다.[62]

재즈페스티벌 이외에도 '자라섬 뮤직클래스', '자라섬국제재즈콩쿨', '자라섬 크리에이티브 뮤직캠프', '한국 재즈 쇼케이스' 등을 개최하여 전문적인 재즈인들을 발굴하고 있다. 따라서 자라섬국제재즈페스티벌은 기타 다양한 음악공연 축제와는 차별적이고 특별한 경험을 제공할 수 있는 대중공연으로 경기도의 대표적인 문화관광 축제라 할 수 있다.

자라섬 뮤직프렌즈

자라섬 청소년 프로그램

패밀리 프로그램

자라섬국제재즈콩쿨

자라섬의 지역적 특성으로 45만평의 매우 넓은 땅, 북한강으로 둘

---

62) 2005년 2회 때부터 약 35억 원의 경제적 효과를 창출하였다.

러싸인 자연친화적 환경으로 음악축제 및 다양한 레포츠 프로그램을 즐길 수 있다.[63]

사진	
유래	자라섬[64]은 '자라가 바라보는 섬'에서 유래한 지명이다. 경기도 가평 읍내 부근에 '자라목'이라 부근에는 '자라목'이라는 마을이 있다. 그런데 그 곳을 자세히 살펴보면 봉우리 모양이 마치 자라의 머리와 몸통과 유사한 모양을 지니고 있다는 것을 알 수 있다. 이 자라 형상이 바라보고 있는 섬이 바로 자라섬인 것이다. 자라섬은 청평댐이 완공이 되면서 생겨났으며, 땅콩섬, 중국섬 등 다양한 용어로 불리다가 가평군 지명위원회에서 자라섬으로 명명하게 되었다.

(출처 : http://www.jarasumjazz.com/the14th/festival/intro-kr)

<표. 2017 자라섬 뮤지컬페스티벌>

일시	2017. 10.20(금)~22(일)
장소	경기도 가평군 자라섬, 가평읍내 일대
가격	- 예매 　1일권 50,000원 　2일권 80,000원 　3일권 100,000원 　청소년 1일권 35,000원 - 현장판매 　1일권 55,000원(1일권만 판매) 　청소년 1일권 40,000원
예매처	YES 24.COM
주최/주관	가평군/자라섬청소년재즈센터

---

63) 송희영・박선미,『공연예술 축제기획』민속원, 57쪽 참고.
64) 자라섬 국제재즈페스티벌은 1년 365일 중에서 고작 3일밖에 열리지 않은 매우 짧은 축제다. 그러나 13회 동안 누적관객 수는 200만 명이 넘는 것으로 조사되고 있으며, 문화체육관광부에서 지정하는 문화관광축제 중 2008~2010년 유망축제, 2011~2013년 우수축제, 2014~2015년 최우수축제, 2016년 우리나라 대표축제로 선정되는 등 그 결과는 매우 성공적이다.

(2) 실다 재즈페스티벌(Silda jazzFestival)

“**실다 재즈페스티벌**”은 노르웨이 남서부 로갈란주(Rogaland)의 헤우게순(Haugesund)[65]에서 1987년부터 시작되어 매년 8월 중순에 열리는 세계적인 국제재즈페스티벌이다(5일간 진행). 축제의 명칭은 유명 항구도시인 헤우게순(Haugesund)의 특징을 살려 ‘청어(Herring)’를 뜻하는 노르웨이 단어 ‘실드(Sild)’를 원용한 것이다. 그래서 하우게순 국제 재즈페스티벌(Haugesund International Jazz Festival)로 불리기도 한다. 이 축제는 주로 모던 재즈를 중심으로 정통재즈를 지향한다.

전 세계 재즈뮤지션 팀이 참가하여 약 200회 이상의 공연이 펼쳐지는데, 우수한 결과를 받은 팀은 25,000(NOK)의 상금이 주어진다. 특

---

65) 헤우게순은 노르웨이 로갈란 주(Rogalan fylke: 노르웨이 남서부에 위치한 주도)에 위치한 항구도시다. 조선업의 중심지이며, 시의 주변에는 바이킹의 유적이 많다.

헤우게순 위치(Haugesund)[66]

히 부둣가 주변에 마련된 야외무대에서 또는 선상에서 이색적인 공연을 진행하기도 한다. 참여한 주요 음악가들로는 크리스티나 비요르달(Christina Bjordal), 오스카 얀센(Oscar Jansen) 등이 있다.[67]

6) 해양문화와 융·복합 공연예술축제의 만남

(1) 영국 에든버러 페스티벌(Edinburgh International Festival)

"세계 최대 공연예술 축제"

공연예술 축제와 해양관광! 세계최대 공연예술 축제인 영국의 **"에든**

---

66) https://www.bing.com/images/search?view=detailV2&ccid=nmOfHWbC&id=3A1AC530B9AF
5D87017363A7B006E8A86DD4EA6A&thid=OIP.nmOfHWbC9jgysx3f7S80OgEsEU&q=%ed
%97%a4%ec%9a%b0%ea%b2%8c%ec%88%9c+%ed%95%ad%ea%b5%ac&simid=607995610
854982924&selectedindex=6&mode=overlay&first=1(구글이미지)

67) http://terms.naver.com/entry.nhn?docId=1382823&cid=40942&categoryId=33045

버러 페스티벌(Edinburgh International Festival)"을 제외할 수는 없을 것이다. 역사만 해도 무려 50년이 넘는 이 축제는 제2차 세계대전의 상처를 치유하고 유럽을 평화의 장으로 거듭나기 위해서 1947년 8개의 극단이 자발적으로 모여 공연을 하면서 시작되었다. 이러한 목표로 축제의 존재 이념은 세계평화를 초석하는 것이다. 축제 기간에는 세계 각국의 다양한 분야 이를 테면, 오페라, 연극, 클래식 공연, 발레 등의 전문 예술가들이 참여하여 다양한 장르의 공연을 선보인다.

자발적으로 모여 시작되었다는 특징으로 현재까지 축제 위원회에서는 공연자를 따로 초대하지 않는다. 공연자의 참여자격 또한 특별한 제한을 두지 않는다. 전문예술인, 아마추어, 누구나 참여할 수 있다. 그러나 참여를 희망하는 사람들은 스스로 공연장소를 선정해야 하며, 자비를 활용해야 한다. 개최시기는 매년 8월 중순부터 9월 초까지 약 3주간이다.

<표. 에든버러 페스티벌>

개최일시	8월~9월 초
개최장소	영국 에든버러 -인터내셔널 페스티벌 : 2,300석의 어셔홀, 1,800석의 페스티벌 극장, 2,900석의 에든버러 플레이하우스, 1,300석의 킹스 시어터, 650석의 로열 리시움 극장, 920석의 퀸스 홀, 420석의 허브 등 -프린지 페스티벌 : 교회, 학교, 카페, 클럽, 레스토랑, 야외 등
예술감독	조너선 밀슨

(2) 여수 낭만버스킹

"낭만의 도시! 버스킹의 천국! 여수에서 즐기는 낭만"

버스킹(거리공연)의 천국! 바로 그곳은 여수다. 여수의 밤거리는 악사들로 붐비고, 그 곳은 수많은 관광객들이 자리를 지킨다. 시내버스에서도, 바닷가에서도, 항구에서도 음악과 축제소리는 멈추지 않는다. 마치 '낭만'이라는 단어가 연상되듯, 여수의 밤은 항상 음악소리로 가득 찬다. 이는 여수시가 '여수 밤바다 낭만버스킹'이라는 타이틀로 2016년 4월부터 매주 금ㆍ토ㆍ일에 거리문화공연으로 버스커들을 소개하고 공연을 진행하게 한 것이 한몫을 한 것이다. 낭만버스킹은 4월을 시작으로 458개의 공연이 소개되었고, 약 16만 8,400명의 관광객들이 관람했다. 2017년에는 125개의 팀이 버스킹을 개최하여 지역민들과 관광객들의 눈과 귀를 낭만으로 가득 차게 하였다. 즉, 여수는 대한민국의 대표적인 국제 레저 관광단지로 자리매김하고 있다.[68]

여수는 해양 관광 상품을 개발하기 위해 '낭만버스-시간을 달리는 버스커'를 2017년 8월부터 운영하였다. 이 프로그램은 오픈탑 2층 버스를 타고 중앙동 '이순신 광장'을 출발해 야경 명소인 소호 '동동다리', '돌산대교', '거북선 대교', '종포 해양공원' 등 2시간 일정으로 돌아보는 코스로 운영되며, 노래와 뮤지컬 등의 공연을 제공한다. 여수시는 이 버스를 문화예술 공연장으로 활용하여, 낭만버스킹과 악공청,[69] 신지끼(거문도의 인어 전설) 등 여수의 역사와 설화를 접목한 공연을 선보인다.

달리는 버스 안에서의 버스킹 공연만큼이나 낭만적인 것은 없을 것

---

68) http://www.kwangju.co.kr/read.php3?aid=1501513200610108134
69) 악공청[樂工廳]이란 무부들의 조직체이며 지방관아의 전통예술 공연을 담당하던 기관. 악공(樂工)은 관아에서 음악을 담당하던 음악인들을 말하며, 악공청은 그 일을 관장하던 조직체를 지칭한다. 지역에 따라 교방청, 취고청, 장악청, 신청, 재인청, 공인청 등으로도 불렸다(한국민속신앙사전).

이다. 또한 운영 중에 여수와 관련된 퀴즈, 가족 또는 연인에게 전달하는 편지이벤트 등을 포함하여 이색적인 이벤트를 실시할 계획이라고 발표하였다. 운행시간은 매주 금·토, 공휴일 저녁 7시30분이다. 이를 제외한 날에는 야간 시티투어가 운행된다. 이는 여수시가 공연예술을 활용한 새로운 관광콘텐츠를 개발하고자 하는 노력으로 볼 수 있다.[70]

악공청

신지키 인어공주 상

* 여수 낭만버스는 이곳을 달린다!

이순신 광장

돌산대교

투어코스

종포해양공원

이순신 대교

---

70) http://news.heraldcorp.com/view.php?ud=20170724000789

(3) 결론

그 동안 관광에서의 문화는 주로 호텔숙박, 전통문화 관람과 관련이 깊었다. 그러나 4차 산업혁명이 시작된 오늘날, 문화콘텐츠는 빠른 속도로 생산에서 질적 변화를 겪게 되었고, 이는 관광에서도 보편적인 문화경험이 가능하도록 하였다. 즉, 단순히 서비스적인 문화콘텐츠가 아닌 다양한 문화적 특성을 겸한 새로운 문화자원이 필요하게 된 것이다. 이러한 상황을 구체적으로 이해하기 위해, 본서에서는 해양문화로서 다양한 문화콘텐츠를 사례로 들어 문화관광과 어떠한 관련이 있는지를 살펴보았다.

그 결과, 그동안 관광이란 "다른 지방이나 나라를 유람하는 일" 즉, 여행에 한정되어 정의되어 왔다면, 이제는 관광이 단순한 여행이기보다는 특정한 지역의 문화를 경험히기 위한 일종의 행위와 밀접한 관계를 지닌다는 것을 알 수 있었다. 문화를 경험하는 것이 관광이라는 것이다.

관광에서 문화는 지역의 이미지는 물론 브랜드화를 위한 핵심적인 역할을 하고 있었으며, 경제적인 부를 가져다준다는 것이다. 즉, 문화는 관광의 수단이면서 목적이기도 한 것이다. 따라서 관광이란 문화적 모든 양상을 포함하며, 그 중에서도 해양도시의 해양문화, 해양관광은 특정한 지역의 성장을 도모하기 위한 산업이자 이곳을 방문하는 관광객들은 이러한 문화를 경험하기 위한 것임을, 관광을 연구하는 모든 분들은 인식해야 할 것이다.

3. 커피와 해양문화의 만남

  지형적인 관점에서 볼 때 해양문화는 바다 및 바다 인근지역의 지역적인 문화와 바다 넘어 타 지역문화인 세계적인 것을 동시에 가지고 있다고 할 수 있다. 바다(해양)를 통해서 타지역간의 교역이 이루어졌으며 이 교역물품들은 그 지역의 생활환경의 변화를 가져왔고 생활환경의 변화는 새로운 문화로 서로 융합하고 발전해왔던 것이다.

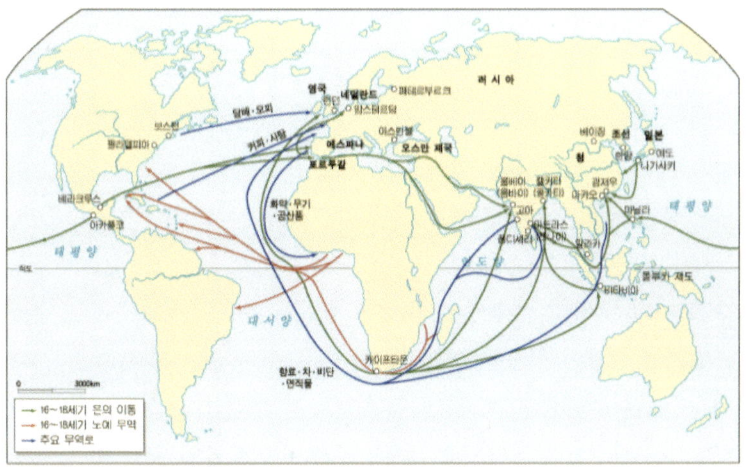

<16~18세기의 세계 무역>
(출처 : google 이미지)

  교역물품이 생활환경을 변화시켜서 해양문화에 어떠한 역할을 했으며 어떻게 형성 발전에 기여하였는지를 알아보는 차원에서, 한때 가장 많은 비중을 차지한 산업자원인 석유 다음으로 많은 교역량을 가져왔던 커피의 문화적 가치를 해양문화적 관점에서 파악하고자 한다. 커피는 인간의 생존유지를 위해 꼭 필요한 의·식·주를 해결하기 위한 원자재나 농산물인 석유, 철강, 밀, 육류, 물이 아닌 기호식품이다. 이 같은 기호식품이 많이 교역되고 있다는 것은 매우 흥미로운 사실이다. 특히 인간답게 살기위한 문화생활의 큰 요소이기에 커피가 가지는 문화적 요소는 매우 크다고 할 수 있을 것이다. 커피는 그동안 해양을 통한 교역에 의해 전 세계적으로 전파됨에 따라 교역되는 항구가 세계적으로 유명한 커피 브랜드가 되는 특이한 형태의 모습을 보이고 있다. 그리고 관광에도 커피의 역할이 매우 높아지고 있다. 단순히 문화재나 자연환경을 관람하는 관광에서 문화체험관광을 요구하는 문화관광객의 수요가 급증함에 따라 커피하우스(카페)투어, 커피축제투어 등 글로벌 관광산업에 큰 역할을 하고 있는 것이다.

이에 커피 문화관광의 개념을 이해하고, 바다를 기점으로 한 사례를 통해 또 다른 해양문화의 관점에서 커피를 살펴보고자 한다.

1) 커피 문화관광의 개념

관광이란 인간의 생활에 대한 변화를 추구하는 기본욕구에서 비롯된 행위로 인간의 기호와 생활양식에 밀접한 관계를 가지고 있다. 관광에서 문화적 동기를 부여하는 문화관광은 UNWTO의 개념적 정의에 의하여 탐구여행, 예술여행, 축제 및 기타문화 이벤트 참여, 유적지와 기념비 방문, 그리고 성지순례 같은 문화적 감동이나 체험에 의한 사람들의 이동으로 간주하고 있다. 또한 어떤 문화관광목적지의 독특한 특징을 관광객이 체험할 수 있는 경험범위와 그 문화를 관광객에게 제공하는 모든 비즈니스를 포괄한다 하였다(양위주, 글로벌문화광광론, 2015). 커피 문화관광 관련 자원을 일반적으로 커피, 커피재배지, 커피하우스 등을 언급하는데, 커피관련 축제 뿐만 아니라 커피산업 그리고 커피음료관련 문화 등도 포함되어야 할 것이다.

영국의 커피하우스 1674
(출처 : 네이버지식검색)

Joliffe(2010)[71]는 커피문화는 커피가 가지고 있는 문화와 문명적 가치의 뛰어남을 인지하고 커피문화가 어느 한순간의 결과물이 아니고 오랜 기간 동안 다양한 문화 산업 그리고 생활 습관 등의 모습을 반영하고 있어 21세기 여행자들이 갈망하는 문화콘텐츠로서 충분한 가치가 있음을 밝히고 있다고 하였다. 또한 Ukers(2008)[72]는 커피는 우리가 살아가고 있는 자연 및 인문 환경 속에 존재하면서 수많은 역사적인 사건과 정치 경제 사회 문화 등 모든 현대의 다양한 분야에 영향을 주고 있다며 문화적인 측면만 있는 것이 아니라 정치 사회에도 매우 큰 역할을 했다고 주장하고 있다. 커피는 단순히 마시는 음료만이 아니라 문화를 나누고 소통하는 매개체로써 관광상품과 축제의 테마가 된지 오래 됐으며, 한 지역의 자연 및 인문학적 현상을 연구하는데 매

---

71) Jolliffe,lee "Coffee Culture, Destinations and Toruism" Multilingual Matters
72) Ukers, William Harrison, 2008, All About Coffee, Martino Pub:1-825

력적인 대상이 될 수 있다고 연구되고 있다.[73]

커피뿐만 아니라 커피하우스(카페, 커피전문점)의 문화적 가치도 높이 평가되고 있는데, Scott et al.,(2015)는 유럽 및 미국에서 커피와 커피하우스는 하나의 문화제도라고 평가하면서, 커피는 오랜 기간 동안 대중들이 즐겨온 음료로써 현대인의 일상생활에서 빼놓을 수 없는 요소로 자리 잡았으며, 커피하우스도 정치, 철학, 예술자가 담론을 형성하는 공론의 장으로써 지식인들의 정신적 고양 및 교류를 주도하는 장소라 하였다. 또한 커피하우스는 세대를 불문하고 사람들이 공동체 내부 친목, 소개하는 장소의 기능을 담당하는 공론장이라 하였다. 커피하우스는 현대에 들어서는 더욱 진화하여 만남의 장에서 커피품질을 지향하는 하우스 갤러리형, 건강을 중시하는 웰빙라이프형, 북카페형, 공연형, 직접 커피를 추출하는 고객참여형 등 다양한 형태의 커피하우스로 성행하면서 현대인의 문화활동 변화 및 발전에 많은 영향을 끼치고 있음을 알 수 있다(박영숙 2008).[74]

커피문화의 관광적 가치는 커피, 커피하우스만으로 국한하여 평가할 수 없다. 최근 관광자원의 융복합 자원으로 커피가 대표적인 역할을 하고 있다. 커피농장과 호텔, 레스토랑, 놀이시설 등을 융복합한 커피리조트개발로 관광산업의 가치를 높이고 있다. 과테말라 Filadelfia 커피농장은 관광객이 많은 Antigua근처(2km인내)라는 지리적인 장점을 이용하여 커피투어, 리조트운영, 여행 관광 서비스를 제공한다. 관광객은 리조트 투숙객 뿐만 아니라 커피농장투어로 커피생산 과정을 관람하고 Antigua 및 과테말라 주요 여행관광상품까지 패키지로 관람

---

73) 이승철 "베트남 닥락성의 커피 중개상인: 지역 경제 변화의 매개체로서 역할을 하는 커피가치사슬의 주요 이해 관계자" 한국경제지리학회지 16(3) 한국경제지리학회 372-389, 강준수 "음식사 - 커피" 식품문화 한맛한얼 5(2) 한국식품연구원 148-152
74) 박영숙 "문화마케팅을 통한 소규모 점포 활성화방안 연구 : 커피하우스의 사례를 중심으로" 호서대학교 석사학위논문 1-63

커피뮤지엄과 강릉커피거리[77)

(2) 하와이 커피축제

미국 하와이를 생각하면 누구나 아름다운 바다 경관과 백사장을 떠올릴 것이다. 와이키키 해안은 모든 세계인이 한번은 가보고 싶은 해수욕장으로 세계해양관광에서 매우 중요한 관광지이다. 하와이가 세계 최고의 해양문화관광지로 자리 잡고 있는 데는 커피도 큰 역할을 하고 있다. 하와이는 자연의 빼어난 경관, 지역의 문화유산 그리고 커피문화를 함께 어우러져 있는 곳이다. 하와이는 해변 외에도 지구상에서 가장 활발히 분출하는 킬라우에아 화산이 있는 화산공원이 자리한 곳, 카일루아 유적 마을, 식물원과 폭포수, 와이메아(하와이 카우보이), 힐로의 카메하메하 동상, 힐로 파머스 마켓, 호누(하와이 녹색 바다 거

---

77) 강릉시청공식블로거 http://pinegn.blog.me/220402230081

북), 훌리헤에 궁전 등 많은 관광 유적지가 있다.

여기에 훌루알로아에 있는 코나지역에는 세계 3대 커피의 하나로 인정되는 풍미과 향기가 우수한 코나커피가 있으며 매년 코나 커피문화축제를 개최하여 관광객의 감성을 끌어내고 있다. 하와이의 풍부한 화산토양과 커피가 재배하기 좋은 완벽한 기후 조건을 갖춘 코나는 지금의 세계에서 가장 우수한 커피를 생산하는 지역이 되었다. 코나지역에는 약 650개의 농장이 있으며 그 지역에서의 커피의 생산량은 하와이 커피의 95%를 차지한다. 코나지역에서는 커피산업을 매우 중요한 산업으로 인식하고 매년 세계에서 가장 큰 커피 축제를 개최하는데 코나 커피문화 페스티발이 그것이다.

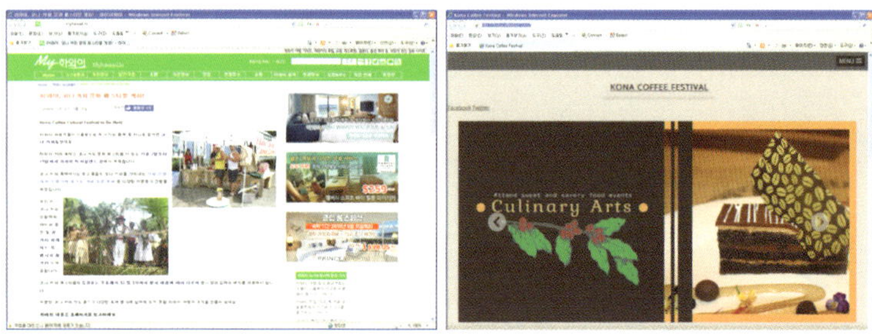

kona coffee festival>[78]

커피문화에 대한 기구 및 예술품을 전시(좌), 코나 커피 역사 농장 투어

---

78) http://konacoffeefest.com/

커피관련 사진, 그림, 공예 등 각종 예술작품 전시

커피 농부와 역사적인 사진 및 유물 HN 그린웰 매장 박물관(좌), 커피빈따기 경연대회[79]

(3) 콜롬비아 커피테마파크

콜롬비아라는 이름은 아메리카 대륙을 처음으로 발견한 콜롬버스(이탈리아어: Colombo)의 이름을 따서 지은 것이다. 당시 스페인과 포르투갈이 지배하던 아메리카 대륙의 식민지(현재의 콜롬비아, 파나마, 베네수엘라, 에콰도르)들을 일컫는 말이었는데, 1819년 콜롬비아에서 채택하였다.[80] 역사적으로 콜롬비아는 아메리카의 해양문화 시작을 알리는 카리브해안을 끼고 있는 나라로 인구도 항구를 중심으로 밀집되어 있다.

세계에서 가장 큰 독립여행 안내 출판사인 론리 플래닛(Lonely planet)은 콜롬비아를 2006년 세계 10대 관광지 중 한 곳으로 꼽았으며, 보고

---

79) http://blog.naver.com/edwardso?Redirect=Log&logNo=220188801793

80) Carlos Restrepo Piedrahita (1992년 2월). "EL NOMBRE "COLOMBIA", El único país que lleva el nombre del Descubrimiento". ≪Revista Credencial≫ (스페인어). 2009년 12월 11일에 확인.

타 성당, 황금박물관, 타이로나 국립공원의 아레시페스 해변 등 여러 관광목적지가 있다. 특히 서쪽으로 태평양, 북쪽으로 카리브해가 있으며, 동쪽과 남쪽은 아마존과 안데스산맥으로 이어지는 밀림산림 지역을 형성하고 있어 바다와 산림이 어우러지는 천혜의 자연경관 관광지를 갖고 있다.

콜롬비아는 커피 문화관광을 접목하여 단순한 자연 체험관광에서 문화관광으로 발전하고 있는데 대표적인 것이 전통 커피재배지의 유네스코 유산등록이다.

유네스코 유산 등록 - 콜롬비아 커피 문화경관 Coffee Cultural Landscape of Colombia

세계유산에 등록된 지역은 4개의 주와 47개 지구에 걸쳐 형성되어 있다. 재배가 약간 곤란한 산간 지형을 지속가능성이 있는 생산환경으로 정비하여 맛있는 커피를 재배하기 위해 몇세대에 걸쳐 농가사람들이 노력한 덕분에 유네스코는 이 땅이 생산성과 문화적 경관을 겸비하고 있는, 배울 것이 많은 지역이라고 평가하였다. 이곳이 '문화적 경관'이라고 불리는 이유는 '지리적으로 상당히 난해한 장소에 인적 노력을 들여 커피재배지를 개간해왔다'는 점 때문이다.

'콜롬비아 커피산지의 문화적 경관'에 포함되는 지역

지도의 노란색으로 착색되어 있는 부분이 '콜롬비아 커피산지의 문화적 경관'에 해당하는 지역이며 안데스 산맥을 따라 분포하고 있는 것을 알 수 있다. '콜롬비아의 커피산지의 문화적 경관'의 중심이 되는 지도의 중심부분은 북쪽으로부터 남쪽으로 늘어선 Caldas(칼다스), Risaralda(리사랄다), Quindio(킨디오) 그리고 그 남서쪽에 위치한 Valle del Cauca(바제 델 카우카)이다. 이곳에는 2만 4천 개의 소규모 커피농원이 모여 있고 약 8만명이 커피생산에 종사하고 있다.[81]

(4) 일본과 커피

일본은 1641년 네덜란드인과 해양교역을 하면서 커피가 처음 들어왔다고 하는데 실질적으로 일본이 커피를 마시기 시작한 것은 메이지 개국시대가 시작되면서 일부 특권층부터 시작되었다고 할 수 있다.

2차 대전이후 급속도로 커피 대중화가 이루어지기 시작했는데 주로 모카, 블루마운틴 등 최고급 원두커피를 핸드드립으로 마시는 것을 즐

---

81) http://cafedecolombia.kr/project/world-heritage/

겼다. 이는 오래된 차문화에서 오는 동양의 특유의 문화에서 왔다고 할 수 있을 것이다. 핸드드립은 독일의 멜리타여사가 처음 드리퍼를 발명하면서 시작되었는데, 유럽에는 크게 유행하지 못하고, 일본에서 이것의 단점을 보완하여 다양한 드리퍼를 개발하는 등 드립커피 문화를 주도적으로 이끌어 가고 있다. 카페는 주로 개인카페로 핸드드립 커피를 선호하는데 이로인해 핸드드립의 많은 노하우가 축적되어 현대의 핸드드립 이론은 거의 일본에서 정립된 것이라 할 수 있을 것이다.

일본은 로스터리 카페, 커피의 스페셜 맛과 풍미 그리고 바다가 있는 나라이다. 많은 섬으로 이루어진 지형적인 특성에 따라 섬의 전경이 매우 아름다운 나라인데 아름다운 바다전경이 있는 곳이면 스페셜한 커피 맛과 풍미를 겸비한 로스터리 카페가 자리 잡고 있다. 직접 카페에서 로스팅을 하면서 블루마운틴 등 최고급 원두커피를 핸드드립으로 맛과 향미를 평가하면서 커피를 즐기는 나라가 일본이다.

미야지마의 키키이와이카페[82]

---

82) http://kys910310.blog.me/221015928258

일본 영화 소개 - '세상의 끝에서 커피 한 잔'

부모 이혼 후 한 번도 못 본 아버지의 실종과 함께 빚을 갚기 위해 아버지가 살던 바닷가 마을의 창고에 내려가 요다카 카페를 차린 미사키. 이웃인 미혼모의 상처를 안고 살아가는 에리코네와 부성애의 그리움을 가진 미사키의 커피가 해안을 풍경으로 삶이 치유되는 과정을 그린 힐링 이야기.

(5) 예멘 모카

세계문명이 인간중심의 현대 문화로 재정립되며 화려한 출발을 시작한 시점이 르네상스 시대라고 하면, 해양이 전 세계에 이 같은 새로운 문화를 글로벌적으로 전 인류에게 전파하며 그 지역의 풍습에 맞는 문화로 재창출하며 발전하기 시작한 것은 스페인, 포르투갈, 네덜란드

가 주도했던 '대 해양 시대'라 할 수 있을 것이다. 초기 제국주의로 인한 식민정책으로 전쟁 약탈 등으로 세계사적으로 암흑기를 만들었지만 지금의 글로벌적인 해양문화를 만들며 세계를 하나의 문화권으로 이끌고 있는 현대문화의 시작은 대 해양시대라 할 수 있다. 여기서 당시 15~16세기 대 해양 시대에서는 수많은 배와 사람 물자들이 움직이는 세계적으로 매우 중요하며 교통의 요충지였던 곳으로 화려 했지만 지금은 아무도 찾지 않는 항구로 전락한 곳이 있다. 하지만 커피를 사랑하는 사람이라면 누구나 알고 있는, 커피라는 또 다른 이름으로 알려진 모카. 사우디아라비아의 밑에 위치한 예멘이라는 조그만 나라에 '모카'란 항구가 있다.

17세기 네덜란드인이 인도네시아 자바에 커피를 재배하여 유럽에 전파하기 전까지 거의 모든 커피는 모카항을 통해서만 교류되었다. 커피는 태생부터 국제성이 매우 강한 기호식품이다. 열대 고산지대에서만 재배되는 환경적인 특성과 소비의 90%가 유럽과 아랍권에서만 이루어졌던 당시 상황에서 커피는 교역으로만 구할 수 있는 물건이었다. 그런데 자연적인 야생상태가 아닌 인위적으로 커피나무를 재배되는 지역은 그 당시 예멘지역 뿐이었다. 예멘지역을 집권했던 오스만제국은 세계적으로 매우 강대국이었기에 커피의 무역을 독점할 수 있었고, 커피나무의 발아 가능한 씨앗이나 커피묘목을 예멘지역에서 타 지역으로 반출하는 것을 법으로 엄격이 규제하고 있어 타 지역에서는 커피를 구할 수가 없었다. 그래서 커피는 매우 고가로 유럽에 유통되었으며 유럽의 왕족이나 귀족들만이 즐기는 음료였다. 그래서 당시 유럽은 커피를 모카항에서 온다고 하여 모카커피라고 칭하였는데 현대에서도 아직 커피의 이름이 항구의 이름을 따서 정하는 경우가 많은데 이 같은 관습의 시작은 모카커피부터 시작이다(브라질 산토스 커피, 인도네시아 자바 커피 등).

커피에 대한 모카의 향수는 현대까지 남아 있으니 그것은 "모카커피"이다. 카페에서 모카커피를 주문하면 커피에 초코렛 시럽을 혼합하여 초코렛 맛이 나는 커피를 준다. 그래서 모카가 초코렛을 상징하는 것으로 아는 사람들도 종종 있다. 이는 잘못된 상식이다. 예멘지역에서 재배되는 오리지널 커피는 초코렛 시럽을 사용하지 않고 초코렛 향미가 느껴진다. 쓴 커피가 아니고 초코렛 향미가 느껴지는 커피가 있는데 이것이 모카커피이며 이 맛과 향을 유럽인은 잊지 못하고 좋아했던 것이다. 그래서 아직까지 예멘의 "모카 마타리"를 세계 3대 커피로 인정하여 최고급 커피의 반열에 올려놓고 있다.

세계 3대 커피 예멘 모카 마타리[83]

아라비아 반도의 남서에 위치한 예멘은 '초록의 아라비아'라고 부를 만큼 중동 아랍권에서 초록이 풍부하며 비도 풍족한 나라이다. 커피를 뜻하는 오랜 닉네임인 모카는 이 지역의 작은 항구도시로 커피를 수출입하던 장소였는데 지금은 사용되지 않는 곳이 되었다.

예멘 중에서도 베니마타르 지역에서 생산하는 최고급 품종의 커피를 가리켜 '모카 마타리'라 부른다. 자메이카 블루 마운틴, 하와이 코나와 더불어 세계 3대 프리미엄 커피로 인정받고 있다. 또한 반 고흐가 좋아한 커피로 알려져 있기도 하다. 고흐의 팬들은 '그와 소통하는 길은 마타리를 마시는 길밖에 없다'고 말하며 즐겨 마신다고 한다. 묵직한 바디감, 새콤한 맛과 쓴맛의 환상적인 조화, 진한 다크 초콜릿 향이 매력이다.

---

83) [네이버 지식백과] 예멘 모카 마타리 [Yemen Mocha Mattari] (내 입맛에 딱 맞는 60가지 커피 수첩, 2011. 10. 15., 우듬지)

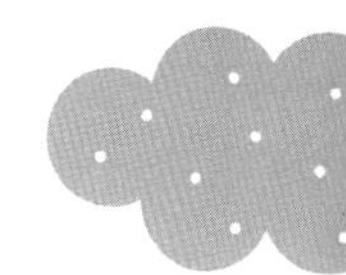

제 3 장

해양국가에 나타난 해양문화관광

앞서 PART 1과 2에서 검토된 문화관광콘텐츠를 국가에 접목시켜, 해당 국가를 해양문화관광의 관점에서 검토하고자 하였다. 국가의 선정과 관련해서 전통적으로 해양강국으로 인식된 국가를 대상으로 하되, 과거와 현재 그리고 미래에도 해양강국으로 자리매김할 수 있는 국가를 대상으로 하였다.

여기에서 해양강국의 의미는 해양문화관광의 관점에서 해당 국가의 고유한 해양문화가 미치는 파급력의 크기를 기준으로 하였으며, 객관적 기준은 경제력과 문화파급력은 비례한다는 가정 하에서 G20 국가를 '모집단'으로 하였다. G20이란 과거 미국, 일본, 영국, 프랑스, 독일, 이탈리아, 캐나다 등 세계의 경제를 선도하는 선진 7개국을 가리키는 G7(Group of Seven)에서 비롯된 집단으로, 각국 간의 경제 정책에 대한 협조 및 조정에 관한 논의가 주요 목적이었던 G7이 2008년 이후로 유럽 연합(EU)과 신흥국 및 주요 경제국을 추가, 재편성하여 새로 거듭난 것이다.[1] G20에 속한 국가의 GDP를 모두 합한 값이 전 세계 GDP의 85%에 해당하는 만큼, 해당 국가의 파급력 또한 높은 수준이

---

1) G20, Wikipedia Korea

다. 국가의 경제적 파급력은 곧 해당 국가의 문화 유입 가능성과도 긴밀한 관계가 있기 때문에 문화관광에 대해 알아볼 표본 국가들의 모집단으로 설정하기에도 적합함을 알 수 있었다.

해양문화관광을 관광의 한 유형으로 본다면, 관광산업처럼 해양문화관광 산업의 산업적 분류도 가능할 수 있다. 문화파급력이 경제적 파급력에 비례한다는 전제에서 출발하였기 때문에 경제력이 높을수록 문화관광의 산업과 그 경제적 파급 효과가 더 클 것으로 예상하였다.

본서에서는 '문화는 다름에 기인한다'는 최초 가정에 의거, 어떤 문화 사이에서도 우열은 있을 수 없다는 문화상대주의에 입각하며[2] 어느 국가의 문화가 더 우월하다는 평가를 내리지 않으면서 각국의 문화가 가지는 특징과 해양문화관광에 대해 서술하고자 하였다.[3] 국가별 해양문화의 특징은 다음의 분석틀에 의해서 내용을 서술 하였다.

- 국가에 대한 일반적 개요
- 문화관광의 주요 이슈와 트렌드
- 문화관광객의 동향
- 문화관광 산업의 현황과 동향
- 문화관광 분야와 관련된 사람들
- 관광목적지와 문화관광
- 인문학 콘텐츠와 문화관광
- 문화관광의 미래

---

[2] 1930년대 미국의 베네딕트와 허스코비츠에 의해 주창된 이론으로 인류학자들의 기본적인 인식이 되고 있다, 문화 상대주의, Wikipedia Korea
[3] 최기종, 문화관광, 백산출판사

1. 유럽의 문화강국, 스페인

스페인은 15～16세기 무렵, 전 세계를 무대로 무적함대라는 이름의 해군을 이끌고 대제국을 형성할 만큼 파급력이 강했던 국가이다. 세계 곳곳에 식민지를 건설했던 만큼 고유의 문화가 서양 근대 문화에 한 몫했음을 추측할 수 있다. 에스파냐 제국으로도 불리는 스페인 제국은 16세기 이후 영국에 밀리기도 했으나 대제국을 유지하며, 근대를 지나 현대에 들어서는 과거부터 보존해온 이슬람 및 기독교 유적지와 세계적인 건축가 가우디의 건축물 등을 통한 문화관광이 활발하게 이루어지고 있다. 축제와 스포츠를 통한 문화관광 또한 스페인의 주된 관광 상품이다. 실제로 다양한 축제가 국제화되어 수많은 외국 관광객들을 이끌고 있으며 스페인의 축구클럽은 전 세계로부터 많은 사랑을 받고 있다. 경제적으로 침체를 맞았던 스페인이 자동차 산업과 관광산업을 통해 다시 일어날 기회를 얻었던 만큼 스페인 문화관광의 강점이 무엇인지를 알아볼 필요성은 충분한 것이다.

스페인의 위치
(출처: The Globe Program)

　스페인4)의 문화는 세계적으로 영향력이 매우 큰 편이다. 전 세계에 걸친 식민제국을 건설했던 역사를 갖고 있기 때문에 특히 라틴아메리카로 알고 있는 중남미 지역과 카리브 해 지역에서는 지금까지도 스페인의 문화가 직접적인 영향을 끼치고 있다. 식민제국 건설 시절에 이 중남미 지역에서는 통일된 언어를 사용하지 않았는데 스페인의 영향으로 언어가 통일되어 지금은 4억 5,200만 명의 인구가 스페인어를 모국어로 사용하는 등 스페인의 문화적 요소는 세계에 지대한 영향을 미치고 있다.

　스페인의 복잡한 역사적 배경은 각 지역별로 독자적인 언어와 문화를 가져다주었다. 그러나 대 항해 시대에는 오히려 외세를 그들에게 융합하여 '태양이 지지 않는 제국'이라 불렸을 정도의 영화를 누렸으며 이후 내전 등 수많은 어려움에 시달리면서도 역사에 이름을 남긴 인물들을 배출했다. 스페인 사람들은 과거 선조들이 세계를 지배했던 역사에 대한 자부심을 갖고 있다. 그들은 미래 지향적이며, 유럽공동체, 북대서양조약기구, 개발기구회원국 등 국제적 회합에 적극 참가하여 활동하고 있다.5)

국가명	스페인 왕국(Reino de España a)
위치	유럽 남서부 이베리아 반도에 위치
도시	마드리드, 바르셀로나, 세우타, 멜리야 등
면적	504,030km²(한반도 면적의 5배)
민족	스페인인, 아랍인, 프랑스인 및 포르투갈인으로 구성.
언어	공용어 스페인어를 비롯한 카탈루냐어, 바스크어, 갈리시아어, 오크어 등의 지역어
기후	지중해성 기후와 대륙성 기후, 해양성 기후로 나뉨
종교	로마 가톨릭교회 76%, 무교 19%, 기타 성공회, 개신교, 스페인 정교회, 여호와의 증인, 모르몬교 등 15%
GDP	1조 4,110억 달러로 세계 14위
화폐	과거 ESP(스페인 페세타), 현재 €(유료) = ₩1,357

---

4) Spain, Wikipedia
5) 스페인, Wikipedia Korea

1) 문화관광의 주요 이슈와 트렌드

(1) 축제 관광

① 스페인의 연간 축제 일정6)

일정	축제 이름	개최 지역
1월 17일	산 안토니오 아바드 축제	라 푸에블라(마요르카섬)
1월 20일	북 축제	산 세바스티안
1월 말~2월 초	카니발	전역
2월 1~3일	악마의 축제	알모나시드 데 마르케사도
2월 5일	산타 아게다 축제	사마르라말라(세고비아)
3월 6~14일	막달레나 마리아 축제	카스테욘 데 라 플라나
3월 12~19일	산 호세의 불 축제	발렌시아
3월 28~4월 4일	성 주간(세마나 산타)	전역(특히 세비야, 쿠엥카)
4월 20~25일	봄 축제	세비야
4월 22~24일	아랍인과 기독교도의 축제	알코이
4월 25~26일	카페사 성모의 순례	안두하르
5월 2~9일	말 축제	헤레스 데 라 프론테라
5월 5~16일	파티오 축제	코르도바
5월 27~6월 1일	로시오 순례제	알몬테
7월 24~25일	산티아고 아포스토르 축제	산티아고 데 콤포스텔라
8월 12~14, 27~29일	비치 경마	산 루카르 데 바라메다
8월 11~15일	엘체의 종교극 축제	엘체
8월 25일	토마토 축제	부뇰
9월 24일 전후	성모 메르세드 축제	바르셀로나
10월 12일 전후 1주일	필라르 축제	사라고사
10월 29~31일	사프란 축제	콘수에그라

스페인은 1년 내내 국제적인 축제로 가득하다. 스페인이 '정열'의 나라로 이름을 알리게 된 것도 축제의 영향이라는 이야기가 있을 정도 이다. 그렇다 보니 많은 관광객들이 자신의 기호에 맞는 축제일정에 맞추어 스페인을 방문하는 경우도 많다. 그 대표적인 예시로는 '라 토

---

6) 스페인 정부 관광국 홈페이지 (2010년 기준)

마티나'라고도 부르는 스페인의 토마토 축제를 들 수 있는데, 1945년 부터 2012년까지 무료로 축제에 참가할 수 있었던 반면, 2013년부터 부뇰의 시장이 10유로의 참가비를 걷었음에도 불구하고 2016년 기준 외국인에게 팔린 티켓 수만 17,000장이 넘었다.[7]

② 랜드마크 관광

스페인은 여러 문명들과 접하면서 다양한 형태의 문화유적을 남기게 되었는데, 이 또한 많은 관광객들을 이끄는 요인으로 작용하여 스페인의 관광 산업에 기여하고 있다. 시대 및 문명 별로 대표적인 예시를 들자면, 먼저, 선사 시대의 유적

알타미라 동굴 벽화
(출처:Berühmte Steinzeit-Höhle von Altamira wieder geöffnet!, 2014.2.27, TRAVELBOOK)

지인 알타미라 동굴의 벽화를 들 수 있다. 알타미라 동굴 벽화는 약 기원전 15,000년 전에 만들어진 것으로 추정되고 있는 가장 유명한 선사 시대 유적이다. 로마제국 시대의 유적으로는 메리다에 위치한 로마식 극장을 예시로 들 수 있다. 로마인이 스페인을 곡창지대 및 무역지대로 이용하면서 종교 및 법의 발달을 통해 많은 이득을 볼 수 있었다. 이슬람 시대의 유적으로는 타레가의 기타 곡 제목으로 널리 알려진 '알함브라 궁전'을 예시로 들 수 있다. 이후 기독교 세력에 의해 다시 스페인이 스페인 지역을 수복하면서 유럽에서 세 번째로 큰 규모인 세비아 대성당을 건설한다. 이 모든 요소들은 하나의 국가에서 여러 가지 문명의 유적들을 볼 수 있다는 장점으로 작용하여 관광객들에게

---

7) Kriti Malik, La Tomatina 2016: 10 Incredible Facts About the World's Biggest Food Fight, 2017.06.27, Smart Cooky NDTV

더 매력적으로 다가간다.[8]

③ 콜럼버스 투어

새로운 곳을 여행하는 관광
객들에게 있어 콜럼버스는 우
상과도 같은 인물이다. 에스
파냐 국왕[9])으로부터의 지원
을 업고 신대륙을 찾아 나섰
던 콜럼버스의 일대기는 이미
전 세계 사람들에게 잘 알려
져 있다. 최근 SNS의 영향으

콜럼버스의 발자취를 따라 걷는 여행일지
(출처:10day Trail of Columbus, Topdeck)

로 서로 자신만의 여행 일지 및 코스를 공유함에 따라 창의적인 코스
가 많이 발전하고 알려지게 되었는데, 그 중 하나가 바로 콜럼버스의
발자취를 따라 스페인을 탐험하는 일정이다. 해당 여행 일정 외에 개
인적으로 개발한 '콜럼버스 투어' 또한 성행할 만큼 콜럼버스는 현재
스페인 관광에서 하나의 '트렌드'가 되었다.[10]

2) 문화관광객의 동향

스페인 관광청에 따르면 2016년 상반기에 스페인을 찾은 관광객 수
는 3,280만 명이라고 한다. 이는 2015년 같은 기간에 비해 11.7% 늘
어난 수준이다. IS 등의 국제 테러조직의 위협으로 인해 프랑스와 영
국을 방문하는 관광객들이 주춤하자, 이를 기회 삼아 스페인 정부가

---

8) 스페인, Wikipedia Korea
9) 1484년 에스파냐(스페인)은 카스티야와 아라곤으로 구분되어 통치되고 있었다.
   콜럼버스는 카스티야의 이사벨 1세 여왕으로부터 허락을 받아 항해를 떠났다, 크리스토퍼 콜럼
   버스, Wikipedia Korea
10) 10day Trail of Columbus, Topdeck

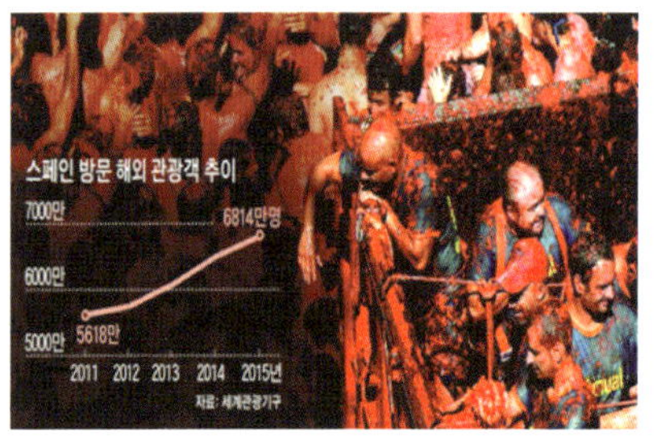

스페인을 방문하는 해외 관광객 수 추이
(출처: 장일현, 관광-車산업 앞세워 스페인
되살아나다.' 16.08.11, 조선일보)

관광산업에 열중한 효과이다.[11] 물론 2017년 바르셀로나에서 발생한 테러사건으로 인해 스페인 관광에 대한 걱정 및 우려가 어느 정도 발생하고 있는 것은 사실이나, 주 스페인 대사관에서는 단기적인 영향이 있을 뿐이며, 기존 관광 계획을 가지고 있던 관광객이나 이미 테러에 무감각해진 유럽인들에게 있어서는 큰 영향이 가지 않을 것으로 예상하고 있다. 이는 관련 전문가들이 호텔을 테러 피해자들을 위한 무료 숙소로 제공하고 택시기사들의 자발적인 시민 운송 등 테러 이후 바르셀로나 사회에서 보여준 대 테러 연대 움직임이 인상적이었기 때문이다.[12]

3) 문화관광 산업의 현황과 동향

프라도 미술관

(출처: Madrid: Skip the Line Prado Museum Entrance
Ticket, Get Your Guide)

마드리드(Madrid)는 스페인의 중앙에 위치한 스페인의 수도이다. 경제, 정치 등 모든 면에서 스페인의 중심이면서 프라도 미술관(Museo del Prado)으로 대표되는 예술의 도시이기도 한데, 거리에는 석조 건물이 즐비해 있

---

11) 장일현, 관광・車산업 앞세워... 스페인, 되살아나다, 2016.08.11, 조선일보
12) 바르셀로나 테러에 따른 스페인 관광업계 위축 우려 논의 이어져, 주 스페인 대사관

고 마요르 광장(Plaza Mayor)과 왕궁 등 역사적인 볼거리가 가득하다.

스페인 중앙부(El Centro de España)에는 국토의 약 절반을 차지하는, 메세타(Meseta)라고 부르는 해발 600~1000m의 고원지대와 황량한 대지에 흰 풍차가 줄지어 선 라 만차(La Mancha)지방, 일찍이 수도로 번영해 역사의 무대가 되어왔던 톨레도(Toledo)나 바아돌리드(Valladolid) 등 아름다운 도시들이 곳곳에 있다.

풍차가 줄지어있는 라 만차 지방의 모습
(출처: Castile-La Mancha, ENCYCLOPAEDIA BRITANNICA)

아름다운 바르셀로나의 풍경
(출처: Learn Spanish in Barcelona, Enfroex)

바르셀로나(Barcelona)는 스페인 제2의 도시이며 카탈루니아 지방의 중심지이다. 교역 도시로써 발전했기 때문에 자유로운 발상을 가진 것이 특징적이며 타문화도 유연하게 수용하는 자세로 피카소와 가우디를 비롯해 수많은 예술가들을 배출한 것으로 잘 알려졌다. 아름다운 미술관들과 건축물로 유명하다.

순례의 길에 나타나는 오래된 건물들
(출처: El Camino de Santiago, BBC Travel)

스페인 북부 & 순례의 길(El Norte de España & El Camino de Santiago)는 습한 기후 덕분

에 녹음이 우거진 곳인데, 성지 산티아고 데 콤포스텔라로 향하는 순례의 길을 중심으로 번영했다. 순례의 길을 따라 중세의 모습을 그대로 간직한 거리와 도시가 이어진다. 동부 바스크 지방은 독자적인 언어와 문화를 자랑한다.

살라망카 대학의 중심부
(출처: SALAMANCA UNIVERSITY, SPAIN INFO)

스페인 서부 & 은의 길(El Oeste de España & Ruta de la Plata)은 고대 로마 시절, 광산 자원을 운반하기 위해 정비되어 남북을 관통하는 형태로 자리잡았다. 메리다(Merida)에 남은 로마 유적과 살라망카(Salamanca)에 있는 스페인에서 가장 오래된 살라망카 대학(Universidad de Salamanca) 등 역사적인 볼거리가 많다.[13]

4) 사람과 문화관광

(1) 문화관광과 전문직

① 투우사 (Torero)

'스페인'하면 떠올리는 누구나 쉽게 떠올릴 수 있는 것으로는 투우를 들 수 있다. 이 투우 경기에서 소를 다루고 죽이는 사람을 투우사라고 부르며, 많은

투우 경기를 펼치는 투우사의 모습
(출처: Soubor: Toreador.JPG, NECKYLOPEDIE)

---

13) 스페인, Wikipedia Korea

사람들이 이 투우사의 경기를 보기 위해 모여든다. 지금까지도 투우는 스페인 사람들의 주된 관심사 중 하나이며, 스페인을 찾는 많은 관광객들에게 있어서도 인기 있는 관광요소이다. 최근에는 투우 경기가 동물의 권리를 침해하는 행위임을 알리고 투우 공연의 중단을 요구하는 동물단체가 늘어 스페인 북동부 지역에서는 금지되었다.[14] 하지만 스페인의 국가적인 관광문화이자 전통인 만큼, 지금까지도 투우 경기는 지속되고 있다. 투우사는 투우 학교에서 일정한 교육을 완전히 이수해야만 자격을 가지고 경기에 임할 수 있다. 투우 경기 도중 사망사고 사례가 있기 때문에 위험한 직업으로 인식되고 있다.[15]

② 도자기공

스페인의 화려한 도자기들
(출처: 10 best Spanish Ceramics Images)

바르셀로나는 예술의 도시로도 잘 알려져 있다. 바르셀로나를 거친 예술가들의 이름과 그 명성 덕분이다. 이곳을 사랑한 예술가로는 대표적으로 가우디와 피카소를 들 수 있다. 이들이 이곳에서 자라거나, 성인 시절을 보내였던, 많은 영감을 얻었다고 한다. 바르셀로나의 아름다운 풍경과 자연환경은 가우디와 피카소 외에도 많은 이들에게 예술적인 영감을 주고 있는데, 세계적인 명문 직업학교인 포르마 스쿨이 그 예시이다. 바르셀로나의 에나모레츠 가에 위치한 포르마 스쿨은 1970년부터 운영된 도자기 공예 및 조각, 회화를 전문으로 하는 예술 학교이다. 세계적인 명성 덕에 전

---

14) 투우, Wikipedia Korea
15) 투우사, Wikipedia Korea

세계에서 이곳을 관광하거나 입학한다. 주된 분야는 도자기 공예인데, 포르마 스쿨을 졸업한 이들은 바르셀로나 교육 당국으로부터 교사자 격증을 인정받게 되며, 도자기 공예 가게를 차리거나 교직에 봉사한다고 한다.16)

(2) 복식과 문화관광

이민족의 침입과 식민 제국 건설의 역사로 인해 스페인은 복식 문화에서도 이민족의 영향을 받지 않을 수 없었다. 고대에는 로마에 의해 양모 산업이 발달했고, 중세에는 모피, 직물, 보석, 향료 등의 교역과 더불어 가죽제품이 발달했다. 중세 가내공업 성격의 양모업

스페인의 전통 복장 만틸라
(출처: 50 Simple Steps to Wearing a Chapel Veil or Mantilla, lauramcalister)

발달은 카스티야 (Castilla) 지방의 양모산업과 근대에 카탈로니아 (Catalonia)의 섬유산업 발전의 밑거름이 되었다. 고대 지중해 주변 민족의 영향으로 만틸라(mantilla)의 기원이 된 베일, 서고트 족의 영향으로 수도였던 똘레도(Toleldo)의 금속세공기술과 장식품의 발달, 페니키아(Phoenicia)의 아마포 와 티리안 퍼플(Tyrian Purple)로 염색한 직물, 무어족(Moors)의 영향으로 자수의 발달과 아라베스크 (Arabesque)문양의 유입 그리고 플라멩코(flamenco) 드레스가 그 예이다.17)

스페인의 전통의상 중에서 현대까지 실제로 사용되고 있는 것은 플

---

16) 김정안, [세계 명문 직업학교를 가다]<18>스페인 포르마 스쿨, 2009.10.08 동아일보
17) 스페인, Wikipedia Korea

(출처: Adult Ladies Spanish Senorita Fancy Dress Flamenco Dancer Costume UK Sizes 6-24/flamenco dress/spanish dance costume, AliExpress)

라멩코 드레스, 투우사 복식, 만틸라이다. 플라멩코는 그 어원에 대한 다양한 설이 있지만, 가장 잘 알려진 것은 15세기 안달루시아(Andalucia) 지방에서 전해지는 음악과 춤이다. (이 외에도 '플랑멩코'라는 단어는 스페인 남부 지역을 근거지로, 투우도 포함할 뿐만 아니라, 스페인 사람들 특유의, 흥이 넘치고 활동적인 기질을 나타내는 형용사로 쓰이기도 한다.)

플라멩코 드레스는 춤 출 때 동작하기 쉽게 앞이 크게 파여 있고 플레어 형태의 스커트로 섹시한 이미지를 주는 것이 특징이며 빨간색 등 원색을 주종으로 사용한다. 유럽의 어느 민속의상에서도 볼 수 없는 스페인의 특이한 프릴 장식은 라틴 아메리카에 많은 영향을 끼쳤다. 투우사의 복식은 허리선보다 짧은 길이의 자켓과 종아리 정도 길이의 몸에 꽉 붙는 스키니한 바지로 이루어진 남성 투우사의 의례복이다. 영국인이 이 투우사 복식의 상의를 볼레로라고 부르면서 투우사의 재킷을 가리키는 말이 되었고 1960~70년대에 대중화되었다. 검은색 만틸라는 고대의 망토가 간소화된 것으로, 8~15세기에 걸쳐 이슬람 교도인 무어 족의 베일에서 영향을 받았다. 17~18세기에 대중화되었고 19세기에는 이사벨라 2세 여왕(Isabel II, Isabel María Luisa de Borbón)이 만틸라 사용을 적극 권장하였다. 그녀가 퇴임한 이후에는 만틸라 사용이 급감하기도 했지만 1900년대부터는 다시 유행하여 공식행사에서 사용되었고 현재도 여전히 결혼식 등 각종 행사 때 착용되고 있다.[18]

---

18) [스페인 정통의상]정열의 나라 스페인의 전통의상을 알아보자!, 워킹홀리데이 Makers, tistory

(3) 금기문화

① 승차 시 주의사항

스페인에서는 자동차로 어린 아이들과 여행을 할 시에 고려해야할 사항이 있다. 자녀를 품에 안고타는 것은 금지되어 있다. 136cm 이하의 어린이는 뒷좌석에 앉을 자리가 없고 허용된 장치를 이용하지 않는 경우 앞좌석에 앉을 수 없다. 3세 미만의 어린이는 높이와 무게

스페인에서의 어린이의 승차
(출처: The law on child car seats, Express UK)

에 적합한 승인 된 자동차 좌석을 사용해야 하며 항상 뒷좌석에 있어야한다. 키가 150cm 이하의 3세 이상 아동은 크기와 무게에 맞게 조정된 카시트를 사용해야 한다. 12세 미만의 어린이를 오토바이 및 자동자전거를 태우는 것은 금지되어 있다. 이 지침은 택시에도 적용되므로 택시로 아기와 함께 여행하려면 승인 된 카시트를 휴대해야 한다.[19]

② 대중교통 이용 시 주의사항

최근 스페인에서는 다리를 벌리는 행위, 즉, '쩍벌'을 시의회와 버스회사, 여성단체가 함께 금지하자는 캠페인을 벌이고 있다. Manspreading 으로 불리는 '쩍벌'로 피해를 본 사람들이 공공장소 및 대중교통 이용 시 다리를 벌리고 앉는 행위를 금지하자는 캠페인에 온라인으로 1만 명 넘도록 지지를 표했다. 이에 따라 현재 '쩍벌'은 법적으로 금지되지 는 않았으나 '매너'의 수준에서 금지되고 있다.[20]

---

19) 스페인에서 운전하기, 스페인 관광 공식 포털사이트
20) 임혜준, "쩍벌남 안 돼"...스페인에서도 금지 캠페인, 2017.06.11, 연합뉴스

(4) 특이한 사람들[21)

미겔 데 세르반테스
(Miguel de Cervantes, 1547~1616)

(출처 : Lust Without You. Miguel
de Cervantes, WORDPRESS)

소설『돈키호테』의 저자. 기사도 소설을 너무 많이 읽은 주인공이 자신을 기사라고 믿고 여기저기 돌아다니는 이야기는 엄청난 베스트셀러이다. 사회의식이 강하게 스며든 이 작품은 지금까지도 많은 사랑을 받고 있다.

도메네크 이 몬타네르
(Doménech i Montaner, 1849~1923)

가우디와 함께 모더니즘 건축의 거장. 25세라는 젊은 나이에 바르셀로나 건축학교 교수로 취임했다. 작품마다 굉장히 화려한 장식을 해 사람들을 놀라게 했기 때문에 '꽃의 건축가'라고 불렸다.

(출처 : Lluis Doménech i Montaner.
Barcelona. de)

---

21) 두근두근 세계여행 시리즈. 2,. 스페인 = Spain / 중앙북스 [편], 서울 : 랜덤하우스코리아,
2008

(출처 : Spotlight: Antoni Gaudi. arch daily)

안토니 가우디
(AntoniGaudi, 1852~1926)

지금 현재까지도 건설 중에 놓여있는 사그라다 파밀리아 성당(Templo Expiatorio de la Sagrada Familia)을 비롯해 바르셀로나를 중심으로 많은 건축물을 남겼다. 자연을 모티브로 한 대담한 작품들은 현재까지도 많은 사람들을 매료시킨다.

파블로 피카소
(PabloPicasso, 1881~1973)

제작하는 데 한 달이나 걸린다는 미술학교 입학시험을 하루 만에 끝내는 등 일찍부터 뛰어난 재능을 보였다. 젊은 시절, 큐비즘(Cubism) 등 작풍을 바꾸면서 92세에 생을 마칠 때까지 왕성한 창작 활동을 펼쳤다.

(출처 : Spotlight: Pablo Picasso. arch daily)

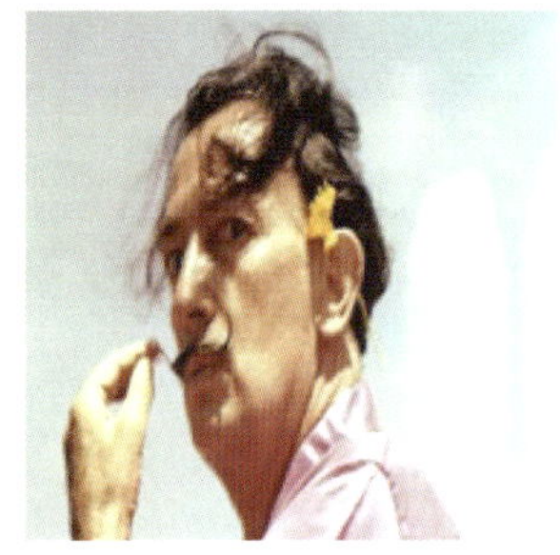

(출처 : 11 surreal facts about Salvador Dali. 2014.1.24. The Telegraph)

살바도르 달리
(SalvadorDalí, 1904~1989)

정신의학의 편집광적 측면을 작품에 도입한 이단(異端)의 화가로 활약했다. 꿈과 현실이 뒤섞인 듯하게 보이는 작품을 다수 발표했다. 작품처럼 그의 삶 역시 기이하고 유별났다고 전해진다.

5) 장소와 문화관광

(1) 마을 만들기와 문화관광

① 유토피아를 꿈꾸는 마을, 마리날레다

신자유주의 세계화가 온 세계 곳곳을 상품 시장과 원료나 에너지 공급지로 바꿔 나가는 시기에 '세상에 맞선 마을'이 가능한 것일까? 스페인 안달루시아 지방의 마리날레다(Marinaleda)는 스페인에서도 유서 깊은 안달루시아 지방의 자치주 이름이자 그 주도인 세비야(Sevilla)에서 100km정도 떨

마리날레다의 풍경
(출처: 방승혁, 실업자도 경찰도 없는 스페인의 이상한 마을, 2014.05.10, 프리미엄 조선)

어진 작은 도시이다. 마리날레다는 소도시이지만 전반적으로 '사회주의 원리'에 따라 운영된다는 특징 때문에 세계적으로 주목받는다.

마리날레다를 이해하기 위해서는 스페인의 근현대사를 간단히 살펴볼 필요가 있다. 스페인은 1931년 제2공화국으로 민주주의가 자리 잡기 시작했다. 그러나 1936년 극우주의인 프랑코(Francisco Franco)[22]의 쿠데타로 혁명군과의 내전이 발발하며 혼란에 빠졌다. 내전이 프랑코의 승리로 끝나고 이후 40여 년간 독재와 탄압이 지속되자 특히 도시화나 산업화와 거리가 먼 오지였던 안달루시아 지역 농민의 고통은 더욱 심해졌다. 그들의 삶의 돌파구는 아래로부터의 개혁뿐이었다. 1979년 산체스 고르디요(Sanches Gordillo)가 마르날레다의 시장으로

---

22) 스페인의 군인 출신 정치인이자 예비역 스페인 육군 대원수 계급자로 스페인의 총통(국가원수 겸 수상) 자리에 있었다, Francisco Franco, Wikipedia

선출되고 1980년 민중 약 700명이 단식 투쟁에 돌입했다. '굶주림에 맞선 굶주림 투쟁'이었다. 이 투쟁의 결과 그들은 국가로부터 2억 5,000페세타(peseta)의 보조금을 얻게 되었다. 하지만 정부보조금은 근본적인 해결이 되지 못했다. 정답은 민주적 토지 개혁과 토지 재분배였다. 그래서 이들은 10년 이상의 긴 시간 동안 점거와 투쟁을 반복하며 계속 싸웠다. 그렇게 이어진 무수한 저항 끝에 1991년 마침내 그들은 승리하였다.

정부는 부재지주의 땅 1,200만m²를 마리날레다 주민들에게 공유지로 주었다. 그 뒤 마을 사람들은 우모소 농장 협동조합을 설립해 올리브, 돼지감자, 토마토, 감자 등을 생산, 가공했다. 생산물은 공동의 것으로, 수익이 생기면 재투자해 일자리를 늘린다. 이와 더불어 마리날레다는 다양한 혁신을 시도했다. 직접 민주주의를 채택해 중요한 의사결정은 마을 주민

카시타의 형태
(출처: 피피피 카시타 호텔 숙소, 카오산로드 홈페이지)

약 400여 명이 모두 모이는 정기 총회에서 이루어진다. 또 마을에 축구 경기장이나 종합 실내 스포츠 센터 등 운동 및 여가 공간도 생겼다. 주거 문제 해결을 위해서는 지방 정부의 지원 아래 350채의 집을 지었다. 이를 카시타(casita)라 한다. 집은 공동 소유이므로 사고 팔 수 없다.23) 또 이 마을엔 경찰도 없다. 치안은 마을 주민들이 자체적으로 해결하고 경찰에 필요한 예산을 모두 학교 등 주민 복지와 교육 분야에 쓴다. 그 이후로도 마리날레다 사람들은 안달루시아 지역의 다른

---

23) 1869~2002년까지 통용된 스페인 통화, 페세타, Wikipedia Korea

빈민들을 위한 캠페인을 지속했다. 하나의 승리에 만족하지 않고 1990년대 내내 '투쟁'을 계속했다. 중앙은행인 스페인은행을 점거하고, 고속열차(AVE)를 막아서고, 말라가와 세비야의 국제공항에 쳐들어가고, 지방 정부의 관저인 산 텔모(San Telmo) 궁이나 라디오를 점거하기도 했다.24)

마리날레다 마을의 정치, 경제가 앞으로도 언제까지 지속 가능할 지는 알 수 없다. 하지만 갖은 난관에도 자율과 협동으로 살아가는 마리날레다에는 '아래로부터의' 민주주의가 살아 숨 쉬고 있다. 이는 단지 2,700명의 마리날레다 주민들에게만 의미 있는 '실험'으로 끝나진 않을 것이다.25)

루모소 농장에서의 모습
(출처: 안달루시아 게바라의 마을, EURO+)

(2) 주거와 문화관광26)

① 위대한 모습의 고대 로마 건축

스페인에서 현존하는 건축물 중 가장 오래된 것은 기원전 3세기 말에서 5세기 초까지 스페인 지역을 지배했던 로마인이 만든 것이다. 신전과 수도교, 원형경기장 등의 유적은 아직까지 스페인 구석구석에 남아있으며, 보는 이를 압도하는 장대한 스케일이 매력이다. 1만 명을

---

24) 1980~1982년 사이에 카탈루니아, 바스크, 갈리시아, 안달루시아 지방이 국가로부터 자치 지역으로 공인되었다. 민중의 자율, 자치에 대한 열망이 그만큼 강렬했다는 뜻, 스페인의 자치지방, Wikpedia Korea
25) 유상덕, 유토피아? 공산주의 실험? 스페인 남부 마을의 '이상한' 협동조합을 가다, 2014.04.12., 서울신문
26) 스페인, Wikipedia Korea

수용했다는 타라고나(Tarragona)
의 원형경기장과 돌을 쌓아 만
든 세고비아(Segovia)의 수도교
등 당시 뛰어난 건축가들도 혀
를 내두를 정도로 대단하다. 아
름다움과 실용성을 겸비한 것도
특징이다.[27]

세고비아 전경
(출처: 세고비아, Wikipedia)

② 이슬람의 지배를 받던 시절의 건축

스페인에 이슬람 왕조가 세워진 8세기부터 확산된 이슬람 건축은
낙원을 연상시키는 환상적인 구조이다. 그 집대성이라고 할 수 있는

게 바로 그라나다(Granada)의
알함브라(Alhambra) 궁전이다.
그 후 레콩키스타(Reconquista)
가 진행되자 두 종파가 뒤섞인
무데하르(Mudejar) 양식이 탄생
한다. 알함브라 궁전은 클래식
기타 곡으로도 널리 알려져 클
래식 음악 팬들 사이에서는 곡
이름으로 잘 알려져 있다.[28]

알함브라 궁전의 모습
(출처: The Alhambra in Granada, SPAIN)

---

27) 세고비아, Wikpedia Korea
28) 알함브라의 궁전, Wikipedia Korea

③ 중후하고 견고한 로마네스크(Romanesque)양식

이슬람 문화의 영향을 지대하
게 받은 남부지역과는 달리 북
부지방에서는 11~13세기까지 약
200년에 걸쳐 유럽의 타국가들
의 영향을 받은 로마네스크 양
식이 발달했다. 지금도 산티아고 데
콤포스텔라(Santiago de Compostela)
로 가는 순례의 길이나 카탈루

산티아고 데 콤포스텔라의 일상
(출처: 산티아고데콤포스텔라, Wikipedia korea)

니아 지방에 많은 건축물이 남아 있다. 로마네스크란 '로마풍의'라는
뜻을 내포하지만 아이러니하게도 프랑스의 영향이 강하다. 반원형의
입구와 작은 창문 등을 특징으로 꼽을 수 있으며 두꺼운 외벽을 보면
마치 요새 같다는 느낌을 지울 수 없다.

④ 장엄한 고딕 양식

12세기 중반 프랑스에서 탄생해 스페인에서는 13~15세기에 유행
한 고딕 양식. 요새 같은 로마네스크 양식과는 반대로 아름다운 장식
과 섬세한 외관이 특징이다. 천장이 더 높게 보이도록 끝을 뾰족하게
만든 아치와 큰 창문에 설치한 형형색색의 스테인드글라스가 눈에 띈
다. 이 양식이 발달하면서 스페인 각지에 대규모의 카테드랄(Catedral)
이 속속 세워졌다. 또 무데하르 양식과 결부된 이사벨리노(Isabelino)
양식도 등장한다. 여왕 이사벨 1세(Isabel Ⅰde Castilla)를 따라서 이름
붙인 이 양식은 장식이 지나치다고 말할 수 있을 정도로 화려하고 아
름답다.

⑤ 섬세한 아름다움 자랑하는 에레라(Herrera) 양식

16세기에 들어서자 이탈리아 르네상스의 영향을 받아 스페인만의 독특한 르네상스를 창조하기 시작한다. 금은 세공을 새기듯 섬세하게 장식한 플라테레스크(plateresque) 양식이 대표적인 양식이다. 반면, 이 양식에 반대로 나타난 것이 16세기 후반의 에레라 양식이다. 후안 데 에레라(Juan de Herrera)가 정립한 이 양식은 섬세하면서도 단정한 디자인을 특징으로 한다. 이 양식으로 스페인 르네상스는 정점에 달했다고 볼 수 있다.

플라테레스크 양식의 형태
(출처: Platereque, iStock)

에레라 양식의 건물 모습
(출처: Juan de Herrera, Encyclopedia Britannica)

⑥ 바르셀로나(Barcelona)의 모데르니스모(Modernismo)

19세기 말 바르셀로나를 중심으로 카탈루니아의 독자적인 문화를 만들려는 예술운동이 일어났는데, 바로 모데르니스모이다. 여기에서 가장 활약한 사람들 중 한명이 건축가 가우디(Gaudi)와 몬타네르(Montaner)였다. 바르셀

모데르니스모 건물 양식
(출처: 1688 best archit modernismo image, pinterest)

로나에서는 무데하르 양식과 고딕 양식의 영향을 받은 개성 있는 건축물을 많이 볼 수 있다.

⑦ 엘리베이터가 많은 스페인의 주거지

스페인은 다른 국가들에 비해 엘리베이터의 수가 더 많다. 인구 1,000명 당 19.8대의 엘리베이터가 있는 것으로 나타났는데, 이는 사람과 엘리베이터의 비율이 3위인 대한민국의 12대보다도 확연히 더 많은 숫자이다. 이는 스페인 사람들이 아파트에 사는 비율이 더 높기 때문이다. 이는 프란시스코 프랑코의 사회주의 정책 때문인데, 도시 주거법이라는 법을 통해 주택의 규제가 심해져 주택의 주인이 관리를 제대로 할 수 없었다. 결국 프랑코 정권은 정책의 변화를 통해서 주택거래를 유도했고, 결국 아파트 신규 건립과 소유가 증가하게 되었다.[29]

(3) 축제와 문화관광

① 스페인의 축제

스페인에서는 1년 내내 수많은 축제가 열린다. 열정의 나라라는 별칭에 알맞게 밝고 경쾌하며 흥이 넘치는 행사가 대부분이며, 각 지역의 전통과 역사, 문화가 담겨 향토적인 특징이 짙게 나타난다. 그 중에서도 세비야의 봄 축제, 팜플로나(Pamplona)

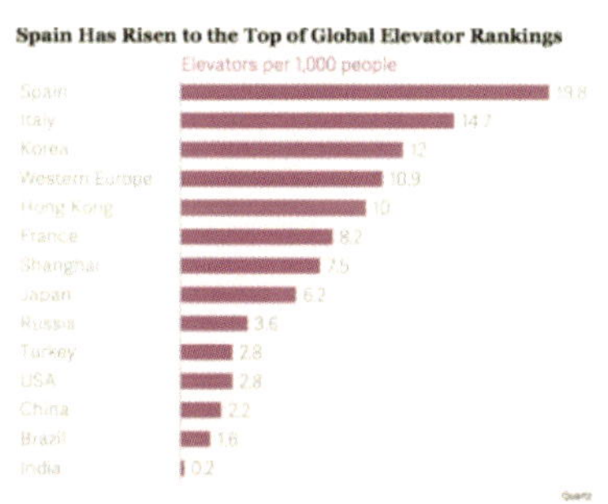

세계 각국의 1000명당 엘리베이터 분포 수준
(출처: 왜 스페인에는 세계에서 가장 엘리베이터가 많을까?, News Peppermint 홈페이지)

---

29) 왜 스페인에는 세계에서 가장 엘리베이터가 많을까?, NewsPeppermint 홈페이지

의 소몰이 축제, 그리고 발렌시아의 불 축제는 스페인의 3대 축제로
세계적으로 유명하다. 축제가 열리는 마을은 많은 사람들로 넘쳐나 독
특한 열기에 휩싸이고, 여행자도 그곳 사람들과 함께 자연스럽게 어울
릴 수 있다. 축제가 열리는 기간에는 스페인 국내뿐 아니라 세계 곳곳
에서 관광객이 몰려들기 때문에 마을은 사람들로 거의 포화상태가 된
다. 특히 큰 축제가 열리는 날에는 미술관이나 상점의 일찍 영업을 마
감하고 대중교통이 마비되기도 한다. 호텔도 평소보다 비싸지므로
스페인을 찾는 관광객들은 사전에 축제 기간에 대해 알아보는 것이
좋다.

② 봄에 전국에서 축제를 벌이는 성 주간

그리스도의 부활을 축하하는
부활절까지의 7일 동안을 성 주
간(Semana Santa)이라고 한다.
사람들은 눈 부분만 뚫은 원뿔
모양의 두건을 뒤집어쓰고 그리
스도나 가마를 실은 '파소(paso)'
라고 부르는 가마를 짊어진 채
그리스도의 수난과 죽음, 부활

스페인의 성주간 참회 행사 모습
(출처: 스페인 부활절 성주간 참회 행사,
2014.04.15, 일간스포스)

을 재현한다. 이 기간에는 학교나 회사, 상점들이 문을 닫는 곳이 많
다. 부활절 1달 전에는 카니발, 60일 후에는 성체 축제가 있다.[30]

③ 세비야의 봄 축제

스페인의 3대 축제 중 하나인 세비야의 봄 축제는 150년간 이어져

---

30) 스페인 부활절 성주간 참회 행사, 2014.04.15., 일간 스포츠

내려온 서민들의 축제이다. 축
제는 로스 레메이디오스 지구
에서 열리며, 과거 몇일씩에 걸
려 열던 목축시장이 기원이라
고 한다. 이때에는 정장을 입은
남자가 민속의상으로 화려하게
치장한 여성을 마차나 말에 태
우고 거리를 행진한다.[31]

세비야 봄의 축제 모습
(출처: La Feria Abril o Feria de Sevilla,
VIAJE JET.)

④ 팜플로나의 소몰이 축제(투우 경기)

팜플로나의 소몰이 축제기간
중 가장 큰 행사는 사나운 황
소를 풀어 마을 한 가운데를
질주하게 하고 사람들이 뒤쫓
아 따라가는 '소몰이'이다. 소
를 투우장으로 몰아넣으면 투
우경기가 시작되고, 소가 칼에

스페인의 팜플로나의 소몰이 축제 모습
(출처: 박성진 '팜플로나 소몰이 축제서 살아남는
법' 저자, 황소에게 받히다. 2014.07.10, 연합뉴스)

찔리면 축제가 끝이 난다. 헤밍웨이(Hemingway)의 소설에 소개되어
전 세계에 이름을 알린 전통 있는 축제이다.

(4) 특이한 장소 및 불가사의

① 사그라다 파밀리아(Templo Expiatorio de la Sagrada Familia)
사그라다 파밀리아 성당은 가우디가 스페인 바르셀로나에 짓고 있

---

31) 스페인의 3대 축제인 세비야 봄의 축제(La Feria de Sevilla)를 보다, 대마왕 방랑기, tistory

는 로마 카톨릭 성당의 이름이
다. 카탈루냐 출신인 가우디가
직접 설계와 건축을 책임지고
1883년부터 해당 교회의 건축을
했으나, 1935년 스페인 내전으로
중단된 후, 2차 세계 대전이 끝
난 후 재개, 1926년 가우디가 죽
으면서 미완성인 채로 남게 되었
다. 지금은 스페인 정부와 바르
셀로나 시로부터 지원을 받아가

사그라다 파밀리아 성당의 야경
(출처: 사그라다 파밀리아, Wikipedia Korea)

며 가우디에 이은 다른 건축가가 작업을 계속하고 있다. 완공시기를
2026년으로 목표하고 있다. 100년 이상 짓고 있는 건물로 이름이 알
려졌으며, 스페인에서는 프라도 미술관과 알람브라 궁전보다도 더 많
은 관광객들이 찾고 있다.[32]

6) 콘텐츠와 문화관광

(1) 인문학과 문화관광

① 돈 키호테

미겔 데 세르반테스가 쓴 세계 첫
근대 소설 돈키호테(Don Quijote de
La Mancha)는 세계적인 고전으로 익
히 알려져 있다. 당시 발표되자마자

돈 키호테(1605) 초판본 표지
(출처: 돈 키호테, Wikipedia Korea)

---

32) 사그라다 파밀리아, Wikipedia Korea

큰 인기를 얻어 길가에서 책을 들고 울고 웃는 사람이 있으면, 미친게 아니라면 돈 키호테를 읽고 있는 것이 틀림없다는 스페인 국왕 펠리페 3세의 말도 전해진다. 스페인 황금기에 출간된 문학이자 문학사에서 가장 영향력 있는 작품으로 꼽히고 있다.[33]

(2) 전시예술과 문화관광

① 프라도 미술관

스페인 마드리드에 있는 세계적인 미술관 중 하나로, 15세기 이후 스페인의 왕실 대대로 수집한 미술작품을 전시하고 있는 곳으로, 회화 및 고야, 엘 그레코, 벨라스케스, 피카소 등의 세계적으로 유명한 스페인 회화작가들의 작품을 감상할 수 있는

가우디가 설계한 구엘 공원의 마스코트 도마뱀
(출처: Do you know of any artists who make "usable" art? Quora)

곳이다. 현재 5,000점 이상의 그림들과 2,000점 이상의 판화, 1,000점 이상의 주화와 메달, 700개 이상의 조각상, 2,000개 이상의 예술 물품이 전시되어 있다. 한 때 피카소의 게르니카를 보관하고 있었던 것으로 유명하다.[34]

② 가우디의 건축물

스페인의 바르셀로나를 대표하는 건축가인 안토니 플라시드 기옘 가우디 이 코르넷은 자신이 살던 바르셀로나에 밀라 주택, 사그라다

---

33) 돈키호테, Wikipedia Korea
34) 프라도 미술관, Wikipedia Korea

파밀리아 성당, 바트요 주택, 구엘 공원, 구엘 저택 등을 설계한 것으로 유명하다. 기하학적인 형태뿐만 아니라, 곡선을 많이 사용해 아름다운 건물을 건축하였다. 그가 설계한 작품은 유네스코 세계 문화유산에 등재되었다.[35]

밀라 주택으로 불리는 '카사 밀라'
(출처: 열정의 도시 스페인으로 가다, 비즈한국)

③ 음식과 문화관광

최근 전 세계적으로 스페인 요리가 주목받고 있다. 스페인 요리사들의 혁신적이고 실험적인 노력과 훌륭한 맛 그리고 다채로운 지역 요리가 그 이유이다. 그러나 가장 기본적인 이유는 스페인 사람들에게 음식이란 삶의 한 방식이며 인생에서 가장 중요한 요소라는 것이다. 스페인 사람들

누벨 퀴진 식으로 요리한 해초를 곁들인 참치 타르타르
(출처: Tuna Tartar with Seaweed, Cooking with Kathyman)

이 매우 자랑스러워하는 스페인 음식에는 인생의 모든 철학이 녹아 있다. 스페인 사람들의 삶은 음식을 중심으로 이루어지며 음식 없는 인생은 상상할 수 없을 정도이다.

스페인의 전통 요리법은 매우 간단하다. 바로 신선한 재료의 맛을 그대로 살려내는 것이다. 다른 나라에서는 맛있는 양념 개발에 주력할 때 스페인 요리사들은 음식 그 자체가 지닌 최고의 맛을 결합하는 실

---

35) 가우디, Wikipedia Korea

험을 했다. 고기, 해산물, 채소 등을 주재료로 사용해 스스로 맛을 내게 하는 것, 이것이 바로 스페인 요리가 다져진 기반이다. 단순함이 스페인 요리의 바탕이라면 스페인 주방에서 시작된 혁신과 누벨 퀴진(Nouvelle Cuisine)은 전 세계를 사로잡은 비결이다.[36]

- 타파스(Tapas)

타파스를 두고 '스페인이 전 세계에 선사한 가장 위대한 선물'이라고 하는 말이 있다. 이 말은 타파스의 종류가 끝이 없을 만큼 다양하다는 점을 의미한다. 이 타파스의 기원에 대해서는 다양한 이야기가 있다. 그 중에서도 가장 잘 알려진 설은 안달루시아 사람들이 주장하는 바이다. 그들에 따르면 '타파(tapa)'라는

스페인의 자랑, 타파스
(출처: Vespa & Tapas Tour in Barcelona, Tripadvisor)

이름이 국왕 알폰소 13세(Alfonso XIII)가 카디스 지방(Cádiz) 해변의 한 바에 들렀던 20세기 초에 널리 퍼지기 시작했다고 한다. 왕의 쪽으로 세찬 바람이 불어오자 눈치 빠른 웨이터가 셰리(Sherry)주[37]가 든 국왕의 잔위에 재빨리 하몽(jamón)[38] 조각을 썰어서 올렸고, 이에 만족한 국왕이 한 잔을 더 주문했다는 이야기가 전해지며 널리 유행하게 되었다고 한다.

타파스는 스페인 요리사들이 음식에 대한 국민적 관심을 표현하는

---

36) 프랑스어로 '새로운 요리'를 뜻하는 담백함과 신선미를 강조하는 현대요리, 한형식, 누벨퀴진, 나무위키
37) 셰리(Sherry) 주는 헤레스 데 라 프론테라(Jerez de la Frontera) 지역에서 재배한 백포도로 만든 강화포도주이다. 스페인어로는 비노 데 헤레스(vino de Jerez)라고 하며, '셰리'는 '헤레스'의 영어 이름이다, Wikipedia Korea
38) 스페인의 전통 음식으로 소금에 절여 말린 돼지의 다리로 만든 햄, 하몽, Wikipedia Korea

화폭이다. 또한 음식 문화가 전무후무한 방식으로 발전을 거듭하는 와중에도 요리사들이 스페인 전통의 맛을 잊지 않고 있음을 보여주는 상징이다. 최소한의 재료를 효과적으로 활용하는 타파스는 빈곤에 허덕이던 수백 년 전 스페인 사회의 부산물이다. 이제 스페인 사람들의 주식으로 변신한 타파스는 미래를 향해 나아가고 있는 오늘날에도 스페인 요리를 대표한다. 타파스 바에서 시간을 보내는 일상은 스페인의 고유문화로 깊이 뿌리 내린지 오래이다. 타파스는 스페인 국민들의 사랑을 받는 요리일 뿐 아니라 사회생활에서 큰 부분을 차지하는 중요한 요소가 되었다.[39)]

- 올리브 오일(olive oill)

올리브 오일은 모든 스페인 음식에서 빠질 수 없는 재료다. 스페인은 세계 최대의 올리브 생산국이다. 안달루시아에는 1억 그루 이상의 올리브 나무가 있으며, 세계 올리브 오일의 20%가 하엔(Jaén) 주에서 생산된다. 이는 그리스에서 생산되는 올리브 오일 전체보다 많은 양이다. 스페인 남부의 올리브 숲은 원래 로마인들에 의해 조성됐지만, 올리브 진액(az-zait)[40)] 추출 기술은 후일 이슬람교도들에 의해 개발되었다.

고급 올리브 오일은 '버진' 및 '엑스트라 버진'[41)]으로 분류한다. 오일을 만드는 데 사용하는 올리브 중 가장 흔한 종류는 향이 강하고 약간 매운 맛이 도는 피쿠알(Picual)이다. 하엔의 올리브 숲 대부분이 이것으로 이루어져 있으며 스페인 전체 올리브 생산의 50%를 차지한다. 피쿠알이라는 명칭은 뾰족한 끝을 뜻하는 피코(pico)에서 유래했다. 식물성 기름, 천연 항산화 성분, 폴리페놀 등을 다량으로 함유해 오일을

---

39) 타파스, Wikipedia Korea
40) 올리브 오일을 뜻하는 스페인어 '아세이테(aceite)'가 여기서 비롯되었다.
41) 버진: 40가지의 품질 기준을 충족시키는 것; 엑스트라 버진: 최고 품질의 올리브 오일. 산도가
    1%를 넘지 않음

만드는 데 적당하다. 특히 폴리페놀은 올리브 오일의 신선도를 유지해 주고 고온에서도 필수 성분이 파괴되지 않도록 해 준다. 또 다른 올리브 종류로는 오히블랑코(Hojiblanco)가 있다. 이 오일은 유통기한이 짧아 그늘지고 서늘한 곳에서 보관해야 한다. 과일, 풀, 견과류와 유사한 맛과 향이 난다고 한다.[42]

<표. 전 세계 테이블 올리브 생산량> IOOC, 1999~2000년

국가별	생산량(천톤)	비 율(%)
EU(유럽연합)	563.5	33.7
스페인	380.0	22.7
프랑스	2.0	0.1
그리스	92.0	5.5
이태리	80.0	4.8
포르투칼	9.5	0.5
터키	100.0	6.0
모로코	85.0	5.1
시리아	75.0	4.5
아르헨티나	103.0	6.2
이집트	40.0	2.4
기타	142.5	8.5
합계	1,673.0	100.0

※ 자료: Therios, I, 2009, Olives, CAB International, London, BK

④ 특이한 콘텐츠들

- 이비사(IBIZA) 클럽 투어

전 세계를 통틀어 가장 '핫'한 클럽으로 뽑힌 스페이스 이비사(SPACE IBIZA)를 비롯, 세계 TOP 100 클럽에서 10위권 안에 4개의 클럽이 스페인의 이비사 섬에 있다[43]는 사실은 이미 클러버들 사이에

---

42) 올리브유, Wikipedia Korea

서는 잘 알려진 사실이다. 환락의 섬이라는 별명을 가진 이비사는 낮에는 제트팩, 클리프 다이빙, 승마, 스쿠버 다이빙 등의 각종 액티비티를 체험하고, 밤에는 클럽을 즐길 수 있는 휴양의 섬이다. 사실 이비사만을 방문하기 위

세계 1위의 클럽으로 꼽히는 Space Ibiza
(출처: DJTop100Clubs, DJMAG)

해 스페인을 찾는 사람들도 있을 만큼 인기 있는 곳으로, 그 인기는 1960년대부터 시작되었다. 최근에는 미국의 라스베이거스 클럽들에 순위가 조금씩 밀려나고 있지만 2017년을 기준으로 아직까지 세계 클럽 1순위는 스페이스 이비사이다.

7) 문화관광의 미래

몇 년 전 까지만 해도 재정 위기로 혼란을 겪었던 스페인이 관광과 자동차 산업을 앞세워 부활하고 있다. 유럽에서 그리스와 더불어 최고 수준이었던 실업률도 급감하고 있다. 스페인의 재기(再起)에 가장 큰 역할을 하는 분야는 관광산업이다. 벨기에, 독일, 프랑스 등 유럽의 주요 국가에 이슬람 극단주의 무장단체(IS)의 테러가 연이어 발생하면서 안전한 곳을 찾아 떠나는 관광객들이 스페인으로 모이고 있다. 스페인 관광청에 따르면, 2016년도 상반기 스페인을 방문한 관광객은 약 3,200만 명으로 예년 동기간에 비해 12%정도 늘었다. 영국의 파이낸셜 타임즈는 "테러에 대한 공포가 다른 유럽 국가들의 관광업을 괴사시키는 반면에 스페인은 테러로 인해 되살아나고 있다."고 했다. 실제

---

43) 김보영, 전세계 최고의 클럽 TOP 10, WIKITREE

로 2015년 5월 여객기 추락 사고와 각종 테러가 잇달아 발생한 이집트에서는 2016년 들어 관광객이 60%나 감소했다. 프랑스의 남부 지역의 호텔 예약은 '트럭 테러' 이후 30% 감소했고 2015년 상반기 파리의 디즈니랜드 매출 또한 예년 동기간대보다 9% 줄었다. 스페인의 관광객 수는 관광업 세계 1,2위 국가인 프랑스와 미국에 근접할 정도로 성장했다. 관광산업이 스페인의 전체 경제에서 차지하는 비율도 11%에서 14% 수준으로 올랐으며 2016년 동안 새로 창출된 일자리의 절반 이상이 관광 분야이다.

2. 해양문화의 산실, 영국

영국은 한때 세계 면적 1/4을 차지했던 만큼 서양 근대문화의 뿌리를 형성한 국가로, 지금까지도 문화대국으로서 자리매김하고 있는 국가이다. 영국의 경우에는 문학과 영화, 공연 및 음악이 문화관광의 핵심 분야로, 그 파급력은 전 세계를 대상으로 한다. 문학의 경우에는 셰익스피어를 필두로 찰스 디킨스, 코난 아서 도일 등 수많은 작가가 있으며, 현대에 들어서도 JK 롤링, JRR톨킨 등 여러 장르에 걸쳐 명작들을 집필해낸 작가들을 보유하고 있다. 우수한 문학작품이 많은 만큼 영국에는 문학작품을 소재로 한 영화들이 많은데, 이 또한 영국의 문화관광 수준을 높이는데 한 몫 하였다. 마지막으로 영국의 음악 또한 과거 비틀즈를 필두로 롤링스톤즈, 퀸, 현대의 콜드플레이, 뮤즈, 샘 스미스 등 유명한 가수들이 세계적인 인기를 끌고 있다. 또한 미국의 브로드웨이보다 앞서 공연 및 연극의 발전과 흥행을 이끌었던 피카딜리 서커스 또한 관광객들을 영국으로 이끄는 요소 중 하나이다. 이렇듯 전 세계적으로 영향력 있는 문화강국인 영국의 문화관광은 어떻게 이루어지고 있는지 살펴보자.

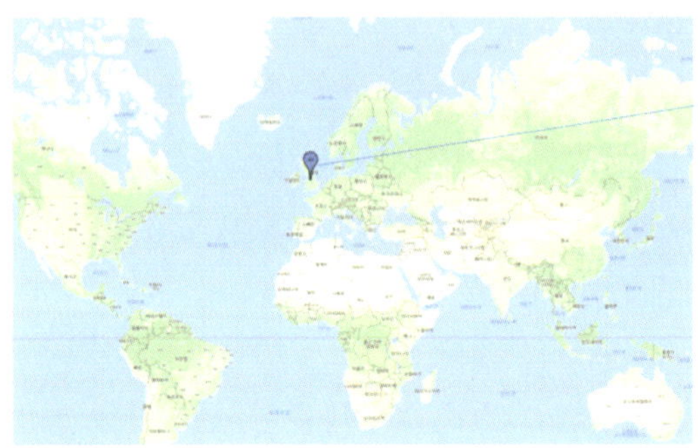

영국의 위치
(출처: The Globe Program)

영국의 본 이름은 그레이트브리튼 북아일랜드 연합왕국으로, 잉글랜드, 스코틀랜드, 웨일스, 북아일랜드 총 4개국으로 이루어져 있다. 각 국가는 자치권을 보장받고 있으나 주권 국가는 아니라는 특징이 있다. 각 국가는 편의상 Home Nations 혹은 Country라는 명칭으로 불리며, 북아일랜드를 제외한 3개국은 서로 이어진 형태를 가진다.[44]

영국에서는 국왕은 군림하되 통치하지 않는다는 입헌 군주제를 토대로 의원 내각제와 근대적 의회 제도를 전 세계로 전파시킨 국가이기도 하며, 산업혁명의 발상지로 가장 먼저 산업화가 진행된 나라이다. 그로 인해 19세기부터 20세기 초반까지는 세계인구와 영토의 1/4을 차지한 기록이 있는 초강대국이었다.[45]

---

44) 영국의 구성국, Wikipedia Korea
45) 영국, Wikipedia Korea

국가명	그레이트브리튼 북아일랜드 연합왕국 (United Kingdom of Great Britain and Northern Ireland)[46]
위치	서유럽, 프랑스의 북서쪽
주요 도시	런던, 리버풀, 본머스 등
면적	243,610㎢(대한민국의 2.4배)
민족	백인, 흑인, 인도인, 파키스탄인
언어	영어
기후	위도에 비해서는 따뜻하나 겨울에는 영하 10도까지 떨어지며, 습기가 많아 1년에 90일간 스모그가 발생한다.
종교	기독교 71%, 이슬람교 3%, 기타 종교 25%
GDP	2014년 기준 $2조 4,349억, 1인당 $37,744
화폐	£(파운드)

1) 문화관광의 트렌드

(1) 영국을 배경으로 한 영화 및 드라마 관광

세계 육지면적 1/4 이상을 차지했던 역사상 가장 거대한 제국 대영제국[47]은 군사력만큼 막강한 문화 침투력을 가지고 있었다. 지금까지도 전 세계 역대 박스오피스 8위에 오를 만큼 사랑 받고 있는 해리포터를 비롯하여[48] 제2의 007이라는 이름으로 유명세를 타고 있는 킹스맨, 전 세계 추

영화 해리포터의 배경을 구현한 '해리포터 스튜디오'
(출처: SophieAM, Hogwarts in the Snow will return to HarryPotter Warner Bros Studio Tour London this Christmas, Kent Live News)

리소설 애호가들의 관심을 독차지한 영국 드라마 셜록까지 영국 문화

---

46) United Kingdom, Wikipedia
47) 제국, Wikipedia Korea
48) All-Time Box Office Top 100, amc flimsite

의 저력은 여전하다. 그 대표적인 예시로 영화 해리포터 시리즈가 영
국을 방문하는 목적인 이들로 런던의 해리포터 스튜디오가 항상 문전
성시를 이루는 것을 들 수 있다.

(2) 브리티시 모던 록(British Modern Rock) 관광

비틀즈 박물관
(출처: Tito Jackson: legendary singer visits
The Beatles Story, The Beatles Story News,
2017.09.12)

브리티시 모던 록은 브릿 팝
(Brit-pop)이라고 줄여 부르기도
하는 음악적 운동이자 록 음악의
한 장르이다. 브리티시 모던 록은
1964년부터 1966년 사이에 일어
났던 음악적 조류이자 영국 음악
의 세계적 대중화를 지칭하는 것
이다. 1차 브리티시 모던록 세대
인 비틀즈, 퀸, 롤링 스톤즈의 대 성공으로부터 최근의 뮤즈, 콜드플레
이까지도 브리티시 모던 록, 즉 브릿 팝 장르의 밴드이다.49) 이들은
그 자체적으로도 하나의 문화로 작용하여 영국을 찾게끔 하는 이유가
되기도 하는데, 그 대표적인 예로 '비틀즈 관광'이 있으며 비틀즈가 결
성된 리버풀에는 비틀즈 스토리(The Beatles Story)라는 박물관까지 지
어 많은 관광객들을 유치하고 있다. 그 외에도 여러 브릿 팝 밴드의
공연이 관광의 목적이 되어 영국을 찾는 관광객이 늘고 있어 문화대국
영국의 위상을 유지하고 있다.

---

49) 브릿팝, Wikipedia Korea

(3) 랜드마크 관광

무엇보다도 영국을 가장 매
력적으로 만드는 가장 큰 이유
중 하나는 영국을 혹은 런던을
대표하는 랜드마크일 것이다.
런던의 대표적인 랜드마크인 빅
벤, 웨스트민스터 사원, 높이
뻗은 런던아이와 빨간 색의 2
층버스는 '영국'하면 바로 떠오

런던의 랜드마크
(출처: Anthony Granger, UNITED KINGDOM: ITV WILL NOT RETURN TO JUNIOR EUROVISION IN 2017, eurovoix)

르는 이미지이기도 하다. 실제로 매년 빅벤을 찾는 관광객 수만
12,000명 이상이라는 자료가 있을 만큼[50] 랜드마크 관광이 활발히
이루어지고 있다.

(4) 기타

위에서 언급한 관광 유형 이외에도 영국을 찾는 이유로 영국 잉글
랜드의 축구 리그인 '프리미어 리그' 관람만을 위한 프리미어 리그 관
광, 미국 브로드웨이 뮤지컬들의 원조 격인 웨스트엔드의 피카딜리 서
커스 가(Piccadilly Circus Street)의 뮤지컬 관람 관광 등을 들 수 있다.

2) 문화관광객의 동향

영국의 수도 런던이 2016년 가장 많이 외국인 관광객이 방문한 도
시 2위에 선정되었다. 영국은 2016년 6월 브렉시트의 영향으로 유럽

---

50) 빅벤, Wikipedia Korea

연합으로서의 메리트가 없어져 관광객이 줄어들 것이라는 예상을 깨며 여전히 수많은 관광 상품과 관광지로서 국내외 관광객들을 유혹하고 있다. 런던이 영국의 수도이자 대도시로서의 면모를 과시한다면 스코틀랜드는 도시와 자연경관의 조화로 유명

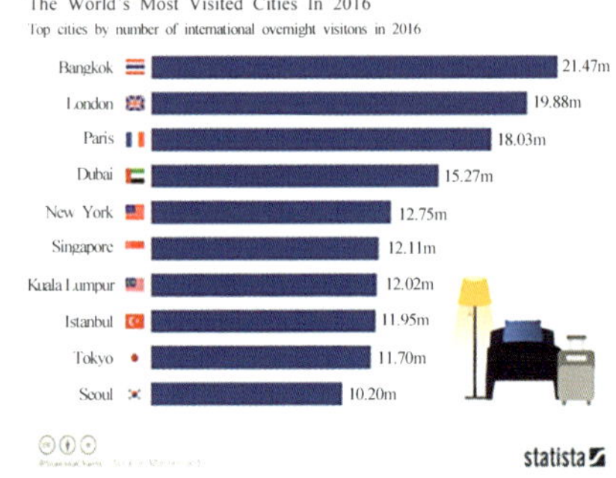

2016년 가장 많은 외국인 관광이 이루어진 도시
(Niall McCarthy, Statista, The Statistics Portal)

한 지방이다. 특이한 부분은 북 아일랜드라는 점인데, 북아일랜드는 브렉시트 이후 북아일랜드 또한 분리를 해야 한다는 움직임이 있어 내국인 방문객들이 다소 감소한 면이 있지만, 외국인 관광객들은 그런 움직임에는 신경 쓰지 않는다는 것을 보여준다.[51] 또한, 외국인들이 선정한 휴가 때 가장 방문하고 싶은 영국의 5곳의 지역에서도 런던이 67%로 1위를, 스코틀랜드가 2위를 차지하였다. 그 다음은 웨일즈, 북아일랜드 그리고 요크셔와 험버사이드 순이었다.

---

51) 외국인이 많이 찾은 세계 5대 관광지, 1위는?, 경향비즈, 2016.01.29

3) 문화관광 산업의 현황과 동향

(1) 리버풀

해양무역 도시 그리고 음악과 축구의 도시인 잉글랜드의 리버풀은 2004년 3가지 기준으로 유네스코 세계문화유산으로 등재된다. 그 이유로는 첫째, 18세기~19세기에 영국이 리버풀의 항만관리 및 부두 기

리버풀FC와 에버튼 FC의 경기
(출처: Metro News UK)

술에 큰 투자를 하였고 그 결과 리버풀이 영연방의 국제적 무역 시스템의 확립에 크게 기여했기 때문이다. 둘째, 리버풀 항구와 도시가 18~19세기 대영 제국의 건설의 근본이 되어준 해양 무역 문화의 발전된 모습을 잘 보여주고 있기 때문이다. 노예무역이 폐지되는 1807년 전까지 이곳은 노예무역의 중심지였으며 신대륙으로 이민 가는 북 유럽인들의 시작점이었다. 셋째, 리버풀은 대영제국의 문화적인 유대와 세계무역의 초창기 발전을 보여주는 세계적인 무역 항구도시의 대표적인 사례이기 때문이다.[52] 그 외에도 리버풀은 비틀즈가 그룹을 결성한 도시이자, 세계 축구 팬들이 사랑하는 리버풀 FC와 에버튼 FC의 연고지로도 유명해 많은 사람들이 찾고 있다.[53]

---

52) 리버풀-해양 무역 도시[Liverpool-Maritime Mercantile City], 유네스코와 유산 홈페이지
53) 리버풀FC, wikipedia Korea

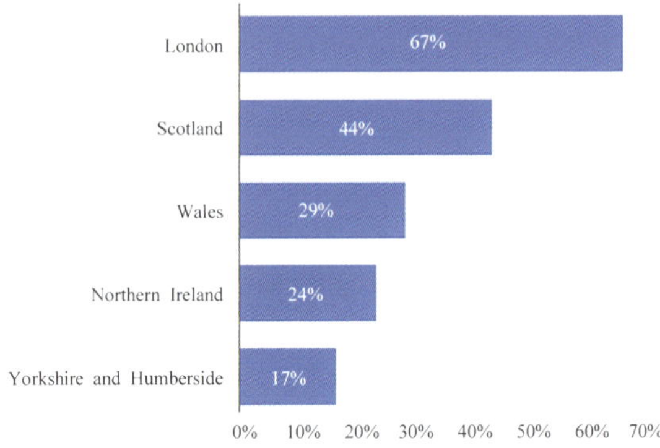

외국인들이 방문하고 싶은 영국 지역의 순위
(출처: Statista, The Statistics Portal)

(2) 본머스

영국의 대표적인 여름 휴양 도시인 본머스는 영국해협의 풀 만에 닿아 있는 해안주택·휴양도시로서, 가로로 펼쳐진 모래톱이 약 12km에 달하며, 뒤로 나있는 깊은 협곡에는 사암[54]으로 된 절벽이 연결되

본머스의 야경
(출처: Celc UK 홈페이지)

어 있다. 여름에는 해수욕장을 개장해 사람들이 붐비며, 겨울에는 신선한 공기와 온난한 기후로 피한지로서 널리 알려져 있다. 이곳은 18세기 중엽까지 작은 어촌에 불과했으나, 주말휴양지로서 19세기 초부터 급속한 발전을 이루었다. 많은 공원과 자연과학 박물관·미술관 등이 있으며 유람·관광객을 위한 설비가 잘 정비되어 있다.[55]

---

54) 모래가 뭉쳐서 단단히 굳어진 암석. 흔히 모래에 점토가 섞여 이루어진다, 네이버 사전
55) 본머스(Bournemouth) – 영국의 대표적인 여름 휴양도시, 유학파인더

(3) 도버

분주한 항구도시로 알려진 도버는 영국 잉글랜드 켄트 주의 항구도시이다. 영국에서 유럽대륙과 가장 가까운 곳으로, 세계적인 항구로 유명한 프랑스의 칼레 항과는 34km밖에 떨어져있지 않다. 서로 왕래도 활발한 편인데, 도버에서 출발하는 페

도버-칼레 항과의 페리 운항 코스
(출처: Google 지도, poferries 홈페이지)

리는 매일 23회 정기 운항하고 있다. 도버 항에서 프랑스 칼레 항까지는 1시간 30분이 소요되고, 칼레 옆 덩케르크 항까지는 2시간이 소요되어 프랑스-영국 여행을 계획한 관광객들이 애용한다.[56]

4) 사람과 문화관광

(1) 문화관광과 전문직

① 왕실근위병

왕실근위병의 정식 명칭은 '영국군 근위대'로 영국 국왕이 머무는 왕궁 등 주요 시설의 경비와 국가 원수 사열식을 담당하는 영국 육군 부대

왕실 근위병 콜드 스트림의 행진 모습
(출처: coldstreamguards 홈페이지)

---

56) P&O Ferries, poferries

들이다. 평소 민간인 생활을 하다가 정기적으로 소집되어 훈련하는 예비군과 같이 생각하면 쉽다. 보통 윈저 성과 같은 주요 관광지에 많이 배치 되다 보니 철없는 관광객들이 근위병에게 장난을 치는 경우가 있는데, 한번은 근위병이 총을 겨누며 '여왕 폐하의 근위병에게서 물러나라(Get back from the Queen's guard)'고 고함을 쳤다는 일화가 있다. 근위대 중에서도 일반 '근위대'와 '왕립 근위대'로 분리되는데, '왕립 근위대'는 영국 왕실에서 창설한 부대로, 일반적으로 연대장이 고위층이다. 일반 '근위대'는 그 반대로 올리버 크롬웰이 창설한 '근위용기병(the Blues and Royals)'과 '콜드 스트림(Cold Stream)'이다. 이 두 부대의 연대장은 귀족이 아니다.[57]

② 애완동물 산책도우미 펫 워커(Pet Walker)

영국에서는 애완동물 산책도우미가 큰 인기를 끌고 있다. 하는 일은 단순히 개를 공원과 같은 장소에 데려가 산책을 시키고 주인이 없는 동안 개를 봐주기만 하면 된다. 육아 시간이 부족해 유모를 고용하는 것처럼 강아지 돌보미를 고용하는 것과 같은

개를 산책시키는 펫워커
(출처: Walkies! Professional dog-walkers can earn £64,000 a year-but would you trust them to look after your beloved pooch?, Daily Mail UK)

이치다. 작년 영국인들이 애완동물에 지출한 비용은 71억 6,000만 달러(8조 6,000억원)에 이르면서도, 애완동물에 대한 사랑이 지대해 애완동물 시장이 크게 성장하였다. 애완동물 사료 협회(PFMA)는 애완동물을 키우는 영국의 가구 수는 1,300만 가구라고 언급하였고, 영국

---

57) 영국군 근위대, 나무위키

일간지인 텔레그래프는 "애완동물 산책 도우미는 영국 평균 소득2만 2,044파운드(3,836만원)보다 많은 2만 6,496파운드(4,611만원)을 받는 다."고까지 보도하였다. 보수는 통상 강아지를 1시간 산책시키고 11.5 파운드(2만 7,000원)를 받으며 도우미가 한 달 1인당 평균 약 190마리 의 강아지를 산책시키고 그들의 연봉을 따지면 약 4,600만원에 달한 다. 이것도 도시에 따라서 달라지는데, 물가가 상대적으로 비싼 런던 으로 가면 시급이 14파운드로 올라 연봉이 5,650만원으로 오르게 된 다. 그래서 영국에서는 아예 강아지를 하루 봐주는 애완동물 관리업체 들이 생겨나고 있으며, 그들이 강아지를 온종일 봐주는데 4만~4만 5,000원정도 된다고 한다.[58]

(2) 복식과 문화관광

① 킬트(kilt)

킬트는 영국의 스코틀랜드 지방에서 남성이 전통적으로 착용해온 스커트. 무릎까지 오는 길이의 짧은 것으로 주 름이 일정한 방향으로 잡혀 있다. 특징 은 타탄이라는 체크 무늬로 된 천을 사 용하는 것. 현재에 들어서는 버클로 여 미도록 하거나, 큰 핀으로 대체한다. 타 탄 체크의 무늬나 색에 따라 계급이나 가문을 나타낸다고 한다.[59]

스코틀랜드 지방의 전통복장 킬트

(출처: Heavyweight Traditional Kilt, Kiltsandmore.com)

---

58) 개랑 놀아주고 연봉 5600만원 받는다?, 조선닷컴
59) 스코틀랜드 킬트 유래, 지식노트, 블로그스팟

(3) 금기문화

① 브이(V)자

한국 사람들이 사진 찍을 때 취하는 손가락 '브이'가 영국에서는 욕이 될 수도 있다. 손바닥이 보이는 브이자는 괜찮지만 손등이 보이는 '브이'는 문제가 될 수도 있다. 백년전쟁60)이 있었을 당시 영국인 포로의 중지와 검지를 자른 것이 원인이다.61) 영국인 포로의 중지와 검지를 자른 것은 당시 영국군이 프랑스군에게 손가락 두 개만으로도 이길 수 있다는 의미로 조롱을 한 것에 대한 프랑스군의 보복이었다.62) 영국의 승리로 돌아가자 다시 프랑스 군을 조롱하는 의미로 쓰이게 되었지만, 아직까지 그 의미는 남아있다고 한다.

(4) 특이한 사람들

① 영국왕실

영국 왕실의 윈저 왕조는 전 세계에서 가장 유명한 왕실이라고 생각해도 무방하다. 다른 입헌군주제 국가보다도 국내외적으로 엄청난 영향력을 행사하고 있으며, 그들의 재산과 권한 또한 막강하다. 특히 로열 베이비들은 엄청난 경제효과

윈저 왕조의 필립왕자
(출처: Prince Philip, CBS News)

를 일으키고 있으며 그 액수는 조를 넘나든다는 연구결과도 있다.

---

60) 1337년부터 1453년까지 잉글랜드의 플렌테저넷 가와 프랑스의 발루아가 사이에 프랑스 왕위 계승 문제를 놓고 일어난 일련의 분쟁들을 총칭하는 이름
61) [숨겨진 이야기] 영국에서 손등 보인 브이사인이 최악의 욕이 된 사연, ㈜충연기획, 네이버 블로그
62) 손가락 욕, 나무위키

5) 장소와 문화관광

(1) 마을 만들기와 문화관광

① 세계 최초의 책 마을 - 웨일스 헤이 온 와이 (Hay-On-Wye)

리처드 부스는 1977년 4월 1일 헤이 온 와이를 '책의 왕국'으로 선포하였다. 광산촌이었던 마을은 헌책으로 새로운 명소가 된 책의 관광마을이 되었다. 이러한 부스의 책방마을 운동은 전국적으로, 유럽으로 전 세계로 뻗어나갔다. 또한 헤이 온 와이의 책 축제인 'Hay Festival'은 문학가들이 참여해 음악회·대회·강연 등 몇 백 개의 프로그램이 진행되고 그 기간에만 15만 명이 다녀갈 정도로 유럽권에서 열리는 가장 뜻 깊은 축제가 되었다.

② 영국의 베버리힐스 - 코츠월드 비버리 (Cotswold Bibury)

19세기의 예술가 겸 윌리엄 모리스는 비버리를 방문했을 당시 '영국에서 가장 아름다운 마을'이라고 불렀다. 런던 옥스퍼드에서 가까운 이 마을은 600년 전의 모습을 그대로 간직하며 마을 전체가 NATIONAL TRUST

헤이 페스티벌에서 책을 읽는 아이
(출처: Hay Festival, The Captains Guide)

NATIONAL TRUST[63])에 의해 보존되고 있다. 이 마을은 가파른 지붕이 있는 꿀 색의 17세기 석조 코티지 양식의 주택이 주를 이룬다.[64])

---

63) NATIONAL TRUST : 영국, 웨일스, 북아일랜드에서 역사적인 의미가 있거나 자연미가 뛰어난 곳을 소유, 관리하며 일반인들에게 개방하는 일을 하는 민간 단체
64) 코츠월드, 느림과 전원 속에서 진정한 영국을 만나다, 신발끈 여행사

(2) 주거문화와 문화관광

① 코티지(Cottage)

현대적인 의미로 코티지는 일
반적으로 농촌이나 준 농촌 지역
에서 종종 아늑하고 작은 주거지
로 중세 시대에 만들어진 코티지
는 농부와 그들의 가족 및 친구들
이 살고 있는 집으로 원래 코티지
의 의미는 현재와는 달리 집의 마
당과 전체 농지를 의미한다. 건축

전통 코티지의 모습
(Cottage, Wikipedia)

물 자체로만 본다면 1층 생활공간이 있는 집과 처마 밑에 있는 침실
중 하나 이상의 층을 말한다.[65]

(3) 축제와 문화관광

① 에든버러 국제페스티벌 (Edinburgh International Festival)

에든버러 국제페스티벌에 초청된 한국 오케스트라
(출처: 영국 에든버러 페스티벌 무대에 선
'서울시향', 오마이뉴스)

매년 8월, 3주간 스코틀
랜드의 수도 에든버러에서
열리는 페스티벌이다. 1947
년부터 계속되고 있으며 동
시대 최고의 오페라, 연극,
서커스, 발레, 스코틀랜드
민속음악 등 다양한 문화,
예술적 공연들이 펼쳐지는

---

65) Cottage, wikipedia

세계 최대의 예술잔치이다. 매일 밤 에든버러 성 앞에서 벌어지는 밀리터리 타투(Military Tattoo) 공연 역시 자랑거리다.[66]

② 노팅힐 페스티벌(Notting Hill Carnival)

노팅힐 페스티벌의 행진 모습
(출처: 전연교, #6, 영국 노팅힐 카니발, 밥 매거진)

유럽에서 가장 큰 거리축제, 노팅힐 카니발은 매년 8월 마지막 주 일요일과 뱅크 홀리데이[67]인 월요일 이틀에 걸쳐서 열린다. 1833년에 미국에 이어 영국 또한 노예제도가 폐지되면서 흑인 노예들은 자신들의 주인이었던 백인들의 의복 등을 흉내 내어 입고 그들을 비판하는 춤·음악 등을 만들었다고 한다. 이런 행사들이 나중에 노팅힐 카니발의 기원이 되고 거대한 종합 예술 축제로 발전시켜졌고, 이제는 흑인들뿐만의 행사가 아닌, 유럽 최고의 예술축제로 발전하였다.

③ BBC 프롬 음악회

BBC 프롬 음악회는 전 세계적인 음악회로, 매년 7월부터 9월까지 Royal Albert Hall에서 열린다. 프롬(Prom)은 Promenade Concert를 의미하기도 하며 청중의 일부가 연주 홀의 통로에 서서 듣는 음악회를 의미하기도 한다. 거의 매일 저녁 한 번씩 프롬 콘서트가 열린다. 마지막 밤 파티(grand finale)는 세계에서 가장 인기 있는 클래식 음악 연주

---

66) Edinburgh, Wikipedia
67) 뱅크 홀리데이(bank holiday): 공휴일

회 중 하나로, 특히 유명하다. 마무리 행사에서는 프롬 음악회의 정신을 요약하는 뜻에서 국제적으로 저명한 음악가들이 클래식 연주와 함께 새 작품을 소개하거나 시즌 중의 여러 가지 상이한 테마를 한데 엮기도 한다.

BBC 프롬 음악회의 한 장면
(출처: BBC proms, visitlondon)

(4) 특이한 장소들 & 불가사의

① 스톤헨지(StoneHenge)

월트셔(Wiltshire) 지방에 있는 스톤헨지(Stonehenge)는 세계에서 제일 유명한 거석군 중 하나이다. 스톤헨지가 세워진 곳은 커다란 산이나 돌이 발견되지 않고 들판만이 존재하기 때문에, 바위 하나의 무게가 약 30~50t 정

스톤헨지 전경
(출처: Stonehenge wasn't so hard to build a after all, archaeologists discover, Telegraph)

도 되는 것을 무슨 이유로 이곳에 세우고 옮겨왔는지가 불가사의다. 이 바위는 유적지에서 약 40km 정도 떨어져있는 말버러의 다운스 구릉 지역에서 가져온 대사 암으로 확인되었지만 어떻게 옮겼는지에 대한 궁금증은 여전히 남아있는 상태였다. 영국 BBC 방송국과 학자들과 학생들이 연합해 동력이 없는 아주 단순한 배를 이용해 바다와 강을

건넌 뒤 육로를 따라 스톤헨지로 옮기는 과정을 실험하였다. 실험 결과는 성공이었지만 현재의 기술과는 달리 과거에 형편없는 선박과 기술을 이용하여 무거운 바위들을 옮겼다는 사실은 놀랄만하다.

② 런던 하수도

불가사의는 아니지만 놀라운 영국의 유산이 또 한 가지 있다. 바로 런던의 하수도이다. 하수도가 뭐가 놀랍겠냐만은 이 런던의 하수도는 140여년이 지났는데도 여전히 제 기능을 하고 있다는 것은 큰 의의가 있다. 런

런던의 하수도 내부 모습
(출처: BBC-Seven Wonders, BBC)

던의 하수도는 1800년대 런던의 공공보건을 위해 만들어졌다. 그 당시 하수도가 존재하긴 하였지만 심히 부실한 상태였으며 그 하수도를 통해 오·폐수가 템스강으로 흘러 들어가 콜레라가 퍼지게 되었다. 1848년부터 1800년대 후기까지도 개선되지 않아 30,000명 정도가 콜레라에 걸려 사망하였다고 한다. 따라서 당시 시 수도위원회의 책임 토목 기사가 된 베절제트가 런던 하수도에 대한 구체적인 계획을 만들었으나 현재 가치로 수억 파운드에 달하는 사업을 의회는 바로 승인할 수 없었다. 그러나 계속해서 강물로부터 악취가 진동해 의회 건물에서도 구토를 해대자, 결국 하수도관 사업이 승인되었다.[68]

---

68) 정진우/고정애, 7대 불가사의 런던 하수도 "140년간 잘 썼어" 보강 착수, 2015.08.26. 중앙일보

6) 콘텐츠와 문화관광

(1) 인문학과 문화관광

① 해리포터 시리즈

영국의 작가 J.K.롤링이 쓴 세계적
인 판타지 소설인 해리포터는 영국의
새로운 관광산업을 주도하고 있다고
해도 과언이 아니다. 해리포터 덕분
에 '잘 키운 컨텐츠 하나 열 산업 부
럽지 않다'라는 말이 나올 정도이니
말이다. 해리포터 효과를 단적으로만
본다면, 해리포터 시리즈 등으로 대
변되는 영국의 산업은 현재 영국 경
제 중에서도 금융경제 이상의 엄청난
공을 세우고 있다. 1997년 영국에서

해리포터와 불의 잔 도서 표지
(출처: 해리포터와 불의 잔, 구글북스)

처음 출간된 해리포터 시리즈는 4억부 이상의 판매고를 올려 300조
원의 매출을 기록했다. 이는 우리나라가 지난 10년간 판매한 반도체
수출 총액 230조원보다 많다. 단순히 해리포터 책의 매출뿐만 아니
라 해리포터로 인해 나오는 영화·관광상품·관광지 등은 영국의
관광산업에 막대한 이익을 가져다 주고 있다.[69]

---

69) 해리 포터를 통해서 본 문화의 세계화, 이홍경, S-Space

② 극작가 셰익스피어

셰익스피어의 초상
(출처: 셰익스피어, 네이버 사전)

어느 시대를 막론하고 셰익스피어는 뛰어난 극작가·시인으로서 인정을 받아 왔다. 그러다 셰익스피어 숭배가 절정에 도달한 것은 19세기 초 낭만주의 비평가 및 시인들이 그를 재평가함으로써 그의 작품에 대한 해석과 비평도 또한 논란이 되었다. 그러나 그가 세계에서 가장 영향력 있는 극작가이자 새로운 영어 단어를 만든 하나의 창조자로서의 명성에는 이의를 제기하는 사람은 없는 것으로 보인다. 영국은 2016년 4월, 셰익스피어 사후 400주년을 맞아 그를 기억하기 위한 행사를 마련하였다. 그의 고향인 영국 소도시 스트랫 퍼드 어폰 에이번은 거대한 공연장으로 발전할 정도의 관광 명소로 발전했으며, 축제 기간이 아니더라도 엄청난 이익을 보았다. 셰익스피어의 생가에서는 대표작 '햄릿'이 공연되며, 축하 퍼레이드, 불꽃놀이와 촛불행진 등이 이어지면서 관광객들에게 볼거리를 제공하고 있다. 덧붙여서 셰익스피어에 대한 관심은 국내에 국한되어 있는 것이 아니라, 최근 영국 문화원과 유고브[70]가 조사한 결과에 따르면 영국인 응답자 가운데 59%가 그를 좋아한다고 답한 데 비해 외국인 응답자의 비율은 65%로 더 높았다. 특히 인도는 셰익스피어의 작품을 이해할 수 있느냐에 대한 질문에도 응답자의 83%가 '그렇다'고 답해 영국인 응답자(58%)와 큰 격차를 벌였다. 이 밖에도 멕시코(88%), 브라질(87%), 터키(79%), 남아프리카공화국(73%) 등이 셰익

---

70) YouGov: 국제여론조사기관, Yougov 홈페이지

스피어를 선호한다는 답변 퍼센트가 높게 나타났다.[71]

(2) 전시예술과 문화관광

① 트라팔가 광장

트라팔가 광장[72]

　　트라팔가 광장의 모서리에는 4개의 기둥에는 각각의 동상이 세워져
있는데 북서쪽의 네 번째 좌대는 특별하다. 런던은 공공미술을 장려하
고 현대미술에 대해 대중과 논하는 공간을 마련하기 위해 '네 번째 좌
대'라는 프로그램을 시행하고 있다. 트라팔가 광장의 네 번째 좌대에
현대미술 작품을 전시하는 프로그램인데, 원래 이 좌대는 1841년 찰
스 베리(Charles Barry)경이 조지 3세(George III) 왕의 기마상을 설치

---

71) Stratford-upon-Avon, Wikipedia
72) Trafalgar Square, London City Hall 홈페이지

하기 위해 디자인했다. 그러나 자금 부족으로 조각상을 완성하지 못해 150년이나 텅 비어 있었다. 그 후 좌대를 활용할 목적으로 1998년에 세 명의 작가들에게 임시 전시 공간으로 내주었는데 이것이 '네 번째 좌대' 프로그램의 시초이다. 트라팔가 광장에 등장한 마크 월린저(Mark Wallinger, 1999), 빌 우드로우(Bill Woodrow, 2000), 레이첼 화이트리드(Rachel Whiteread, 2001)의 작품이 대중의 폭발적인 관심을 끌자 런던 시는 영국예술위원회(Arts Council England)와 본격적으로 공공미술 프로젝트로서 2005년부터 작가를 선정, 후원해 좌대에 전시한다. 현재는 삶에 지친 영국인들에게 힘을 내라는 의미의 'Everything is really good' 이라는 기다란 엄지 모양의 조각이 전시되어있다.[73]

(3) 음식과 문화관광

영국 비행기를 타면 기내식으로 나오는 음식 중에 가장 맛있는 것이 물과 티슈라는 농담이 있을 정도로 영국의 음식은 맛이 없기로 유명하다. 오늘날 영국의 식 문화는 놀랄 정도로 빠르게 발전하고 있지만 아쉽게도 영국 음식보다는 유럽이나 아시아 등지에서 건너온 메뉴를 응용해 새롭게 창조해낸 요리가 주를 이룬다. 화려하지는 않지만 대표적인 영국의 먹거리를 소개한다.

① 피시 앤 칩스(Fish & Chips)

피시 앤 칩스는 영국의 대표적인 음식이다. 영국은 사면이 바다로 이루어져 있고 기후가 항상 서늘한 탓에 어획량이 풍부하고 감자 농사가 잘 된다. 덕분에 어부들이 식사를 쉽고 간편하게 해결하기 위해 먹

---

73) 이은이, 공공미술 프로그램, 트라팔가 스퀘어의 '네 번째 좌대', 해외통신

은 것이 바로 생선과 감자였는데 이것을 튀겨 먹기 시작한 것이 피쉬 앤 칩스의 유래라고 한다. 영국에서 많이 잡히는 대구의 가시를 제거한 뒤 살에 소금과 후추로 간을 맞추고 튀김옷을 입힌 후 기름에 튀겨 감자튀김과 함께 제공한

피시 앤 칩스
(출처: fish and chips, wikipedia)

다. 지역에 따라 종종 가자미 살을 이용해 만들기도 한다. 식성에 맞춰 소금이나 레몬즙을 뿌려 먹거나 케첩을 얹어 먹기도 한다. 런던에서는 주로 관광객을 상대로 하는 피시 앤 칩스 식당이 성업 중인데 브리티시 뮤지엄 인근에 몰려 있다. 해안에 자리 잡은 식당에서 갓 잡은 생선으로 만든 피시 앤 칩스가 가장 맛있다. 런던에서 맛보는 피시 앤 칩스의 가격대는 대략 7파운드에서 10파운드 사이이다.[74]

② 요크셔 푸딩(Yorkshire Pudding)

푸딩이라고 하면 보통 물컹거리며 달콤한 바닐라 푸딩이나 커스터드 푸딩을 생각하지만 영국에서 푸딩은 일반적으로 오븐에서 구워낸 동그스름한 작은 빵을 말한다. 머핀보다 크기가 약간 작으며 버터, 밀가루, 달걀 등을 섞은 반죽에 식용유를 살짝 부어 오

요크셔 푸딩
(출처: Yorkshire pudding wikipedia)

븐에 구워 만든다. 푸딩은 일반적으로 로스트 비프 등과 함께 메인 메

---

74) 피시 앤 칩스, Wikipedia Korea

뉴로 먹기나 디저트로 먹는다. 푸딩의 종류에는 요크셔 푸딩, 블랙 푸딩, 스테이크 앤 키드니 푸딩 등이 있다. 요크셔 푸딩은 고기나 채소가 전혀 들어가지 않은 푸딩이고, 블랙 푸딩은 돼지의 피로 만든 것으로 우리나라의 순대와 비슷하다. 스테이크 앤 키드니 푸딩은 얇게 썬 소고기와 돼지나 양의 콩팥을 잘게 썰어 넣은 푸딩이다. 로스트 비프와 함께 나오는 요크셔 푸딩은 요리할 때 고기와 채소에서 나오는 즙으로 만든 그레이비 소스(Gravy sauce)를 찍어 먹는다. 보통 가격은 10파운드에서 15파운드 사이이다.[75]

③ 코니시 파이(Cornish Pie / Pasty)

영국 남서부의 콘웰 지방의 별미이기도 한 코니시 파이는 어디서나 쉽게 맛볼 수 있는 음식으로 가벼운 점심 식사를 위해 좋다. 코니시 파이 안에는 다진 소고기, 감자, 양파 등이 들어있다. 런던의 일부 편의점이나 슈퍼마

코니시 파이
(출처: Cornish pasty, wikipedia)

켓, 베이커리 등지에서 쉽게 찾을 수 있으며 일부 레스토랑에서 주문하여 맛볼 수도 있다. 코니시 파이 외에도 펍이나 전통 레스토랑에서 맛볼 수 있는 코티지 파이(Cottage Pie)가 있다. 소고기와 채소가 들어간 파이 위에 으깬 감자를 얹은 후 구운 파이이며 그레이비 소스를 곁들여서 먹는다.[76]

---

75) 요크셔 푸딩, Wikipedia Korea
76) 코니시 파이, Wikipedia Korea

(4) 특이한 콘텐츠들

① 뮤지컬

많은 사람들이 뮤지컬 하면 뉴욕의 브로드웨이를 떠올리겠지만 뮤지컬의 본 고장은 런던의 웨스트 엔드이다. 우리가 잘 알고 있는 오페라의 유령(Phantom of the opera), 캐츠(Cats), 레미제라블(Le miserable) 등

웨스트 엔드 피카딜리의 뮤지컬 거리
(출처: Tips for Spaniards Living in London, Broke in London)

수많은 뮤지컬이 이곳에서 태어나 대서양을 건너 브로드웨이로 진출했다.[77] 웨스트 엔드는 대부분의 뮤지컬 극장이 자리 잡고 있는 레스터 스퀘어와 코벤트 가든 지역을 일컫는 명칭이다. 역사적으로 런던의 중심에서 서쪽 끝이었기에 웨스트 엔드라고 불리었지만 런던은 계속 팽창하고 있고 웨스트 엔드는 이제 그 중심에 서있다. 수십 개의 뮤지컬이 상시 공연되는데, 10년 넘게 공연 중인 작품에서부터 이제 막 선보인 작품까지 선택의 폭이 굉장히 넓다. 거리에는 뮤지컬 극장의 커다란 간판과 번쩍이는 네온사인이 한눈에 들어온다. 대부분의 극장은 뮤지컬 전용으로 수십 년이 넘게 이용되고 있는데 극장 그 자체만으로도 아름다운 곳이 많다. 유럽풍의 발코니와 계단은 낡은 듯 하지만 고풍스럽고 화려한 느낌을 준다. 우리나라 공연과는 달리, 공연 중간 인터미션에는 대부분 로비에 스탠딩 바가 준비되어 있어 음료를 마시며 대화를 나눌 수 있다. 입장 전에 와인이나 음료들을 미리 주문해 놓으

---

77) 웨스트엔드 연극, Wikipedia Korea

면 굳이 서두르지 않아도 자신의 예약명으로 술과 음료를 즐길 수 있다.[78]

② 해리포터 스튜디오

앞서 말했듯이, 현대 영국의 대표적 소설 해리포터는 영화화 이후 그 인기가 더욱 높아졌다. 그리고 해리포터의 도시인 런던에 워너 브라더스에서 2012년 공개한 해리포터 스튜디오는 지금까지도 폭발적인 인기를 이어가고 있다. 실제

해리포터 스튜디오의 전경
(출처: Harry Potter images Warner Bros, Studio Tours, fanpop)

영화에 사용된 소품 및 도구, 특수효과 및 세트장 등을 경험해 볼 수 있는 것이 특징이다.[79] 대표적으로 9¾ 플랫폼과 호그와트 행 급행열차, 용이 나오는 다이애건 앨리, 1:24 스케일의 호그와트 등을 볼 수 있다. 여러 특수 장치들을 체험하고 영화 속에 등장한 버터맥주, 개구리 초콜릿, 여러 가지 맛이 나는 젤리와 같은 먹거리를 구매할 수 있어 해리포터 시리즈의 팬들에게 즐거움을 안겨준다. 뿐만 아니라 기념품 가게에는 각종 마법도구들도 있는데 마법 모자, 기숙사 옷, 공책, 깃펜 심지어는 마법지팡이도 구입할 수 있다. 말 그대로 실제 마법학교에 들어온 것과 같은 경험을 해볼 수 있는 굉장히 인상적인 장소로, 입장료는 33파운드며 최소 한달 전에는 예약을 해야만 원하는 날짜에 맞춰 갈 수 있다.[80]

---

78) 웨스트엔드오브런던, Wikipedia Korea
79) Warner Bros. Harry Potter Tour London 홈페이지
80) 해리포터 스튜디오 + 런던 왕복 셔틀 포함 코스 소개, my real trip 홈페이지

7) 문화관광의 미래

닥터 후 익스피리언스관 전경
(출처: doctor who tv 홈페이지)

영국에서는 2014년부터 학교 정규 교육과정에 3D 프린터를 비롯한 4차 산업혁명을 대비한 커리큘럼을 추가해 운용해오고 있다. 또한 영국의 기업들은 차세대 성장 동력으로 가상현실의 가능성을 인식하고 박물관, 미술관 등의 공공기관, TV 채널인 BBC 등의 대형 미디어 기업, 엔터테인먼트 기업들을 중심으로 다양한 형태의 컨텐츠와 가상현실을 접목하는 연구와 프로젝트를 수행 및 발표하고 있다. 그 결과로 한정적이지만 미술관에서 선사시대의 모습을 가상현실로 체험해 볼 수 있다. 또한 증강현실을 통해 미술품에 대한 정보를 더욱 세세하게 설명 듣는 것 또한 가능하다.[81] 이는 분명 근 미래에 박물관으로 유명한 영국에 큰 영향을 미칠 것으로 예상된다. 그도 그럴 것이, 세계 3대 박물관 중 하나인 대영박물관이나 내셔널 갤러리 등을 VR로 간접 체험할 수 있다는 말이기 때문이다.

영국의 해리포터 스튜디오, 닥터 후[82] 익스피리언스, 셜록홈즈 박물관 모두 원래는 미디어 콘텐츠였지만 최근 들어 소비자가 직접 체험해 볼 수 있게 재현했다는 공통점이 있다. 단순히 전시된 것을 구경하는 것이 아니라 작품 속의 배경을 그대로 구현해 놓은 곳에서 능동적으로 체험할 수 있다는 점에서 VR기기와 연동하여 가상현실과 결합을 한

---

81) 오정민, 영국의 떠오르는 3D 프린팅시장, Kotra 해외시장뉴스
82) 닥터후: BBC에서 제작, 방영되는 세계에서 가장 오랫동안 방영되고 있는 SF드라마 시리즈, 닥터후, Wikipedia Korea

다면 시너지 효과를 얻을 수 있을 것이다. 호그와트에 입학을 하며, 다른 세계로의 시간 여행, 명탐정과 함께 하는 수사 등 상상 속으로만 가능했던 것을 생생하게 경험해볼 수 있다면 새로운 문화관광의 성장 동력이 될 수 있을 것이다.

3. 문화다양성의 중심, 중국

중국은 동양 문화권에서 가장 오래된 국가 중 하나로, 극동 아시아의 고대 문명의 발상지이다. 넓은 영토에 거주하고 있는 다양한 민족이 각자 고유의 문화를 가지고 있어 자국 내의 문화만 해도 매우 다양한 양상을 띤다. 단순히 민족의 차이뿐만 아니라 다른 지역마다 기후나 생물의 분포도까지 다르기 때문에 본토 내에서도 문화차이는 더욱 격차가 벌어진다. 중국의 경우에는 문화재나 식문화와 관계된 문화관광이 매우 활발하게 이루어지고 있는데, 이 또한 오랜 시간동안 다양한 민족들이 살아온 중국이기에 발전할 수 있는 분야로 고유의 문화적 특성을 연구하기 위한, 뛰어난 표본이라고 할 수 있다. 또한 홍콩과 마카오 등 다른 국가에 의해 근대화가 이루어지고 반환받은 지역에서는 중국 본토와는 다른 새로운 형태의 문화를 보이기 때문에 색다른 문화관광을 체험할 수 있는 것으로도 유명하다. 이에 따라 중국 전역에서의 문화관광에는 어떤 영향이 있고, 어떤 형태로 이루어지고 있는지 알아볼 것이다.

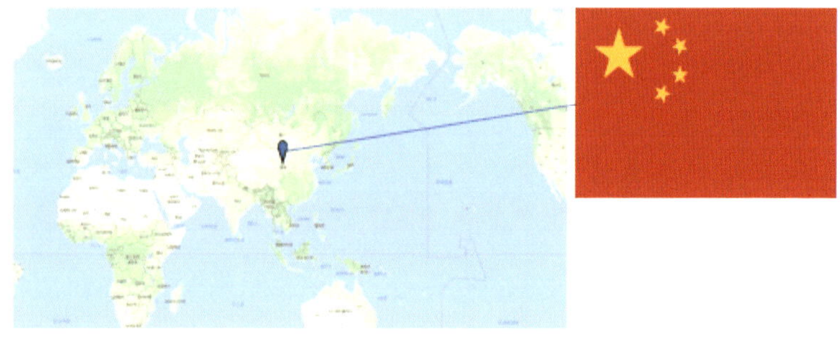

중국의 위치
(출처: Google Map)

국가명	중화인민공화국(中华人民共和国)[83]			
위치	동아시아와 중앙아시아, 태평양 서부 연안			
주요 도시	베이징, 상하이, 홍콩, 마카오, 하얼빈			
면적	9,596,960km², 세계 3위			
민족	가장 많은 순서대로 한족, 쫭족, 만주족, 회족, 묘족 등 56개족 거주 중[84]			
언어	표준 중국어, 광둥어, 영어, 포르투갈어를 비롯한 기타 소수 민족 언어			
기후	넓은 면적 탓에 양쯔 강 기단, 오호츠크 해 기단, 시베리아 기단 등이 나타남[85]			
종교	사회주의 국가이나 종교 활동에 대한 자유를 인정하여 불교, 도교, 이슬람교, 천주교, 개신교 등 5개 제도성 종교가 지배적임			
GDP	$11조 2,119억으로 세계 2위(한국은 1조 4,110억으로 11위[86])			
화폐	중국 위안(元) 화폐기호는 일본 엔화와 마찬가지로 ¥을 사용. (1¥ = 172원)			

중국은 광활한 국토에 전 세계 최대의 인구(2015년 기준, 13억 5,569만 명[87])가 살고 있는 나라이다. 소수민족을 포함하여 56개의 민족이 살고 있는 중국은 그만큼 문화적인 측면에서도 다양한 모습을 띠

---

83) 중국, Wikipedia Korea
84) 중국의 민족, Wikipedia Korea
85) 중국의 기후, Wikipedia Korea
86) 대한민국 GDP, NamuWiki
87) 중화인민공화국, Wikipedia

며, 황하 문명의 탄생 이후로 약 5,000년의 역사[88]가 이어져 온 덕에 만리장성이나 자금성을 포함하여 수많은 유네스코 문화유산을 보유하고 있다. 2017년 현재 중국 공산당의 일당제로 통치되고 있으며, 덩샤오핑이 집권한 이후 개혁 및 개방을 시행하여 2010년에는 일본의 GDP 수준을 추월하여 2017년 기준, 11조 2,119억 달러의 GDP 수치를 가지고 있다.

1) 문화관광의 주요 이슈와 트렌드

(1) 농쟈러[89]

중국 국내 관광산업의 새로운 트렌드로 급부상 중인 '농쟈러'는 중국 국내 관광산업의 급속한 발전과 도시 근교 지역 및 농촌 개발에 따라 중국인들의 관광 형태는 점점 '단기 근교여행', '체험과 레저여행'으로 자신의 개성에 따라 변화하고 있다. 스케줄이 짜여있는 단체여

중국 난징에 위치한 농쟈러 모델 '불로촌'
(출처: 백예리, [이코노미조선] 중국 신관광 트렌드 '농쟈러'... 도시 떠나는 중국 화이트칼라들, 2017.01.03, 조선비즈)

행이나 전통적인 관광지의 인기는 떨어지면서, 자연환경을 누리며 여유를 즐길 수 있는 관광 콘텐츠가 인기를 끌고 있다.

2015년 국경절 중국인 관광 형태를 보면 국내 단거리 여행이 80%

---

88) 중국의 역사, Wikipedia Korea
89) 농촌 민박을 포함해 지역 주요 특산물과 자연 특징을 반영하여 현지의 음식을 체험하거나, 농산물을 직접 재배하거나, 레저 스포츠를 체험하고 민속 체험을 하는 등, 다양한 문화 체험이 포함된 전반적 농촌 체험을 의미한다, KOTRA 해외시장 뉴스

가까이에 달한다는 것을 볼 수 있다. 접근성이 높고 지친 일상에서 벗어나 힐링 여행을 짧게라도 즐기고 싶은 이유는 중국 내 대도시의 화이트 칼라 중 60% 이상이 과로를 앓고 있고 중국판 '아빠 어디가', '슈퍼맨이 돌아왔다' 등이 인기를 끌면서 대도시 근교에 위치한 농가로 떠나는 가족단위의 여행객들 또한 늘고 있기 때문이다. 뿐만 아니라, 명승고적지 혹은 테마파크로 떠나는 여행 못지않게 아름다운 환경에도 불구하고 현지 자원을 이용하기 때문에 여행비용이 저렴하다는 점 또한 크게 작용한다. 2015년 중국 내 레저농업 및 컨트리 관광 산업의 연간 관광객 수는 22억 명에 달하였고, 수입은 한화 73조 4,000억에 달하고 있다.[90]

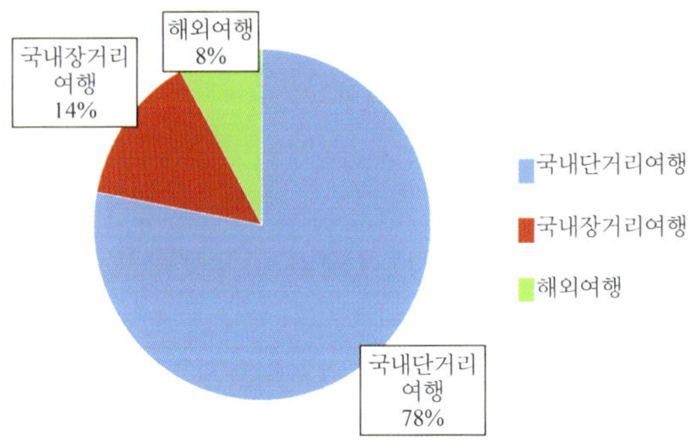

2015년 국경절 중국 관광객의 여행 형태[91]

---

90) 강미라, '농쟈러', 중국 관광산업의 새로운 트렌드로 주목, 2016.11.24, KOTRA 해외시장 뉴스
91) 강미라, '농쟈러', 중국 관광산업의 새로운 트렌드로 주목, 2016.11.24, KOTRA 해외시장 뉴스

2) 문화관광객의 동향

(1) 춘절[92] 해외여행

중국의 자유 여행 지원 업체 마펑워(螞蜂窩)에서 발표한 '2017 춘절 여행 추세보고'에 따르면 전통적으로 행해지는 '춘절에 고향 가는 것'이 바뀌고 있음을 알 수 있다. 소비관념의 변화와 소비수준의 향상에 따라 고향이 아닌 타

춘절에 열리는 행사 모습
(출처: 강민주, 2017 중국인 여행 소비 전망, 2017.02.02, KOTRA 해외시장뉴스)

지에서 춘절을 보내는 유커들[93]이 증가한 것이다. 이에 따라 2017년 춘절의 경우, 2016년보다 해외여행 관련 문의가 62% 증가한 것으로 나타났다. 2016년 중국 최대의 온라인 여행사인 씨트립(携程旅游)이 발표한 '2017 춘절 여행 빅 데이터 보고'에 따르면 해외에서 춘절을 보내는 것이 큰 인기를 끌고 있으며, 2016년 중국인 해외 여행객이 600만 명을 초과하였다고 한다. 이는 곧 국내 여행의 4배에 달하는 양이며, 유커들이 선호하는 여행지로는 일본, 호주, 미국, 한국, 필리핀 등을 꼽을 수 있다고 한다. 위와 같은 상황 덕에 중국 춘절은 세계 관광산업의 떠오르는 황금시기로 간주되고 있다.[94]

---

92) 중국의 설. 중국 간체자로는 春节로 표기하며, 중국의 경우 국토가 큰 관계로 1주일 이상의 휴일이 주어진다, Wikipedia Korea
93) 관광객을 의미하는 표준 중국어 낱말이나, 한국에서는 중국인 관광객을 의미, Wikipedia Korea
94) 강민주, 2017 중국인 여행 소비 전망, 2017.02.02, KOTRA 해외시장뉴스

3) 문화관광 산업의 현황과 동향

(1) 2003~2008년 여행사업의 규모[95]

연도 \ 여행사 및 자산	수량(개)		총 자산
	국내여행사	국제여행사	(단위 : 억 위안)
2003	11,977	1,364	308.97
2004	13,867	1,472	355.31
2005	14,689	1,556	419.27
2006	16,787	1,688	484.80
2007	17,882	1,838	517.00
2008	18,140	1,970	521.86

2007년에 리모델링을 거친 광저우의 메리어트 호텔
(출처: Chinahotel-guangzhou홈페이지)

중국의 경우, 관광산업이 GDP에 10% 이상을 기여하고 있다. 현재
중국인의 국내 여행객 수 또한 10년 사이에 11억에서 36억으로 3배

---

95) 2003~2008년 중국 여행사업의 규모, 국가관광국

이상 증가하였고 연 평균으로 나누었을 때 12.6%의 성장률을 보여주었다. 국내 여행 소비총액의 경우에는 2004년 4,711억 위안에서 2014년 3조 3,807억 위안으로 총 7배의 증가율을 보였으며, 이는 연평균 21.8% 증가했음을 보여준다.96)

10년 사이에서도 2003년과 2008년 사이에 특히 관광산업의 규모가 비대하게 증가하였는데, 2003년 국내 여행사의 경우 11,997개 업체에서 2008년에는 18,140개 업체로 증가했음을 발견할 수 있다. 이에 따라 2010년 상반기까지 중국 내 등급 호텔의 개수는 7,847개까지 늘었으며, 이러한 흐름은 꾸준하게 증가하고 있는 추세이다. 이는 경제개혁 시기인 1978~1985년간 있었던 관광산업의 초기 성장이 체제적 제약으로 멈추었던 것과는 달리, 관광정책 등을 강제성 계획에서 관리감독 및 유도정책으로 전환한 결과로 볼 수 있다.97) 중국의 경우, 커다란 영토 때문에 방문하는 지역에 따라 크게 3가지로 나눠 볼 수 있다.

(2) 중국 본토

중국 본토의 지역별 관광산업의 순위를 봤을 때에는 베이징, 광동, 절강, 상해, 산동, 요령, 강소, 운남, 호남, 사천의 순서가 도출된다.98) 이렇듯 중국 본토를 찾는 사람들의 주 목적중 하나는 역사

1997년 유네스코에 등록된 리장의 고성
(출처: 김현자, 차마고도 옛 성에 마이크 들여온 사람이 한국인?, 2011.08.11., 오마이뉴스)

---

96) 我国旅游产业对GDP的综合贡献超过10%, 2015.07.09., 중국여유보 CTCNN
97) 진지박, 중국 관광산업의 현황 및 발전전략, 2010
98) 진지박, 중국 관광산업의 현황 및 발전전략, 2010

의 흔적을 살피기 위함이다. 중국 본토에는 고대 문명부터 한나라를 지나 중세의 송, 근대의 청나라, 현대의 중화민국 등의 유적이 남아있다.[99] 홍콩, 마카오, 대만과 비교했을 때 중국 고유의 문화를 가장 잘 느낄 수 있는 관광지이다.

(3) 홍콩, 마카오 관광

홍콩과 마카오의 경우 서로 위치가 가깝기 때문에 패키지 관광으로 서로 묶어서 접하게 되는 경우가 많다. 두 지역 모두 각각 영국과 포르투갈에 속했던 곳으로 중국 고유의 문화와 서양 문화가 융합된 형태의 문화를 접할 수 있다. 홍콩의 경우,

홍콩과 마카오 사이의 거리
(출처: Google Maps)

일본의 긴자, 서울의 명동과 마찬가지로 경제 및 유흥의 중심지로서 부지런한 도시이며, 테마파크 관광이나 쇼핑, 아름다운 야경 관광으로 잘 알려져 있다. 반면, 마카오의 경우에는 미국 라스베이거스와 일본, 홍콩 등 외국 자본의 대규모 투자 덕에 카지노 및 리조트로 발전해 홍콩에서도 많은 관광객이 유입된다. 포르투갈 인들에 의해 생긴 유적 또한 많은 편이라 역사적인 볼거리가 풍부하며 홍콩과 마찬가지로 야경 또한 아름답다.[100]

---

99) 중국, Wikipedia Korea
100) 배낭여행- 홍콩, 마카오, Namuwiki

(4) 대만(Taiwan) 여행[101]

대만은 동아시아에 위치한 섬
으로 약 2,300만 명이 거주하고
있는 섬으로, 1945년 일본에 의한
식민 통치 이후 카이로 선언에 따
라 중화민국에 편입되었다. 서양
권에서는 1960~1980년대의 빠
른 경제성장으로 한국, 홍콩, 싱가

대만의 일본, 지우펀 야시장
(출처: 지우펀, Taiwan Golf, Hitour)

포르와 함께 아시아의 네 마리 용으로 불리기도 했다. 대표적인 도시
로는 타이베이와 가오슝을 들 수 있는데, 타이베이가 현재 대만의 사
실상 수도 역할을 하고 있다. 홍콩 및 마카오가 서양 문화와의 융합사
례를 보여주는 것과는 달리, 대만에서는 긴 일본 식민 통치 기간에 의
한 영향으로 일본 문화와 중국 문화의 융합을 볼 수 있다.

4) 사람과 문화관광

(1) 문화관광과 전문직

① 가마꾼[102]

중국의 운남성 호도협, 장가계, 루산 등 사람이 오르기 힘든 곳에는
가마꾼이 있다. MBC의 '무한도전'이라는 예능에 연예인들이 직접 체
험한 뒤로 한국에도 잘 알려지기 시작했다. 루산의 가마꾼의 경우, 해

---

101) 대만 정부는 1949년 장제스와 마오쩌둥이 이끄는 국민당과 공산당 사이에 벌어진 국공내전
이후 장제스의 중화민국 정부를 이어 성립되었다. 중화인민공화국과 대만 양측이 '하나의 중
국'이라는 논리로 자국으로의 귀속을 주장하는 탓에 서로만이 중국의 유일한 합법 정부임을
주장하고 있다, 타이완 문제/ 국공 내전/ 타이완, Wikipedia Korea
102) 중국 루산 가마꾼, 2012.05.23, EBS Documentary 극한직업

발 1,474m의 명산 '루산'을 사람을 태워 3,000개의 계단을 올라가야만 한다. 사람의 무게를 가마꾼이 임의로 측정해 150위안~300위안까지 지불, 가마를 타고 산 정상까지 등반하는 형태의 서비스업을 제공한다. 가마꾼들은 보통 나이가 많은 편이고, 육십을 훌쩍 넘은 나이가 지긋한 가마꾼도 허다하게 볼 수 있다. 이러한 가마꾼들은 대개 '낙타 혹'이라는 병을 앓고 있는데, 가마의 무게로 인해 목 뒷부분에 커다란 혹이 생기게 된 것을 말한다.

백두산의 2인 1조 가마꾼들의 모습
(출처: 최예지, 1000여개 계단 위 '헉헉'…사람 태우고 등산하는 中 가마꾼, 2017.06.26, 매일경제)

(2) 복식과 문화관광

① 치파오

중국의 전통의상을 떠올렸을 때, 대부분의 사람들이 가장 먼저 떠오르는 것이 바로 치파오이다. 치파오는 청나라시기에 형성된 중국 전통 의상이다. 치파오는 본디 남녀의 의복 전체를 지칭하는 말이지만, 일반적으로 여성의 원피스 형태의 의상을 말한다. 청을 건국한 만주족으로부터 유래되었고, 한족이 만주족의 옷

중국의 전통 복장, 치파오를 입은 여성
(출처: 运动·分享 2008第二届CC摄影大赛, cc.nphoto)

차림을 모방하기 시작하면서 인기를 끌었다. 청 왕조가 패망하고 중화인민공화국이 건국된 이후에도 만주족의 치파오는 중국 내에서 축출되지 않고 현재 중국을 상징하는 옷으로 자리 잡고 있다. 현재는 한국 사람들이 평소 한복을 평상복으로 입지 않듯 중국에서도 치파오를 평상복으로 입지는 않고, 보통 결혼식이나 명절 등의 공식적인 자리에서 볼 수 있다.[103]

② 한푸

한푸는 한족의 옷이라 하여 '한복'이라고도 한다. 한족 고유의 복식으로 중국의 고대부터 만주족에 의해 명이 멸하기 전까지 한족들이 입던 전통 복장을 의미한다. 시대별로 한푸의 특색이 다른데 오른쪽의 사진은 중국의 역사상 가장 화려하다 칭해지는 당조의 한푸이다. 치마를 허리 높이 묶어서 가슴을 강조하였고,

오늘날에도 입고다닐 수 있도록 개량된 한푸
(출처: [2차공구] 생활 한푸 시리즈, 타오바오09)

치마 위에 입는 저고리도 얇은 비단을 사용하여 현재의 시스루와 유사하게 몸을 드러내는 복식이다.[104]

③ 소수민족의 복식 문화

중국은 다민족 국가로 절대 다수인 한족을 제외한 55개 소수 민족이 독특한 문화를 가지고 살아가고 있다. 소수민족들의 복식에는 여러 가지 요소들의 영향을 받았는데, 한대에서 아열대까지 이르는 기후와

---

103) 전통의상—치파오, Consulate-General of the People's Republic of China in Gwangju
104) 한푸, 나무위키

사막, 고원, 평원 등의 거주적 환경 요인이 중요하게 작용하였고, 경제 발전 상황 또한 많은 영향을 주었다 할 수 있다. 크게 북방과 남방으로 나누어 소수민족 복식의 특징들을 살펴 볼 수 있다. 북방에는 긴 옷을 주로 입으며 모자를 많이 쓰고, 가죽을 주로 사용하여 원색 계통의 강렬한 색상의 의복을 선호한다. 남방은 청남색 및 흑색 계열의 수수한 색상을 선호한다. 짧은 옷을 주로 입고, 두건을 많이 쓰며, 섬유 재료를 주로 사용한 옷과 신발을 신는다.

④ 중국의 특이한 복식문화 '전족'

전족은 중국의 송조 대에 시작되어 명조와 청조에 특히 유행한 여성의 신발이다. 3~5살 사이의 어린 여자 아이에게 전족을 신게 하여 발이 더 성장하지 않도록 만들었다. 당대의 여성상에는 발이 작아야 미인이라는 풍토가 있었다고 하며, 여성을 방에 가두어 도망가지 못하게 만드는

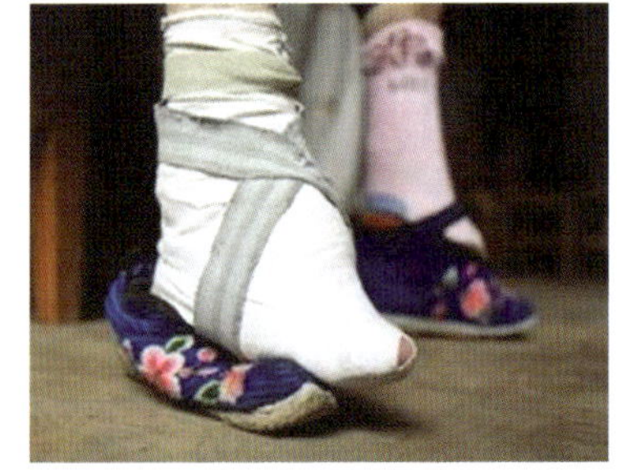

전족을 하고있는 여성
(출처: 中, 성인 여성의 발 크기가 15cm?
전족마을 '류이촌', 2009.11.17, 중앙일보
KoreanDaily to)

용도 또한 있었다고 한다. 이 전족을 신게 되면 발에 기형이 일어나 종종걸음을 걸을 수밖에 없다고 한다. 당대에 여성의 발이 대략 10cm 이었을 때 가장 아름답다고 전해진다. 이 전족은 중국의 신해혁명 시기에 여성운동이 일어나면서 겨우 사라져갔다.[105]

---

105) 전족, Wikipedia Korea

(3) 금기 문화

① 배 선물

중국에서는 배를 선물하는 것을 금기시한다. 중국어로 배는 梨[lí]인데 헤어지거나 멀어지는 것을 뜻하는 离[lí] 또한 발음이 같아 절대 선물을 하지 않으며, 연인이나 부부 사이에서는 나누어 먹지 않는 경향도 있다. 또한 우산을 선물하는 것 역시 자제하는 것이 좋

중국에서 선물하기 힘든 배
(출처: 배나무속, Wikipedia Korea)

다. 우산의 중국어인 伞[sǎn]은 '흩어지다'라는 뜻의 散[sǎn]과 발음이 똑같기 때문이다. 연인 혹은 부부들은 이러한 연유로 인해 배 선물을 받지 않는다.106)

② 시계 선물

장례, 임종과 관련된 의미를
가지는 시계선물
(출처: 시계, Wikipedia Korea)

배와 비슷한 맥락으로 시계 역시 절대 선물하지 않는다. 시계를 선물한다는 것은 상대방에게 연을 끊자는 것으로 해석될 수 있다. 중국어로 "시계를 주다"는 送钟[sòngzhōng]인데 "장례를 치르다" 혹은 "임종을 지키다"라는 뜻인 送终[sòngzhōng]과 발음이 똑같다. 시계를 선물해주고 싶다면 손목시계를 주는 것이 낫다.107)

---

106) 중국의 미신과 터부, 중국에서 금기사항, 살며 즐기며, 티스토리
107) 중국의 미신과 터부, 중국에서 금기사항, 살며 즐기며, 티스토리

③ 젓가락 질

중국의 젓가락
(출처: 중국의 젓가락, CRI온라인)

세 번째 중국에서의 금기문화는 한국의 금기 문화와도 유사한 모습을 띄는, 젓가락을 밥그릇에 세워서는 안 된다는 금기이다. 사실, 젓가락은 중국에서 발명되어 한국을 거쳐, 일본으로 전해진 것으로 잘 알려져 있다. 중국에서는 시대의 흐름에 따라 젓가락을 저, 협, 근이라 부르다 지금의 '콰이즈'로 정착이 되었다. 한국의 젓가락보다 길이가 긴 것은 기름을 이용한 요리가 많기 때문에 이에 대비하여 길어진 것이라고 한다.[108] 유교의 영향으로 제사를 지낼 때 음식에 숟가락 혹은 젓가락을 꼿꼿이 세워 놓는 것은 죽은 사람에게 대접한다는 의미를 지니게 되었기 때문이다. 그 외에도, 젓가락을 두들기거나 휘두르는 것도, 교차한 채로 내려놓는 것 도한 중국에서는 금기사항에 속한다.[109]

(4) 특이한 사람들

① 이소룡(Bruce Lee)

이소룡은 미국 샌프란시스코에서 태어나 홍콩에서 활동한 중국계 미국인 무술 배우이자 철학가, 무술가이다. 절

이소룡의 트레이드 마크
노란 줄무늬 운동복
(출처: 이소룡 영화 4편,
DVD 세트로 출시, 씨네 21)

---

108) 젓가락, Wikipedia Korea
109) 중국의 미신과 터부, 중국에서 금기사항, 살며 즐기며, 티스토리

권도라는 무술을 창시했으며 20세기 전체를 통틀어 가장 큰 영향력을 끼쳤던 인물 중 한 명이자 문화 아이콘이었다는 평가를 받고 있다. 이소룡이 직접 제작한 영화의 경우 무술계 뿐만 아니라 홍콩 및 중국의 자존심을 향상시켰고, 중국에 대한 국제적인 시선 또한 긍정적으로 변형시키는데 큰 역할을 했다. 미국과 홍콩을 오가며 작업을 한 덕에 가능했던 일이었으며, 이소룡은 후에 영화배우 겸 무술가인 성룡을 키우는 데에도 큰 도움을 주었다.[110]

5) 장소와 문화관광

(1) 마을 만들기와 문화관광

① 충칭의 무(無)현금 마을

충칭에 위치한 첸장구 쥐수이진과 장베이구 관인차오 특색거리를 비롯한 7개 특색마을은 중국의 스마트폰을 이용한 체불 어플리케이션인 위챗 페이를 통해 현금을 대신하고, 현금을 사용하지 않는 '무(無)현금' 마을을 만드는 협정을

충칭의 관인차오 특색거리 일대
(출처: 撸撸免費在线视频观看 Freewechat)

체결했다. 최근 중국에서는 일반 재래시장에서조차 위챗 페이 어플리케이션을 이용해 현금을 대신하고 있는 실정이기 때문에 이러한 결정은 충분히 가능성이 있는 내용으로 예상된다.[111]

---

110) 이소룡, Wikipedia Korea
111) 충칭, 중국 최초의 '무현금' 마을 건설 전망, 신화망

(2) 축제와 문화관광

① 청도의 국제 맥주 축제

청도 국제 맥주 축제의 오프닝
(출처: 2017 칭다오 국제 맥주 축제 2017.8.16~31, 산동인사이드)

청도 국제 맥주 축제는 세계 4대 맥주 축제[112]로 매년 8월 둘째 주 토요일에 시작되어 16일간 개최된다. 청도에 살던 독일인 선교사가 살해당한 사건으로 독일이 청도를 40여 년간 지배하는데 이때 독일의 잔재로 남은 것이 맥주 제조 기술이다. 그렇게 하여 1903년 청도 맥주가 만들어진 뒤 계속해서 발전하여 현재는 중국을 대표하는 맥주가 되었다. 중국 명으로는 '칭다오'라고 하며 현재는 한국에서도 큰 인기를 얻고 있어 인지도를 넓히고 있다.[113]

---

112) 일본 삿포로에서 열리는 비어가든, 독일에서 열리는 옥토버 페스트, 체코의 필스너 페스트와 더불어 청도 국제 맥주 축제로 이루어져 있다, 임소민, 다양한 맥주를 즐기고 싶다면 축제 속으로... '세계4대 맥주 축제', 2017.09.04, 조선일보
113) 精釀麦香新典范青岛啤酒【经典1903】新品上市, chingdaonews

② 강소성의 남경 국제 매화절

남경 국제 매화절은 남경시인 민정부가 봄에 개최하는 국가적인 축제 중에 가장 큰 축제이다. 국내외에서는 1996년부터 명성을 얻었으며, 매년 2월~3월 사이에 매화가 가장 많이 피는 시기에 행사를 개최한다. 매화가 숲을 이뤄 세상이 온통 분홍빛

매화 꽃 길을 걷는 관광객들의 모습
(출처: 강소성, 남경국제매화절,
중국국가여유국 서울지국)

으로 물든 장관을 감상할 수 있다. 과거에는 소풍만을 관리, 지원했으나 점차적으로 매화관광, 무용공연, 각종 문화 전시회, 무역교류, 엔터테인먼트, 시에서 지원하는 대형 이벤트 등의 다양한 콘텐츠를 도입하여 현재 남경시 인민정부가 개최하는 최대의 국제 축제가 되었다. 입장권은 현재 70위안 정도이다.[114]

③ 하얼빈 국제 빙설제(하얼빈 국제 빙등제)

하얼빈 국가 빙등제의 모습
(출처: 하얼빈 국제 빙설제, 베이징 관광국)

하얼빈 국제 빙설제는 하얼빈 빙등제라고도 한다. 세계 4대 겨울 축제[115]로 불리기도 하며, 그 중에서도 1개월이라는 가장 긴 행사기간을 자랑한다. 행사가 끝나더라도 빙설 결혼식, 빙등 유원회 등의 작

---

114) <강소성>, 남경국제매화절(梅花节), 중국국가여유국 서울지국
115) 캐나다 퀘벡 윈터 카니발, 노르웨이 스키 축제, 일본 삿포로 눈 축제가 포함된다. 최근 CNN은 노르 웨이 스키 축제를 빼고 한국의 화천 산천어 축제를 세계 4대 겨울 축제로 칭하기도 했다, 전경해, 정갑철 "산천어, 세계 4대 겨울축제로 도약했다", 2013.01.05, 더 리더

은 행사들을 총합 3개월을 지속하는 것으로도 유명하다.[116] 매년 1월 5일에서 2월 5일 사이에 개최되며 하얼빈 자오린 공원과 타이양다오 공원에서 열린다. 눈과 얼음을 조각하여 형형색색의 빛을 밝혀 매우 아름다운 장관을 만들어 낸다. 야경이 특히 아름다우며, 국제 얼음 조각 대회, 빙설 사진전, 스피드 스케이팅 등의 다양한 대회들도 함께 개최된다. 하얼빈 국제 빙설제는 하얼빈시에 있어서 단순히 축제의 의미만 있는 것이 아니라 하얼빈의 경제와 사회발전을 이끄는 문화관광 상품이기도 하다.[117]

(3) 주거와 문화관광

① 사합원

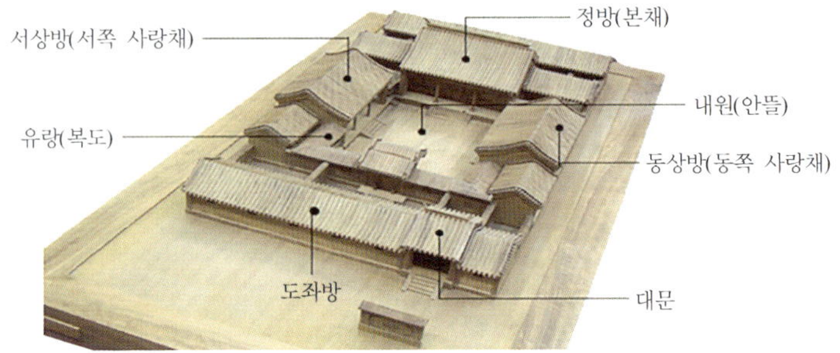

사합원의 구조
(출처: 독특한 모습을 한 객가족의 흙집, 토루(土樓), 에듀넷 티-클리어)

사합원은 북방지역을 대표하는 주택 건축양식으로 보통 '口'자 형태에 중심에 마당을 두어 4개의 건물로 둘러싼 형태의 집이다. 한족 전통 가옥의 한 종류로서, 추운 북방지역에서 파생되었는데, 기후 특성

---

116) 조선영, 세계 4대 겨울축제, '하얼빈 국제빙설축제' 개최, 2017.01.23, Daily Tomorrow
117) 하얼빈 국제 빙설제(哈尔滨国际冰雪节,할빈 빙등제), 베이징 관광국

에 맞게 폐쇄적이고 정원을 통해 최대한 햇빛을 많이 받게 하였다. 상
대적으로 따뜻한 남부 지역의 사합원은 정원을 작게 만들어 시원한 그
늘을 만들었다. 북방부와 남방부의 정원 구조가 차이가 나는 것은 앞
에서 말했듯이 넓은 영토를 가졌기 때문에 같은 중국에 있더라도 기온
차가 많이 나기 때문이다.[118]

② 토루

토루의 실제 모습
(출처: 독특한 모습을 한 객가족의 흙집, 토루(土樓), 에듀넷 티-클리어)

　'토루'라는 주택은 객가 족이 고루 분포해 있는 중국 남방부에서 흔
하게 볼 수 있는 전통 가옥 형태이다. 남부지역에서 파생된 토루는 사
합원의 기본 틀을 따르면서도 햇빛을 피하기 위한 그늘을 만드는 것을
목적으로 벽을 높이 쌓아 최소한의 햇빛만 들어오게 만든 특이한 구조
의 주택으로 발전했다. 객가 족은 중국의 여러 민족 중에서도 '중국의
유대인'이라는 별명으로 불리며 단결력이 강한 것으로 알려진 독특한
민족이다.[119] 이들에게서 파생된 토루는 '하늘은 둥글고 땅은 네모나
다'는 중국의 우주관을 반영한 아파트 같은 집단 주택이다. 외형으로
는 창문이 거의 없으며 구멍들만 있어 적과의 싸움에 방비하기 위해

---

118) 독특한 모습을 한 객가족의 흙집, 토루(土樓), 에듀넷 티-클리어
119) 박승준, 중국판 유대인 객가족(客家族), 대만의 본성인과 외성인이란?, 2016.01.29, 조선일보
　　조선 pub

지어진 것을 알 수 있다. 일반적으로 토루에는 약 100여 개의 방이 있으며, 최대 300명 정도까지 수용할 수 있다. 현재 중국 복건성에 남아 있는 토루는 유네스코 세계 문화유산으로 지정되어 있다.

(4) 특이한 장소 및 불가사의

① 동방의 피라미드, 장군총

장군총은 고구려의 20대 왕인 장수왕의 왕릉으로 추정되는 동양식 피라미드이다. 중국의 길림성 집안 현에 위치해 있으며 돌무지 무덤형식으로 된 유적이다. 학계 및 사회에 알려진 것은 1905년 일

중국 길림성에 위치한 장군총
(출처: 장군총, 우리역사넷)

본인 역사학자인 도리이(鳥居龍藏)가 처음 조사한 이후부터 이다. 장군총은 '동방의 피라미드'라는 이름으로도 잘 알려져 있다. 화강암으로만 7층 높이의 피라미드가 형성되어 있는데, 이는 흔히 볼 수 없는 크기의 능이다. 아직까지도 장군총의 주인이 100% 확실하게 밝혀진 것은 아니며, 장수왕의 능일 확률이 가장 높고, 그 다음으로는 광개토대왕의 왕릉일 가능성이 가장 높다.[120]

② 만리장성

세계 7대 불가사의에는 이집트의 피라미드, 로마의 콜로세움, 이태리의 피사의 사탑, 만리장성 등을 포함한 7개의 건축물들을 7대 불가사의라고 부르고 있다. 만리장성을 불가사의라 부르는 이유는 총 길이

---

120) 장군총, 한국민족문화대백과, 한국학중앙연구회

노을이 지는 만리장성
(출처: 만리장성: 고대 전쟁의 방어시설,
중국의 창 CRI online)

8,000km가 넘는 성을 그 당시의 기술로 어떻게 축조가 가능했냐는 점을 든다. 현재의 장성은 시황제가 흉노족을 막기 위해 100만 명이 넘는 인원들을 동원하여 쌓은 것이라 알려져 있다. 높이가 6~9m정도로 대부분 산악지역에 있는데 당시의 기술로 오로지 인력으로만 축조했다는 것에 7대 불가사의로 평가받는다.

③ 진시황릉의 병마용갱

중국 산시 성의 시안 시에 위치한 진시황릉에서 1km 떨어져 있는 유적지인 병마용갱에는 진시황제가 자신의 무덤을 지키기 위해 만든 8천여점의 병사와 130개 전차, 520점의 말이 테라코타[121]로 만들어져있다. 병사들의 키나 얼굴이 제각각 다르며, 전사, 장교, 곡예사, 역사, 악사 등 다양한

병마용갱
(출처: Terracotta Army, Wikipedia)

사람과 사물들을 포함하고 있어 세계 8대 불가사의에 속한다. 발굴 당시 10만개 이상의 병기가 함께 발굴되었는데 병기의 대부분이 실제 병기였다. 이런 점에서 당시 병마용갱을 얼마나 섬세하게 만들었는지

---

121) 이탈리아어 구운(cotta) 흙(terra)에서 유래한 말로, 도자기나 건축용 소재 등을 의미한다, 테라코타, Wikipedia Korea

알 수가 있다. 연구 결과 각기 다른 얼굴을 만들어 내기 위해 8종류의 틀이 사용되었으며 여러 종류의 신체부위마다 제각기 따로 만든 후 조립하는 공정을 거쳤음을 알 수 있었다. 현재 1호 갱과 2호 갱, 3호 갱이 발견되었고, 2호 갱은 아직 출토 중에 있으며 4호 갱 또한 발견은 되었으나 텅 비어있었다. 학자들의 의견을 따르면 아직까지도 진시황릉의 근처에 발굴되지 않은 병마용갱이 추가적으로 더 묻혀 있을 것이라 한다.[122]

6) 콘텐츠와 문화관광

(1) 인문학과 문화관광

① 노신(루쉰)의 '아큐정전'

근대 문학가이자 사상가인 노신은 절강성의 관료의 집에서 태어났으나 집안이 몰락해 일본유학을 떠나 공부를 하고 돌아와 마르크스주의자가 되었다.[123]

그가 집필한 '아큐정전'은 중국의 대표적인 문학작품이다. 신해혁명시기의 중국 농촌사회를 배경으로 수 백 수 천 년 동안 봉건통치를 받으며 중국인들에게 길러진 노예근성에서 깨어나지 못한 안타깝고 아둔한 중국인들의 비참한 운명을

노신 박물관 전경
(출처: Lu Xun Memorial Hall, Chinaculture)

---

122) 병마용, Wikipedia Korea
123) 노신, 네이버 지식백과

'아큐'라는 인물을 통해 묘사한 책이다. 아큐의 모습에서 패배주의, 공허한 영웅주의, 타인의 고통을 느끼지 못하는 모습을 볼 수 있는 것은 바로 이러한 까닭이다.

이렇듯 중국 근대문학의 대가인 노신이 상해에서 거주했던 옛집은 현재 상해 노신기념관의 일부분으로 사용 중이다. 노신이 10년간 상해에서 생활하며 남긴 세월의 흔적들을 직접 살펴볼 수 있어, 노신을 그리워하는 사람들이 찾고 있다. 노신 박물관에서는 노신의 원고와 시, 서신, 생활용품 등 귀중한 문물 1만 여점도 보관하고 있다.[124]

(2) 음식과 문화관광

중국의 경우 넓은 국토와 상이한 기후 탓에 다양한 요리가 발전했는데, 최근 세계화와 더불어 중화요리의 세계화 또한 활발히 이루어지고 있다.

① 소룡포

소룡포(샤오롱바오)는 중국식 만두요리를 의미한다. 얇은 만두피 속에 다진 돼지고기와 그 육즙이 입안에 퍼지는 것이 일품이다. '딤섬'은, 한국에서는 만두 요리를 가리키나 중국에서는 중국 요리와 탕 이외의 것을 뜻한다. 즉 샤

찜통과 샤오롱바오
(출처: 샤오롱바오, Wikipedia Korea)

오롱바오는 다진 고기를 소맥분의 껍질로 싸 찜통에 찐 딤섬이라고 할

---

124) 아큐정전, 네이버 지식백과

수 있다. 때때로 다진 돼지고기 대신 새우 간 것을 넣기도 한다. 소룡
포를 먹는 방법은 먼저 숟가락에 소룡포를 올린 후 젓가락으로 만두피
를 찢어 육수를 빨아먹은 후 나머지를 먹는다.[125]

② 훠궈

훠궈는 육수를 진하게 끓여
가면서 얇게 썰어놓은 고기를
육수에 담궈서 살짝 익혀 먹는
요리로, 중국식 샤브샤브로 이
해할 수 있다. 이때 중국에서는
주로 훠궈에 양고기나 쇠고기,
생선을 넣어 먹으며 야채를 담
그기도 한다. 육수는 종류를 가
리지 않으며, 가장 많이 사용하

원앙 훠궈의 육수
(출처: 마라훠궈 시면점,
마라딩지마라위엔양훠궈, 위시빈)

는 재료로는 쇠고기나 닭을 이용한 내장탕과 같은 육수이다. 본디 훠
궈는 사천지방 및 중경지역에서 발달하였다. 훠궈 중 가장 대표적인
것이 중경 훠궈이며, 원앙 훠궈의 경우 육수 통을 2개로 나누어 다른
맛을 함께 먹을 수 있게 한다. 옆의 사진에 쓰인 것이 원앙 훠궈의 한
종류이다. 육수로는 쇠고기나 돼지고기, 양고기, 닭고기를 우려내거나
채소, 생선을 사용하는 방법까지 여러 가지 방법으로 조리된다. 샤브
샤브를 찍어 먹는 소스로는 주로 땅콩을 이용해 만든 '마장'이라는 소
스를 사용한다.[126]

---

125) 샤오롱바오, Wikipedia Korea
126) 훠궈, Wikipedia Korea

③ 마파두부

사천성의 원조 마파두부
(출처: 마파두부, Wikipedia Korea)

마파두부는 사천지방의 요리로, 얇게 썬 고기와 매운 고추, 강렬한 중국 산초와 화초, 두반장을 육수에 부어 연두부를 넣고 쪄내는 요리이다. 사천에서는 산초나 화초를 듬뿍 뿌려 내오는데, 마파두부에서 매운 맛이나 얼얼한 맛이 나지 않으면 좋은 마파두부로 인정을 받지 못한다. 중국 사람들에게는 익숙한 향신료가 외국인들에게 있어서는 거부감을 들게끔 하는 요소로 작용하기 때문에 외국의 마파두부를 적게 쓰는 특징이 있다. 또한, 사천지방에서는 연 두부를 사용하지만, 타지방이나 외국의 경우에는 모두부를 사용하기 때문에 본고장의 사천두부와는 차이가 크다. 중국 문화 대혁명 이후 이름이 한동안 마랄두부(麻辣豆腐)로 바뀌기도 했지만 마파두부라는 이름이 아직까지 일반적이다.[127]

(3) 특이한 콘텐츠들

① 카지노 관광

중국의 경우, 영국과 포르투갈로부터 각각 홍콩과 마카오를 반환받는 것으로 하루아침 사이에 동양권 최고수준의

마카오의 카지노 전경
(출처: Macau Casino Revenue Tops Expectations, July Marks One-Year Winning Streak, Casino org)

---

127) 마파두부, Wikipedia Korea

카지노와 유흥가를 얻을 수 있었다. 특히, 마카오의 경우에는 이미 라스베이거스의 4~6배 수준의 매출을 올리고 있어 규모가 얼마나 큰지를 알 수 있다. 라스베이거스나 특급호텔과는 다르게 마카오로 카지노 관광을 떠날 시, 드레스 코드에 많은 신경을 쓰지 않아도 되며, 입장료가 무료라는 장점이 있다.[128]

7) 문화관광의 미래

현재의 중국은 크게 농쟈러와 중국 내 여행객과 중국 최대 명절이자 휴일인 춘절을 중심으로 한 해외여행이 큰 인기를 끌고 있다. 계획된 프로그램대로 움직이는 여행이나 전통적인 관광지에 대한 인기는 줄어들었으며 힐링을 할 수 있는 여행이 비약적으로 늘었다. 중국의 관광문화가 중국인들의 소비증대와 주변 인프라의 발전으로 행선지 편의시설을 중요시하는 변화를 보이고 있다. 2017년 중국인의 국내 및 해외여행자의 규모가 연인원 50억 명을 돌파할 것으로 예상되고 있다. 그 중 국내 여행객이 48억명 이며, 해외여행객들이 1억을 상회할 것으로 전망된다. 섬 여행, 피서 여행, 크루즈 여행 등 휴식형 여행 소비가 눈에 띄게 증가하고 있다는 점을 우리 한국은 주목할 필요가 있다.

한국은 중국인이 선호하는 여행지의 상위권에 여전히 머물고 있지만 태국 등의 다른 동남아 국가들과의 경쟁에서 밀리고 있는 실정이다. 한국은 편리한 대중교통 인프라, 쇼핑 인프라라는 장점은 충분한 편이다. 하지만 한국만의 전통, 현대 문화의 융합 관광 상품, 섬이나 산 등의 자연환경을 이용한 테마형 관광 상품과 체험형 관광 상품이

---

128) CAFÉ360 & CASINO, 바우처링크

틱 없이 부족한 실정이다. 이러한 점들을 더욱 개발하여야만 할 것이다. 또한 최근 중국의 스마트 시장이 급격한 성장에 따라 모바일 인프라를 더욱 강화해야 한다.[129]

4. 신화와 문화의 융합, 이탈리아

서유럽에 위치한 이탈리아는 남부 유럽의 이탈리아반도와 지중해의 두 섬으로 이루어진 단일의회 민주 공화국이며, 생활수준이 높은 편에 속한다. 이탈리아는 G8과 G20에 소속된 국가이며, 2017년 IMF의 세계경제전망을 바탕으로 한 GDP 순위는 세계 8위를 기록했다. 따라서 이탈리아는 상당한 경제력과 외교력을 갖추었다고 할 수 있다. 또한 국가 브랜드는 문화유산 분야 세계 1위, 관광 분야 세계 2위에 오르는 등 예술, 역사, 패션 등의 다양한 분야에서 오랜 역사적 전통을 지녔다. 주요 도시로는 수도인 로마를 포함한 제노바, 밀라노, 나폴리, 베네치아, 토리노 등이 있다.[130] 과거 로마제국의 영광을 이어 관광대국으로 거듭난 이탈리아는 어떻게 아름다운 자연 환경과 풍부한 문화유산을 활용하는지, 어떤 관광콘텐츠와 인프라 구축에 총력을 기울이고 있는지를 알아볼 것이다.

---

129) 강미라, '농쟈러', 중국 관광산업의 새로운 트렌드로 주목, 2016.11.24, KOTRA 해외시장 뉴스
130) 이탈리아, Wikipedia Korea

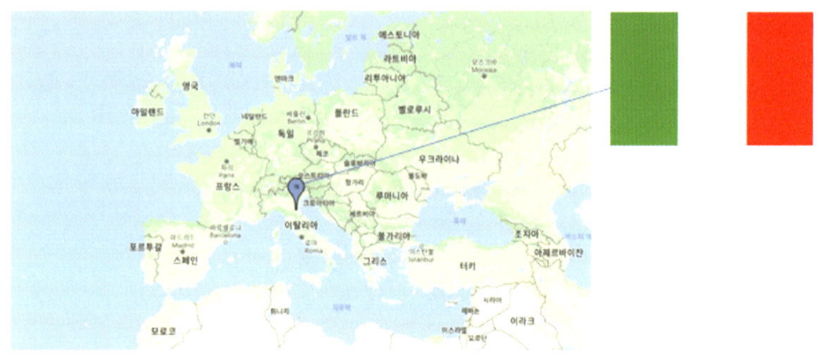

이탈리아의 위치
(출처: The Globe Program)

국가명	이탈리아 공화국(La Repubblica Italiana)[131]
위치	남부유럽 이탈리아반도에 있는 공화국
주요 도시	로마(수도), 밀라노, 나폴리, 제노바, 피렌체, 토리노, 베니치아 등
면적	30만 1,340㎢, 세계 72위
민족	이탈리아인
언어	이탈리아어
기후	온화한 지중해성 기후
종교	카톨릭(98%), 기타(2%)
GDP	1조 8,525억 $세계 8위(2016 IMF 기준)
화폐	유로화(Euro)

이탈리아는 남부유럽의 이탈리아반도와 지중해의 두 섬으로 이루어진 단일의회 공화국이다. 북쪽의 알프스 산맥을 경계로 프랑스, 오스트리아, 슬로베니아, 스위스와 인접해있다. 또한 동쪽의 아드리아 해, 남쪽의 이오니아 해, 서쪽의 리구리아 해, 티레니아 해로 둘러싸여 있다. 국토 면적은 301,338km²로 세계 72위이며, 따뜻한 지중해성 기후이다. 인구는 60,200,000여 명으로, 유럽 국가들 중 인구수 6위이며,

---

131) 이탈리아, Wikipedia Korea

전 세계적으로는 23위이다. 주요 도시에는 수도인 로마를 포함한 밀라노, 나폴리, 제노바, 피렌체, 토리노, 베네치아 등이 있다.

이탈리아는 공화민주국으로, 생활수준이 높은 편에 속한다. 2017년 IMF의 세계경제전망을 바탕으로 한 GDP 순위가 세계 8위에 올랐다. 이탈리아는 유럽연합(EU)의 창립 회원국이다. 이외에도 세계무역기구(WTO), 경제 협력 개발 기구(OECD), 서유럽 연합에 속해 있다.

이탈리아는 세계 문화와 정치의 측면에서 큰 영향력을 지니고 있으며, 세계 식량계획(WFP), 국제농업개발기금(IFAD), 식량 농업 기구(FAO)의 본부가 이곳에 위치한다. 이탈리아는 프랑스, 영국, 독일, 러시아와 함께 유럽의 정치, 경제, 사회, 군사에 강한 영향력을 행사하는 국가이기도 하다. 이탈리아는 교육수준이 높고 노동력이 풍부한 나라이다. 이탈리아는 4,370만 명의 해외 여행객이 방문하는 등 전 세계에서 관광객 수 5위에 해당되는 관광 대국이다. 전 세계적으로 가장 많은 유네스코 세계유산을 보유한 것에서 알 수 있듯이, 이탈리아는 예술, 역사, 과학, 패션 등의 다양한 분야에서 오랜 전통을 지닌 나라이다.[132]

1) 문화관광의 주요 이슈와 트렌드

이탈리아의 관광산업이 발달할 수 있었던 이유는 특별한 국가적 노력 없이도 유네스코 세계 유산이 가장 많은 나라이기 때문이다. 이탈리아 관광 수입의 80% 이상은 박물관, 건축물 등 역사와 관련된 유적지라고 한다. 그리고 로마를 벗어나면 로마와는 또 다른 매력을 가진

---

132) 이탈리아, Wikipedia

건물 구조, 도시 형태 등이 존재한다. 또한 지중해 중심의 국가이기에 중세부터 근대까지 동서양을 연결하는 교두보 역할을 하였다. 이로 인해 이탈리아의 도시들은 각기 특유의 스토리를 가지게 되었으며, 대표적인 도시

나폴리의 모습
(인터파크 투어(이탈리아 제 3의 도시, 나폴리))

로는 피렌체와 베네치아가 있다. 한국처럼 남북으로 길게 뻗은 지리적 특성상 이탈리아를 여행하는 것만으로도 여러 나라를 다녀온 느낌이 든다고 한다. 브라질의 리우데자네이루, 호주의 시드니, 이탈리아의 나폴리는 세계 3대 미항 도시로 알려져 있다. 이탈리아의 대표적인 해양도시인 '나폴리'는 물감을 풀어놓은 듯한 푸른 지중해와 해안선을 따라 펼쳐진 모래들, 부드러운 바닷바람이 불어오는 한 폭의 그림과 같은 낭만적인 곳이다.[133]

2) 문화관광객의 동향

2009년 이래로 이탈리아 외국인 관광객의 지출이 지속적으로 증가하고 있다. 이탈리아를 방문하는 외국인 관광객의 지출은 경제위기(2008~2009년) 때는 다소 감소하였으나, 이후 꾸준한 상승을 거뒀다. 2015년에는 전년대비 355억 유로 정도 증가하였으며, 동시에 내수 소비도 증가하여 경제위기를 극복하는데 큰 역할을 하였다고 한다. 또한 벨기에 브뤼셀, 프랑스 파리, 터키 이스탄불[134] 등 주변 유명 관광도

---

133) 이탈리아, 인터파크투어
134) 터키 이스탄불 아타튀르크 국제공항에서 연쇄 자살폭탄 테러가 일어나는 등 IS의 테러위협

시의 테러 위협으로 이탈리아의 내국인 관광객이 증가하고 있다. 이탈리아 통계청(ISTAT)이 발표한 자료에 따르면, 이탈리아 국민의 81%가 국내 여행을 즐긴다고 한다. 이렇듯 내·외국인 관광객들의 지출이 지속적으로 증가하면서 다시금 이탈리아 관광산업의 부흥을 이끌고 있다.135)

2008~2015년 이탈리아 외국인 관광객의 지출 동향

(단위: 백만 유로)

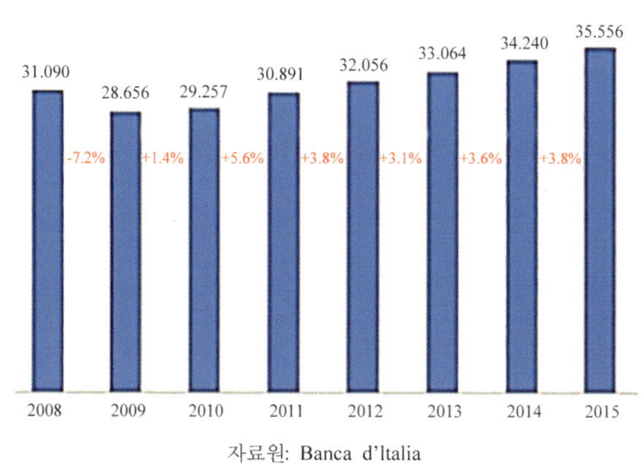

자료원: Banca d'Italia

3) 문화관광 산업의 현황과 동향

이탈리아는 선사시대에서부터 현대에 이르기까지 풍부한 문화유산을 보유하여 전 세계적으로 수많은 관광객들이 방문하는 관광대국이다. 매년 이탈리아를 방문하는 관광객들로 얻는 수익은 그야말로 엄청나다. 첨부된 표를 통해 알 수 있듯이 2014년 기준 이탈리아의 관광객 수는 5위(1.8% 증가), 관광수익(3.7% 증가)은 6위에 올라있다.

이 가해지고 있다. (허핑턴포스트코리아, 2016)
135) 혼란스러운 대외정세 속, 이탈리아 관광산업 기지개, Kotra 해외시장뉴스, 2016.07.11

이렇게 관광업은 이탈리아가 경제 위기를 벗어나는 데 오랜 기간 큰 공헌을 하였다. 이탈리아의 관광 산업은 연간 350억 유로 이상의 외화를 벌어들이며 이탈리아 내수 시장을 활성화를 선도한다. 관광 관련 기업 수는 15만 3천여 개에 달하며, 직·간접적인 여행 관련 종사자는 255만 3,000여 명으로 관광 산업은 이탈리아 경제를 살리는 대표적인 산업이다. 이는 이탈리아 전체 고용의 11.4%를 차지하는 높은 수치이다.

또한 2015년 기준 이탈리아는 여행 및 관광 산업은 1,627억 유로의 수입을 얻어 이탈리아 GDP[136]의 10.1%를 차지했고 장기적으로도 성장세를 유지할 전망이다. 이탈리아 내·외국인들의 지출은 2009년 이후 꾸준한 성장세를 보이고 있지만 소비 시장의 편차가 큰 숙제로 남아있다. 이 점을 해결한다면 이탈리아는 관광 사업의 일인자로 발돋움할 수 있을 것이다. 향후 10년 간 여행 및 관광업은 이탈리아 GDP의 11.4%의 비중을 차지할 것으로 전망된다.

<2014년 세계 관광산업 상위 10개국>

(단위: 백만 명, 십업 달러, %)

관광객수					관광수익				
순위	국명	2013년	2014년	증감률	순위	국명	2013년	2014년	증감률
1	프랑스	83.6	83.7	0.1	1	미국	173.1	177.0	2.2
2	미국	69.9	74.7	6.9	2	스페인	62.6	65.2	4.2
3	스페인	60.7	65.0	7.1	3	중국	51.7	56.9	10.2
4	중국	55.7	55.6	-0.1	4	프랑스	56.7	55.4	-2.3
5	이탈리아	47.7	48.6	1.8	5	마카오(중국)	51.8	50.8	-1.9
6	터카	37.8	39.8	5.3	6	이탈리아	43.9	45.5	3.7
7	독일	31.5	33.0	4.6	7	영국	41.0	45.3	4.8
8	영국	31.2	NA	NA	8	독일	41.3	43.3	4.9
9	러시아	28.4	29.8	5.3	9	태국	41.8	38.4	-2.7
10	멕시코	24.2	29.1	20.5	10	홍콩	38.9	38.4	-1.4

주:증감률은 국가별 통화단위 기준 / 자료원: UNWTO, Banca d'Italia
(출처: [Global Hospitality] 이탈리아의 관광산업, 한여름을 달군다 외, 호텔&레스토랑, 2015.08.13.)

---

136) 한 나라의 영역에서 가계, 기업, 정부 등 모든 경제 주체가 일정기간 동안 생산 활동에 참여하여 창출한 부가가치 또는 최종 생산물을 시장가격으로 평가한 합계. 일명 국내총생산

한편, 관광객들이 선호하는 관광지로는 역사·문화적 장소가 1위, 바닷가는 2위, 호반 리조트는 3위라고 한다. 이탈리아는 국가적으로 보유한 문화유산과 자연 뿐 아니라 전통 있는 다양한 문화 행사를 통해 해외 관광객 유치에 적극적으로 나서고 있다. 그 중 여름 관광 시즌 동안 베로나의 아레나 극장에서의 야외 오페라 및 각종 문화 행사가 눈에 띈다. 관광대국 이탈리아처럼 관광상품과 독특한 아이디어를 한국의 실정과 문화에 맞게 추구한다면 이탈리아 못지 않은 성공을 거둘 수 있을 것이다.[137]

4) 사람과 문화관광

(1) 문화관광과 전문직

곤돌라 뱃사공의 뒷모습
(출처: pixabay)

곤돌라는 이탈리아어로 '흔들리다'라는 의미이다. 곤돌라는 관광객 유람용으로 이용되며 고대의 배 모양을 본 떠 만든 것이다. 곤돌라의 앞과 뒤에서 두 명의 뱃사공이 약 3m의 긴 노를 젓는다. 베네치아는 운하 중심의 수상도시이기에 과거부터 교통수단으로서의 역할을 수행하였다.[138]

'곤돌라 뱃사공'은 베네치아에서 매우 인기 있는 직업이다. 노래를 부르고 힘이 있으면 누구나 쉽게 할 수 있는 직업처럼 보이지만, 실제로는 곤돌라 관련 학교를 수료하고, 최

---

137) 이탈리아의 관광산업, 한여름을 달군다 외, 호텔&레스토랑, 2015.08.13
138) 곤돌라, 지식백과

소 4개 국어를 구사할 수 있어야 한다. 또한 베네치아에서 태어나고 자라서 베네치아에 주소를 두고 있는 사람만이 할 수 있기에 무척 까다로운 과정을 거쳐야 한다. 곤돌라 사공은 베네치아에서 보수가 높은 일자리 중 하나로 연간 최대 15만 달러를 번다. 주로 아버지가 곤돌라 뱃사공이면 아들도 함께 따라서 대를 잇는다고 한다.

(2) 복식과 문화관광

고대 이탈리아에서 의복을 입는 첫 번째 이유는 우선 기능적인 측면에서이다. 하지만 점차 의복을 통해 자신이 속한 사회적 계급을 나타내고 위엄과 권력을 과시하기 시작했다. 로마 시민들은 자신의 키의 세 배 정도 되는 긴 천을 겉옷처럼 온몸에 두르곤 했다. 남성은 주로 튜니카, 토가, 팔리움 등을 착용했고, 여성은 스툴라, 팔라, 팔리움, 튜니카 등을 착용했다.

토가(Toa)는 고대 시대 로마의 전통 의상이다. 안에 튜닉(튜니카)이라

토가
(출처: 네이버 지식백과)

는 기본 복장을 입고 그 위로 반달 모양으로 재단한 린넨 천인 튜닉을 두르는 것이다. 초기의 토가는 소형이고 착용 방법도 비교적 단순했지만, 시간이 흐르며 점차 대형으로 발전되고 입는 방법도 복잡해졌다. 법적으로 로마의 시민과 귀족 이상의 계급만 착용이 가능했으며, 노예를 포함한 하층민은 착용이 금지되었다. 토가는 남성들의 비즈니스 복

스톨라

출처: 락지 운영자, 세계의 의복 3장-
로마(Rome, 1C-4C)의 의복-①, 락지)

장이었고, 권위와 품위를 갖추기 위해 입기에 슈트와 비슷하다고 볼 수 있다.[139]

스톨라(Stola)는 고대 로마의 결혼한 여성들이 주로 걸쳤던 긴 겉옷이다. 즉, 남성의 의복인 토가에 해당되는 의복이다. 튜니카 위에 벨트를 착용한 후 스톨라를 입는다. 길이가 길고 느슨하며 두 개의 띠를 매는 것이 특징이다. 또한 스톨라는 소매가 있는 형태와 없는 형태, 벨트가 있는 것과 없는 것 등 다양한 형태가 있다. 기본적으로는 면으로 제작되었지만, 신분이 높은 귀부인들은 실크로 된 스톨라를 입었다.[140]

(3) 금기문화

이탈리아에서 금기시되는 문화들이 있다. JTBC 비정상회담에서 이탈리아를 대표하는 패널 알베르토가 언급했듯이 어머니에 관한 것이다. 어머니의 욕을 하면 바로 폭력이 행해진다. 또한 이탈리아의 남성들은 여동생에 대한 애착이 강하기 때문에 여동생에게 예쁘다고 하는 것은 무례한 행동이라고 한다. 프랑스와 축구도 민감한 주제이다. 오랜 시간 동안 프랑스와 이탈리아가 적대관계에 있었기 때문이다. 또한 이탈리아는 축구에 대한 열의가 엄청나기에 이에 대한 이견은 분쟁을

---

139) 네이버 지식백과
140) 네이버 지식백과

조장할 수 있으니 주의해야한다.

그리고 자신의 귀를 만지는 행동은 상대방을 모욕하는 의미이며, 손가락을 턱에 대는 행동은 귀찮다는 의미이기에 주의해야 한다. 와인을 따를 때 왼손은 병의 몸통 부분을 잡는 것이 아니라 밑 부분을 받쳐야 한다. 그렇지 않다면 상대방에게 싸움을 걸겠다는 의미가 된다. 이 외에도 손을 아래로 두고 식사하는 행동은 이탈리아에서 무례한 행동이라고 한다. 'When in Rome do as the Romans do.'라는 말처럼 이탈리아에서는 이탈리아의 문화와 풍습에 맞게 행동하는 것이 좋다.

이탈리아의 금기문화
(출처: JTBC 비정상회담)

(4) 특이한 사람들

앞서 독특한 직업인 곤돌라 뱃사공과 금기 문화들을 통해 이탈리아만의 독특한 문화를 살펴보았다. 따라서 이번에는 이탈리아의 또 다른 생활 습관을 소개하고자 한다. 전 세계적으로 커피를 가장 많이 마시는 나라는 어디일까? 바쁘게 거리를 지나가며 한 손에 커피를 들고 다니는 뉴요커들의 모습이 가장 먼저 떠오르지만 유럽의 커피 소비량이 가장 많다고 한다. 이탈리아 사람들 또한 예외는 아니다. 그들은 식사를 하는 것처럼 하루 세 번 커피를 마시는 시간을 갖는데 아침에는 카페라떼, 점심에는 에스프레소, 저녁에는 카푸치노를 즐겨 마시며 상큼한 레몬을 추가한 카페 로마노도 인기 메뉴이다. 특히 에스프레소는

20세기 초반 이탈리아에서 시작된 커피 추출 방식으로, 에스프레소에 대한 이탈리아인들의 자부심이 높다.[141]

5) 장소와 문화관광

(1) 마을 만들기와 문화관광

1999년 10월 이탈리아에서 슬로시티 운동이 첫 출범되었다. 이 운동은 슬로푸드 먹기와 느리게 살기로부터 시작된 것이다. 슬로시티의 기본적인 철학은 성장에서 성숙, 양에서 삶의 질로, 속도에서 품위와 깊이를 존중하는 것이다. 이탈리아에 국제 슬로시티 본부를 두며, 지역별 거점 마다 본부를 두고 슬로시티 신청을 받는다. 2017년 5월 현재 30개국 234개 자치단체가 가입되어 있다. 슬로시티 국제연맹은 지역 주민들이 중심이 되어 환경과 전통의 보존 등 느림의 철학 지속 가능한 발전을 추구하는 국제 민간단체이다.

주요 목적은 인류의 진정한 행복과 건강, 앞으로의 미래를 위한 것이고 자연과 전통 문화를 잘 보호하며 경제 성장도 이뤄 삶의 질이 향상된, 따뜻한 세상을 만들자는 것이다. 슬로시티의 본산인 인구 2만 명의 작은 도시, 오르비에토는 이탈리아의 수도인 로마의 움브리아 지역에 위치한다.[142]

(2) 주거와 문화관광

이탈리아도 산업화 이전까지는 농촌에서 단독 가구 형태의 주거 문

---

141) 에스프레소, 왜 이탈리아인의 자존심일까, 오마이뉴스, 2016.07.28
142) 느리게 살기의 미학, 이탈리아 오르비에토, 동아비즈니스리뷰, 2010년 6월 Issue 1

화를 형성했다. 하지만 유럽 전역에 퍼진 산업화와 도시화로 이탈리아 또한 대도시로의 인구 집중 현상과 주거 형태의 변화를 겪었다. 대도시로의 인구 이동은 자연스레 집단적 주거 형태의 변화로 이어진다. 이탈리아의 집단 가옥은 보통 5층 건물에 여러 가구가 함께 거주하는 형태를 보인다. 대부분의 건물은 엘리베이터가 설치되어 있으며, 건물 관리는 거주자들이 함께 관리한다. 산업화와 도시화가 급진적으로 진행되면서 대도시로의 인구 집중화 현상이 나타났다.

이탈리아식 가옥의 모습
(출처: pxhere)

오르비에토성에서 내려다본 주변 풍광
(출처: 느리게 살기의 미학, 이탈리아 오르비에토)

　　아파트는 이탈리아인들의 일반적인 주거 공간이다.[143] 이탈리아의 아파트는 한국식 고층 아파트가 아닌 맨션의 개념이다. 이탈리아 사람들은 도시의 균형을 중시하여 외곽에 큰 빌딩이나 고층 아파트를 짓지 않는다고 한다. 한국과 다르게 천장이 높고 방이 넓어서 같은 평수일지라도 훨씬 넓은 느낌이 든다. 전통적인 시가지의 건물들은 200년 이상인 것도 많다. 그렇다면 아파트 내부는 어떠할까? 이탈리아인들은 실내 장식을 중시한다. 대부분의 마루는 돌로 되어있는데 고급스러운 집에는 대리석을 깔고 더욱 고급스러운 집에는 나무 바닥을 깔다. 이

---

143) Tripadvisor (2016)

탈리아에서는 나무를 귀하게 여기기 때문이다. 이탈리아 실내장식의 핵심은 현대적 가구와 낡은 고전 가구를 아름답게 조화시키는 것이다.

(3) 축제와 문화관광

① 베네치아 카니발 축제

가면 축제를 즐기는 사람들
(출처: 베네치아 카니발, 이색 가면 축제, 아시아뉴스통신, 2013.02.11)

이탈리아 산 마르코 광장을 중심으로 베네치아 전역에서 열리며 이탈리아 최대의 축제이자 세계 10대 축제에 속하는 유명한 이벤트이다. 카니발은 전 세계의 가톨릭 국가에서 행해지는 대표적인 그리스도교 축제이다. 1162년부터 매년 1월 말에서 2월의 사순절 전날까지 10여일 동안 열리는 이탈리아의 대표적인 축제 중 하나이다.

이 축제는 브라질의 리우데자네이루 카니발, 프랑스의 니스 카니발과 함께 세계 3대 카니발로 불리운다. 이 축제는 지금으로부터 약 749년 전에 처음으로 시작하였다고 한다. 1268년 베네치아 공화국은 아퀼레어와의 전쟁에서 승리하였고 이를 기념하기 위해서 시작하였다는 추측이 유력하다.

베네치아 카니발은 다른 축제와 달리 정확한 개최 장소가 정해지지 않으며 도시 곳곳에서 열린다고 한다. 축제 기간 동안에는 많은 사람들이 다양한 고깔과 가면들을 쓰고 돌아다니며 민속놀이, 곡예사의 공연 등 다양한 축제가 열린다고 한다. 부활절[144]을 기준으로 매년 시작

일이 바뀌지만 매년 300만 명의 방문객들로 붐비며 연극, 음악 미술을
비롯한 많은 문화 행사가 열린다. 특히 가면 및 의상 경연대회, 연극공
연, 불꽃 축제 등은 베네치아 카니발을 대표하는 이벤트 중 하나이다.

② 이브레아 오렌지 전투

이탈리아 토리노 인근의 이브
레아라는 작은 마을에서 매년 2
월 경에 열리는 축제이다. 12세
기 말 이브레아에는 '초야권'이
라는 악습이 있었다고 한다.[145]
초야권은 처녀들이 결혼 전날 밤
그 지역의 영주에게 몸을 바쳐야
하는 악습이었다. 그 중 한 처녀

오렌지 전투를 즐기는 사람들
(출처: 이탈리아 '오렌지 전투', 던지고
맞고...스트레스 한방에, 브릿지경제,
2016.02.11)

인 비올레타가 이를 거부하고 영주의 목을 베었다고 한다. 이브레아
오렌지 전투는 이 사건을 기념하기 위한 것으로 '자유를 위한 전투'를
의미한다. 이브레아 카니발 참가자들은 지상팀(시민군)과 마차팀(포악
한 영주와 병사)으로 나누어 대결 구조를 펼친다. 이 때, 오렌지를 던
지는 이유는 오렌지가 영주의 잘려진 머리를 상징하기 때문이며 오렌
지를 맞기 싫다면 중립이라는 빨간 모자를 쓰면 된다고 한다.

(4) 특이한 장소 및 불가사의

이탈리아는 과거 도시국가로 각기 성장을 했기 때문에 소도시 위주
로 서로 다른 문화를 발전시킨 장소들이 많은 것으로 잘 알려져 있다.

---

144) 부활절 : 예수 그리스도의 부활을 기념하는 기독교의 축일(祝日)
145) 이탈리아 관광청

① 알베로벨로

알베로벨로(Alberobello)는 이
탈리아 남부에 위치하는 동화 같은
마을이다. '트롤리(Trulli)'라고 불
리는 집들은 흰색 외벽에 원뿔
형태인 석회암 지붕이 있다. 이
집들은 독특한 건축기법을 인정
받아서 유네스코 세계유산에 등재되어 있다.[146]

알베로벨로
(출처: 신비의 주거지, 이탈리아 마테라,
알베로벨로, 노컷뉴스, 2016.04.19)

② 트로페아

트로페아(Tropea)는 그 특유의
신비로운 아름다움으로 인해 '신
들의 해안'이라는 별명을 가지고
있다. 트로페아를 방문하는 관광
객들은 웅장한 암벽 위에 주택들
의 모습과 그 앞으로 펼쳐지는
크리스탈 빛 바다에 감탄하기 마련이다.[147]

트로페아
(출처: 위키피디아)

③ 마테라

마테라(Matera)는 이탈리아 남
부에 위치한 소도시이다. 초기
구석기 시대부터 인간이 살았던
이 지역은 도시 자체가 '인류 문
명'이라고 볼 수 있다. 이 지역의

마테라
(출처: 신비의 주거지, 이탈리아 마테라,
알베로벨로, 노컷뉴스, 2016.04.19)

---

146) 네이버 지식백과
147) 이탈리아 관광청

가장 특이한 점은 동굴식 주거 형태인데 이슬람 세력의 박해를 피해 동굴로 피신해 온 수도사들에 의해 형성된 곳이다. 지금은 사람들이 살고 있지는 않지만 마테라인들의 고달픈 삶을 극복하려는 노력을 엿볼 수 있다.[148]

④ 꼬모꼬모

꼬모꼬모(Comocomo)는 밀라노의 근교 여행지로 온난한 기후, 알프스 산맥, 아기자기한 마을이 아름다운 것으로 잘 알려져 있다. 또한 이곳은 유럽인들이 가장 선호하는 결혼식 장소라고 한다. 2013년에는

꼬모꼬모
(출처: 위키피디아)

유명한 팝 가수 존 레전드가 꼬모꼬모에서 결혼식을 치렀다고 한다.[149]

⑤ 스펠로

스펠로(Spello)는 로마 근교여행지로 '꽃의 도시'라는 별명을 가지고 있다. 조그마한 골목길이 가득하며 골목길 양 옆에는 꽃으로 가득차 있다. 매년 6월이 되면 '인피오라타'라는 꽃 축제가 열리는데 이 기간에는 많은 종류의 향기로운 꽃들과 허브들이 즐비하고 꽃잎을 이

꽃의 마을 이탈리아 스펠로
(출처: 조용한 여름휴가를 계획한다면..유럽 속 숨겨진 보석 도시 TOP3, Break News)

---

148) 이탈리아 관광청
149) 이탈리아 관광청

용한 모자이크 작품들이 스펠로 거리를 뒤덮는다고 한다. 축제 마지막 날에는 모자이크 작품들 위로 걷는 행사를 한다고 한다. 이탈리아의 대표적인 불가사의로는 콜로세움과 피사의 사탑을 들 수 있다.[150]

⑥ 콜로세움

이탈리아의 가장 대표적인 건축물 중 하나이다. 글래디에이터는 이 로마 제국의 콜로세움을 배경으로 하는 2000년에 개봉된 미국 영화이다. 맥시무스 장군은 가족을 잃고 노예로 전락한 뒤, 검투사로 돌아와 자신의 가족과 제국을 위

콜로세움
(출처: 위키피디아)

해 복수를 결심한다. 콜로세움은 로마시대 베스파시아누스 황제의 명령에 의해 원형경기장으로 건설되었으며, 80년에 이르러 완성되었다고 한다.[151] 콜로세움은 총 4층 건축물이며, 1층은 10.5m의 도리아 식 반원주,[152] 2층은 11.85m의 이오니아식 기둥, 3층은 11.6m의 코린트식 기둥[153]으로 이루어졌다고 한다. 4층은 무더운 여름철햇빛을 가리기 위한 천막을 고정시키는 벽으로 구성되어있다. 콜로세움이 불가사의로 선정된 이유를 말하자면, 약 5만 5천명을 수용할 수 있는 거대한 경기장이 무려 2천 년 전에 지어졌기 때문이다.[154]

---

150) 이탈리아 관광청
151) 위키백과
152) 그리스건축양식으로 직선적, 남성적, 장엄함 (월간미술, 2011)
153) 아칸서스 잎을 묶은 듯한 모양, 이오니아보다 늦게 출현함 (월간미술. 2011)
154) 콜로세움, 네이버 지식백과

⑦ 피사의 사탑

피사의 사탑
(출처: 위키백과)

'피사의 사탑'은 이탈리아 서북부 피사 지역에 위치하며[155] 높이 58.36m, 무게 1만 4,000톤 정도에 이르는 대규모의 건축물이다. 사탑의 본체는 중심에서 1.4m정도 벗어나 있고 1350년 이후 지금은 5m정도 기울어진 상태이다. 일부 학자들은 22세기 초가 되면 완전히 무너질 것으로 예측한다. 하지만 다른 학자들은 당시 이탈리아 건축가가 자신의 기술력을 자랑하기 위해 일부러 탑을 기울였기 때문에 걱정할 필요가 없다고 주장한다. 지금껏 피사의 사탑이 기울어지게 된 원인을 찾기 위해 수많은 학자들이 노력해왔지만 아직 명확한 원인은 밝혀지지 않았다.[156]

6) 콘텐츠와 문화관광

(1) 인문학과 문화관광

보통 사람들은 밀라노를 패션의 도시로만 생각하는 경우가 많다. 그러나 밀라노는 도심 곳곳에 이탈리아를 대표하는 화가, 음악가이자 무대 연출가였던 다비치의 유적들로 가득하다. 다빈치는 그의 전성기(30~40대)의 대부분을 밀라노에서 보냈다. 그래서 밀라노에서 그의 발자취를 어렵지 않게 찾을 수 있다. 밀라노 중앙역에 인접한 두오모 성당은 다빈치가 공사 자문을 맡았다. 라 스칼라 오페라 극

---

155) 이탈리아 관광청
156) 피사의 사탑, 위키백과

최후의 만찬
(출처: 위키백과)

레오나르도 다빈치
(출처: 위키백과)

장 앞에는 아름다운 조각상이 있는데 바로 다빈치 조각상이다. 산타마리아 델레그라치에 성당의 수도원 식당에 그려져 있는 작품은 그 유명한 '최후의 만찬'이다. 이탈리아어로 '새나콜로빈치아노'라고 한다. 그 뛰어난 작품성은 말할 필요도 없다. 예수의 제자를 하나하나 표정까지 섬세하게 그렸으며 공간까지도 정확한 원근법으로 표현하였다. 이 작품은 20분만 감상할 수 있으므로 참고하도록 한다. 마지막 흔적은 스포르체스코 성이다. 다비치가 실내 장식을 담당하였으며, 확장 공사 때도 참여하였다. 무엇보다 중요한 이유는 이 성에 다비치가 자주 왕래하였다는 것이다. 그의 주군은 늘 다비치를 총애하며 성으로 불렀다고 한다.[157)

(2) 전시예술과 문화관광

'예술계의 올림픽'으로 불리는 베네치아 비엔날레는 국제 현대미술 전시회이다. 또한 1895년에 첫 출범한 이래로 오늘날까지 전 세계에서 가장 전통 있는 비엔날레로 '모든 비엔날레들의 어머니'로 불린다. 오늘날 '비엔날레'는 2년마다 개최되는 미술 전시회를 뜻하는데 이는 베네치

---

157) 이탈리아 관광청

아 비엔날레에서 유래한 것이다. 1895년을 시작으로 2013년까지 55회를 맞이한 베네치아 비엔날레는 홀수 해마다 6월 초에서 11월 말까지(5개월)개최된다.

베네치아 비엔날레는 100년 이상의 긴 역사를 가지며 아방가르

베네치아 비엔날레
(출처: 네이버 지식백과)

드, 추상표현주의, 팝 아트 등 세계 미술사 중 현대미술의 흐름을 함께 해왔다. 미국의 휘트니비엔날레(WhitneyBiennale), 브라질의 상파울루 비엔날레(BienaldeSãoPaulo)와 함께 세계 3대 비엔날레로 알려져 있지만, 실상 규모와 내용의 관점으로는 전 세계 미술사에서 가장 권위 있는 미술 행사라 할 수 있다.

베네치아 비엔날레는 또한 타 비엔날레와는 다르게 별도의 국가관(국가별로 운영되는 전시 공간)이 있다. 즉, 중앙 전시관(전체 주제에 따라 국가와 무관하게 전 세계 미술가들의 작품을 배치한 국제 미술 전시)과 함께 국가관 전시를 운영하는 것이다.[158]

(3) 음식과 문화관광

식사 순서 : 콜라지오네→스푼띠노→프란조→메란다→체나

이탈리아는 한국과 달리 하루에 다섯 번 식사를 한다. 아침식사인 콜라지오네(Colazione)로 진한 에스프레소 한 잔을 마신다. 이후 오전 11시 전후인 스푼티노(Spuntino)에는 가까운 가게로 가서 간단히 빵을 먹고 커피를 마신다. 점심식사인 프란조(Pranzo) 때는 집이나 집근처

---

158) 네이버 지식백과

커피를 즐기는 이탈리아식 식사
(출처: 위키백과)

에서 시간을 보낸다. 오후 5시경 메렌다(Merenda) 시간에는 빵과 케잌에 커피를 곁들여 마신다. 이탈리아는 오후 7시 반 경에 대부분의 일과가 끝나므로 저녁식사인 체나(Cena)는 보통 오후 8시 반을 전후로 이루어진다. 이탈리아인들은 가족 간의 유대감을 중요시하므로 일과를 마친 후 집에서 가족이 함께 모여 저녁 식사를 한다. 그리고 미국과 같이 이탈리아 또한 전체 이용료의 10~15% 정도의 팁 문화가 있다. 관광 시에 이러한 이탈리아의 식문화를 익혀간다면 현지인들처럼 식사를 즐길 수 있을 것이다.[159]

(4) 특이한 콘텐츠들

이탈리아에는 독특한 휴식 트렌드인 '안노 사바타코'가 있다. 이는 한국처럼 고등학교를 졸업하고 바로 대학에 진학하거나 취업을 하는 것이 아니라 1년 동안의 쉬는 시간을 갖는 것을 의미한다. 즉 이기간 동안 잠시 학업을 중단하고 자신만의 흥미와 적성을 탐색하는 시간인 것이다. 무작정 앞만 보고 달려가는 한국과 달리 자신과 주변을

독특한 이탈리아식 문화
(출처: JTBC 비정상회담)

---

159) 네이버 지식백과

돌아보며 앞으로의 계획을 세우고 재충전의 시간을 가질 수 있다. 멈추고 생각하는 과정을 통해 성숙한 사회인으로 거듭날 수 있게 될 것이다. 한국과는 다른 이탈리아만의 독특한 문화가 곧 이탈리아의 차별화된 콘텐츠일 수 있다.[160]

7) 문화관광의 미래

아름다운 피렌체의 야경
(출처: 나무위키)

이탈리아는 '문화에 1유로를 투자하면 1.67유로의 경제 가치를 낳는다'는 말이 있다. 오늘날 이탈리아 문화 산업의 경제적 가치는 780억 유로에 이른다. 이탈리아는 문화 관광 산업을 통해 경제 위기를 극복하고 있으며, 이 중심에는 이탈리아 특유의 문화성이 있다.

아름다운 자연 환경과 전통 있는 문화 유적지의 이탈리아는 지역별로 색다른 문화 이벤트를 진행하여 많은 여행객들의 호평을 얻고 있다. 계절별로는 봄철에 유적지, 박물관 등의 입장료를 면제해주며 여름철에는 베로나 아레나 오페라 공연을 실시한다. 농촌 지역을 중심으로 하는 체험 활동 또한 인기를 얻고 있다. 와인 산지 투어도 여행객들에게 독특한 경험이 된다. 세계적인 대지 미술가 크리스토의 'The Floating Piers'는 작은 브레샤 지방에 일일 평균 1만 명의 관광객을 끌어 모으는 효과가 있다. 이에 따른 8,000만 유로의 관광수입은 지역 경제 활성화에 많은 도움이 된다. 외국인 관광객 못지않게 이탈리아

---

160) JTBC 비정상회담

내국인 관광객의 비중도 만만치 않다. 앞으로 더 많은 내외국인 관광객을 유치하기 위해서는 새로운 관광 콘텐츠를 개발하고 기존의 콘텐츠를 보완해나가야 할 것이다. 여행객들의 의견을 수렴하여 관광의 질을 향상시키는 것도 필요하다.

여행 및 관광업은 지금껏 경제 위기를 극복하고 안정적인 성장을 이어온 이탈리아의 기반 산업이다. 이는 자국의 문화의 홍보와 국가 이미지 제고에 큰 도움이 된다. 앞으로 10년간 이탈리아의 관광 산업은 성장을 이어가며 전체 GDP의 11.4%, 전체 수출의 9.3%까지 확대될 것이라 전문가들은 기대한다.

영화 '인생은 아름다워'의 촬영지로 유명한 토스카나, '로마의 휴일'의 촬영지인 로마, 다빈치의 밀라노 등은 베네치아나 피렌체보다 더 큰 부가가치를 창출한다고 한다. 장기적인 관점으로 다양한 분야의 관광 콘텐츠를 통해 여행객들의 만족도를 높이고 이를 홍보한다면 이탈리아는 미래에도 수준 높은 문화 관광을 선도하며 성장할 것으로

평화로운 토스카나의 다양한 풍경
(출처: 나무위키)

보인다.[161]

5. 현대문화의 융합중심, 미국

아메리카 합중국(미국)은 세계 정치·경제·사회·문화·교육·과학·우주항공·군사·금융·스포츠 등의 전 분야를 선도하는 초강대국이다. 미국은 지리상으로 북아메리카 대륙에 속하며, 외국으로부터 계속되는 이주자와 그 2·3세가 대부분을 차지하는 다민족 국가로서 자유와 평등을 지향한다. 미국 국토의 대부분이 온대 기후에 속하며, 드넓은 평야 지대로 농목업이 크게 발달한 세계 제 2위의 농업 생산국이자 석유·석탄·철광 등의 풍부한 지하자원을 기반으로 성장한 공업국이다. 미국은 이후로도 막대한 자본 축적을 통해 산업 자본주의 국가로서 선도적인 우위를 유지하였다. 이렇듯 200년이라는 짧은 역사에도 불구하고 미국은 오늘날 전 세계의 중심으로서 우위를 점하고 있다. 미국의 문화관광 산업은 항공 서비스, 호텔, 테마파크, 식음료 및 서비스 관련 분야와 함께 지속적인 성장을 기록해왔다. Select USA의 조사 결과에 따르면, 2011년 기준 미국의 관광산업은 미국 수출 경제의 7%에 이르며 대략 750만 개의 일자리를 창출한다고 한다. 관광산업이 미국 경제 전체에 미치는 영향력이 매우 큰 만큼 앞으로도 여러 분야를 복합적으로 융합하는 트렌드는 계속될 전망이다.[162] 따라서 현 세계 경제 최강대국인 미국의 경우 어떻게 관광산업이 이루어지는지 알아볼 필요가 있을 것이다.

---

161) 이탈리아 문화사업, 미래를 이끄는 자부심, Kotra 해외시장뉴스, 2015.04.02
162) 이승의 미국 마이애미 무역관, 미국 관광산업 동향, KOTRA 해외시장뉴스, 2014.04.24

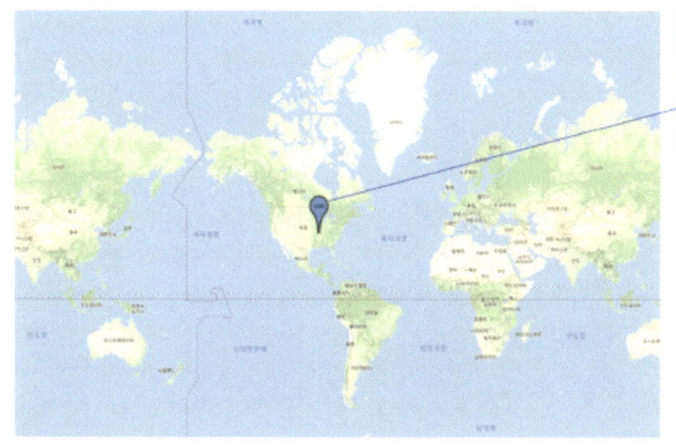

미국의 위치
(출처: The Globe Program)

국가명	미합중국
위치	북아메리카 대륙의 캐나다와 멕시코 사이
도시	워싱턴 D.C(수도)
면적	9,826,675km²(세계 3위)
민족	세계 각국에서 모여든 다양한 인종과 이민자들로 구성된 다민족 국가
언어	영어
기후	알래스카와 하와이를 제외한 미국 본토 대부분은 온대 또는 냉대에 속함
종교	개신교(51.3%), 가톨릭(23.9%), 몰몬(1.7%), 유태교(1.7%), 불교(0.7%), 이슬람(0.6%), 기타(16.1%), 무교(4%)
GDP	19조 4,171억$, 세계 1위(2017 IMF 기준), 미국 서부의 캘리포니아는 영국보다 GDP가 높음(캘리포니아: 2,710/영국: 2,496 2017 1Q, $billion, nominal)
화폐	US달러(dollar)

미국은 국토 면적 4위 국가이며 인구수 3위 국가이다. 또한 세계 각국에서 수많은 이민자가 유입되는 다문화 국가이기도 하다. 미국의 경제 수준을 살펴보면 2014년 기준 국내 총생산이 16조 7천억 달러로 세계 1위를 기록하였다.

미국은 대서양 해안의 13개 식민지에서 건국되었다. 1775년 5월, 13개 주는 식민국인 영국과 치열한 전쟁을 벌였고(미국 독립 전쟁),

1776년 7월 4일에는 독립선언서 발표로 연맹 국가의 성립을 알렸다. 1787년 9월 17일, 필라델피아 헌법 회의에서 미합중국의 헌법이 채택되었으며, 이듬해 강력한 중앙 정부를 가진 단일 공화국이 되었다. 1791년에 비준된 미국의 권리장전은 10개의 수정 헌법으로 구성되며 자유와 평등을 보장하고 있다.

이후 농업 중심의 미국 남부와 산업화된 북부간의 첨예한 갈등으로 1860년대에 미국 남북 전쟁이 발발했다. 결국 북부가 승리를 거두면서 미국의 노예제는 폐지되었다. 이후 미국은 급격한 산업화와 함께 막강한 경제력을 지닌 국가로 발전하였다. 또한 미국-스페인 전쟁과 제 1차 세계대전으로 미국은 군사 강대국의 지위도 가질 수 있었다. 제 2차 세계대전에서 미국은 최초로 핵무기를 보유한 유엔 안전 보장 이사회의 상임이사국이 되었다. 오늘날까지도 미국은 여전히 정치·경제·문화를 선도하는 세계 최대의 강대국이다.163)

1) 문화관광의 주요 이슈와 트렌드

(1) 미국 문화관광의 이슈

미국은 세계적인 자연경관을 자랑하는 관광지부터 대도시에 이르기까지 지역별로 다양한 문화가 공존한다. 따라서 미국의 다양한 관광지를 여행하는 관광객들은 미국 내의 도시들을 여행할 때 자동차나 대중교통보다는 국내선 항공기를 이용하여 이동하는 비율이 높다. 최근 미국 항공사들의 고객 서비스가 크게 논란이 되었는데 특히 큰 이슈가 된 것은 유나이티드 항공에서 보여준 오버부킹(Overbooking)에 대한 대처였다.

---

163) 미국, Wikipedia

① 미국 항공사들의 오버 부킹(Overbooking) 대처

2017년 4월 시카고 오헤어 공항에서 테네시 주루이빌로 향하는 유나이티드 항공 3411편에서 승무원들이 한 탑승객을 강제로 끌어내는 영상이 퍼져 큰 논란이 되었다.

유나이티드, 델타 항공
(출처: 아시아 경제)

유나이티드 항공은 항공기가 오버 부킹되는 과정에서 항공사 직원을 태우기 위하여 탑승객 4명을 임의로 선정하여 내리게 했다. 탑승객 중 베트남계 미국인 의사 데이비드 다오(David Dao)가 선택되었지만 다오는 다음날 환자와의 면담 약속 때문에 내릴 수 없다며 이를 거부하였지만 항공사 측은 공항 경찰과 경비원을 동원하여 탑승객을 강제로 끌어내렸다. 이 과정에서 다오는 코가 부러지고 앞니가 뽑히는 등 뇌진탕 증세를 보이며 큰 부상을 입었다고 한다. 델타항공 또한 오버 부킹된 다른 승객들을 태우기 위해 잘못된 규정을 내세우며 한 가족을 강제로 내리게 하는 등 미국 항공사들이 고객을 대하는 태도가 큰 이슈가 되고 있다.

(2) 미국 문화관광의 트렌드

① 스마트폰 어플리케이션을 이용한 관광

세계 최대의 숙박 공유 서비스 '에어비앤비(Airbnb)', 교통서비스

'우버 택시(Uber)', 여행정보 사이트인 '트립 어드바이저(Trip Advisor)' 등과 같은 자동성과 연결성을 기반으로 한 플랫폼 비즈니스 기업들의 어플리케이션을 이용한 관광이 증가하고 있다. 관광객들은 이러한 어플리케이션을 통해 현지국의 다양한 정보를 쉽고 빠르게 얻어 보다 편리한 여행을 할 수 있다.

▶ 트립 어드바이저(Trip Advisor)

세계 최대의 여행 사이트로 음식점, 숙소시설, 관광지에 대한 약 490만개에 이르는 실제 방문객들의 리뷰를 찾아 볼 수 있다. 이는 여행지에 방문하기 전에 미리 가볼 만한 관광 명소를 선정하는데 많은 도움이 된다. 호텔,

트립어드바이저 로고
(출처: 트립어드바이저 공식 홈페이지)

음식점, 관광지에 붙여진 트립 어드바이저 인증마크인 '트래블러스초이스(Traveler's Choice)'는 매년 호텔, 리조트, 여행지, 랜드마크, 박물관, 음식점 등의 카테고리로 회원들에 의해 선정된 장소를 의미한다.[164]

▶ 옐프(Yelp)

옐프는 미국의 유명 레스토랑을 쉽게 찾을 수 있는 대표적인 지역 기반의 소셜 네트워크이다. GPS 서비스로 주변의 레스토랑, 바, 커피숍 등을 검색할 수 있고, 지도에 위치가 표시되며 해당 장소의 정

옐프 로고
(출처: http://ventureadventure.tistory.com/3)

---

164) Tripadvisor 공식 홈페이지

보와 메뉴 사진, 평가를 제공한다. 현지인에 의해 작성된 리뷰들이 많아 신뢰도가 높으며 위치, 주소, 연락처가 모두 기재되어 한눈에 보기가 편하다.[165]

▶ 티켓 마스터(Ticket Master)

티켓 마스터는 각종 문화생활과 관련된 티켓을 쉽게 구매 할 수 있는 어플리케이션으로 연극, 뮤지컬, 콘서트, 전시회, 스포츠 등의 티켓을 판매한다. 이처럼 티켓 마스터는 다양한 공연이나 전시, 스포츠 경기들의 일정을 확인하고 바로 예매할 수 있기 때문에 문화생활을 즐기려는 많은 여행객들에게 인기가 높다.

티켓마스터 로고
(출처: USC Viterbi)

2) 문화관광객의 동향

<2014년 세계 관광산업 상위 10개국>

(단위: 백만 명, 십업 달러, %)

관광객수				관광수익				
순위	국명	2013년	2014년	증감률	순위	국명	2013년	2014년	증감률
1	프랑스	83.6	83.7	0.1	1	미국	173.1	177.0	2.2
2	미국	69.9	74.7	6.9	2	스페인	62.6	65.2	4.2
3	스페인	60.7	65.0	7.1	3	중국	51.7	56.9	10.2
4	중국	55.7	55.6	-0.1	4	프랑스	56.7	55.4	-2.3
5	이탈리아	47.7	48.6	1.8	5	마카오(중국)	51.8	50.8	-1.9
6	터카	37.8	39.8	5.3	6	이탈리아	43.9	45.5	3.7
7	독일	31.5	33.0	4.6	7	영국	41.0	45.3	4.8
8	영국	31.2	NA	NA	8	독일	41.3	43.3	4.9
9	러시아	28.4	29.8	5.3	9	태국	41.8	38.4	-2.7
10	멕시코	24.2	29.1	20.5	10	홍콩	38.9	38.4	-1.4

주:증감률은 국가별 통화단위 기준 / 자료원: UNWTO, Banca d'Italia
(출처: [Global Hospitality] 이탈리아의 관광산업, 한여름을 달군다 외, 호텔&레스토랑, 2015.08.13.)

---

165) 네이버 지식백과

위의 표는 2014년 세계 관광산업의 상위 10개국을 나타낸 자료이다.[166] 미국은 관광객 수 세계 2위, 관광수익으로는 세계 1위이다. 미국자동차협회(AAA)의 설문조사에 따르면, 설문 응답자의 대다수가 장거리 자동차 여행을 계획한다고 한다. 여행 유형별로는 국립공원 방문(51%), 놀이공원 방문(40%), 해외여행(33%), 가이드 투어(22%) 그리고 크루즈여행(20%) 순이었다.[167]

(1) 국립공원 방문 증가

미국여행협회에 따르면, 해외 여행객들에게 미국 국립공원이 매력적인 여행지로 부각되면서 국립공원을 방문하는 관광객들이 매년 증가했다고 한다. 미국인들의 국립공원 방문 또한 꾸준히 증가하고 있는데 이는 미국인들이 주말을 이용한 짧은 여행을 선호하기 때문이다.[168] 최근 미국의 유가증세로 다소 감소하였지만 대다수가 장거리 자동차 여행을 선호하여 국립공원의 방문은 더욱 증가하고 있다.

로드 트립은 최근 새롭게 떠오르는 관광 형태이며, 넓은 미국 지역을 자동차로 여행하는 것을 뜻한다. 이에 따라 캠핑형태의 관광이 증가하였으며, 아름다운 자연 경관의 국립공원지역부터 대도시까지 직접 차를 운전하

더 웨이브(The Wave)
(출처: 미국의 숨겨진 비경 '더 웨이브', 한국일보, 2014.11.14)

---

166) 이탈리아의 관광산업 한여름을 달군다 외, HOTEL&RESTAURANT, 2015.08.13
167) Travel Weekly, 2017.02.07
168) Brand USA, 2016.11.04

며 여행할 수 있어 여행객들에게 큰 인기를 누리고 있다.169) 미국 서부 애리조나주와 유타주 경계의 고원 사막지대에 위치한 더 웨이브(The Wave)는 신비스러운 곡선이 특징인 세계 10대 비경 중 한 곳이다. 지각 활동으로 휘어진 지층이 풍화작용을 거치며 만들어졌다고 한다. 사암 지층은 손이나 발로 살짝 건드리기만 해도 쉽게 부서질 수 있기 때문에 정부 기관에 의해 출입 인원 제한을 받는다. 더 웨이브는 특히 일출 및 일몰 시간대에 공간감이 함께 더해지면서 가장 아름답다고 한다.

요세미티 국립공원은 1984년 유네스코 세계유산으로 등록된 미국 3대 국립공원 중 하나이며 연간 4백만 명의 관광객이 찾는 명소이다.170) 캘리포니아주 시에라네바다 산맥의 서쪽 사면에 위치한다. 이곳은 높은 폭포와 빙하 작용을 통해 형성된 화강암 절벽의 웅장한 경치로 유명하다.

요세미티 국립공원
(출처: http://blog.socuri.net/1709)

---

169) Travel Weekly, 2017.02.07
170) 미국의 숨겨진 비경 '더 웨이브', 한국일보, 2014.11.14

(2) 한미 간 관광객 방문 연도별 변화추이

한미간 관광객 방문 연도별 변화 추이

	2013년	2014년	2015년	2016년
방한 미국인 관광객	72만2315명 (전년대비 3.5%)	77만305명 (6.6%)	76만7613명 (-0.3%)	86만 여명 (잠정) 79만9589 (11월 현재)
방미 한국인 관광객	135만9924명 (전년대비 8.7%)	144만9538명 (6.6%)	176만4871명 (21.8%)	91만7503명 (6월 현재) (11.6%)

(출처: 한국 방문 미국인 관광객 늘었다. 미주중앙일보, 2017.01.06.)

2013년부터 2016년까지 방한 미국인 관광객과 방미 한국인 관광객 모두 전반적으로 증가하는 추세이다. 다만 2016년 방미 한국인 관광객은 조금 줄었음을 알 수 있다. 이를 통해 한국과 미국 양국 간의 문화 및 관광 분야 교류가 더욱 활성화될 것임을 예측할 수 있다. 또한 양국은 해외 관광객 유치에 적극적으로 나설 것이다.

3) 문화관광 산업의 현황과 동향

(1) 미국 관광산업의 동향[171]

미국 관광산업은 크게 교통·수송 서비스, 테마파크·관광명소·쇼핑, 숙박·편의시설 및 서비스, 식음료 및 서비스, 네 가지 분야로 나눌 수 있다.

① 교통·수송 서비스

교통 및 수송 서비스는 미국 관광산업의 전체 수익 중 41.2%를 차지하는 분야로 미국 여행자들의 75%가 자동차를 이용하기 때문에 전

---

171) 미국 관광산업 동향, KOTRA 해외시장뉴스

체 분야 중 렌터카, 주유 등 교통 관련 서비스 분야가 가장 큰 비중을 차지하고 있다. 최근에는 유류비 상승과 가족규모의 여행 단위인원 축소로 항공 서비스 분야의 비중이 커지는 추세이다.

② 테마파크·관광명소·쇼핑

미국 전체 관광산업 수익 중 23.1%를 차지하며, 지난 5년간의 경기침체로 가장 큰 타격을 받은 분야이다. 하지만 세부분야 중 테마파크는 경기 침체에도 불구하고 IT 융복합, 4D 등 신기술을 접목하여 혁신을 이루며 꾸준한 성장세를 보이고 있다. 캘리포니아 주에도 유니

유니버셜 스튜디오
(출처: 유니버셜 스튜디오 공식 홈페이지)

버셜 스튜디오(Universal Studios), 디즈니랜드리조트(Disney Land Resort), 샌디에고 동물원 사파리 파크(San Diego Zoo Safari Park), 시월드(Sea World), 레고랜드(Lego land) 등 여러 종류의 테마파크가 있다.

③ 숙박·편의시설 및 서비스

관광산업의 20.5%를 차지하며 호텔, 리조트, 콘도, 모텔, 캠핑 등이 하위 분야로 포함된다. 지난 30년 동안 종류가 가장 다양해지고 세분화된 분야이다.

네바다 주에 위치한 뉴욕 호텔 앤드 카지노의 모습
(출처: Hotels 홈페이지)

④ 식음료 및 서비스(15.9%)

미국 관광산업의 15.9%라는 가장 낮은 비율이지만, 경기 침체를 겪는 동안 큰 변화 없이 꾸준한 수익률을 유지하고 있다. 최근 관광객의 수요가 다양해지면서 맥주, 와인 등의 프리미엄 주류시장과 에스닉 식품시장[172]이 크게 성장하고 있다.[173]

에스닉 식품 분류

Year	2009(% million)	2010(% million)	%	% change
멕시코/히스패닉	1,521	1,524	62	0.2
어시아	666	700	28.5	5
인도	39	41	1.7	3.3
기타	191	192	7.8	*
Total	2,418	2,456	100	1.6

ⓒ2011 Koreaheraldbiz.com
(출처: 미국 '에스닉 푸드'시장 쑥쑥, 헤럴드 경제 미주판, 2011.06.16)

---

172) 에스닉 식품: 이국적인 느낌이 나는 제 3세계의 고유한 음식을 이르는 말이다. 여기서 에스닉(ethnic)은 '민족'을 뜻하며 특히 소수민족을 가리킨다. 따라서 에스닉 푸드에는 주로 동남아, 아프리카, 중동, 유럽 등지의 전통음식이 포함된다. 대표적으로 베트남의 쌀국수, 인도의 커리, 태국의 톰얌꿍 등이 있다. 이들 음식은 채소를 비롯한 각종 허브와 향신료 등 저칼로리 재료를 사용하여 조리하기 때문에 웰빙 요리로 주목 받고 있다. 에스닉 푸드(시사상식사전, 박문각)

173) 미국 '에스닉 푸드'시장 쑥쑥, 헤럴드 경제 미주판, 2011.06.16

4) 사람과 문화관광

(1) 문화관광과 전문직

① 미국 박물관 도슨트 프로그램

1989년 미국 캘리포니아 오
클랜드 박물관 개관 준비 중,
전시해설을 위한 자원봉사의
필요성이 인식되었다. 이후 학
예 원구원의 주도 하에 예술,
역사, 자연과학의 세 분야에 관
한 훈련 과정이 생겼다. 도슨트
양성 교육 프로그램은 학문적

미국 캘리포니아 오클랜드 박물관 투어
(출처: Oakland Museum of California 홈페이지)

인 연구, 현장학습, 갤러리 훈련, 독립적인 연구와 리서치 등이 포함되
며 캘리포니아 주에 위치한 오클랜드 박물관의 경우, 1인당 100달러
의 훈련 비용이 든다. 훈련은 기초와 고급 교육으로 나눠지며, 교육은
학예연구원, 교육부서 직원, 외부강사 등을 통해 이뤄진다.

국립 미술원은 고등학생들을 위하여 10개의 외국어별 투어를 진행
하고 있으며, 샌프란시스코 현대 미술관은 성인과 어린이 담당 도슨트
로 나눠 프로그램을 진행한다. 미국의 도슨트 프로그램은 관람객들을
위한 전시 안내로 시작된 자원봉사 활동이며 예술·역사·생태 분야
에 대한 전문적인 해설을 제공한다. 그리고 도슨트를 선발하는 과정에
서 해당 분야의 개인적 경험, 자원봉사 의지, 지속적인 활동 참여 여부
등을 중요시 여긴다고 한다.[174]

---

174) 문화관광해설사 제도 운영실태 및 개설방안, 한국문화관광연구원

(2) 복식과 문화관광

① 컬럼비아 주립 역사공원

컬럼비아 주립 역사공원[175)]

골드러시[176)]를 거쳐 살아남은 마을들 중 하나인 컬럼비아(Columbia)는 1946년 주립사적지로 지정되어 보존되고 있다. 캘리포니아 주에서 골드러시 시대의 벽돌 건물이 가장 많이 남아있는 이 마을은 살아 있는 박물관으로 운영된다. 옛 서부 복장을 갖춘 안내원들이 역사적인 호텔, 상점, 레스토랑, 대장간, 술집 등 여러 곳에서 손님을 맞이하고 있다. 또한 다양한 체험 활동, 투어, 특별 이벤트에 참여하며 옛 문화를 온몸으로 느낄 수 있다. 역마차를 타보거나 골드러시 시절의 사람들처럼 직접 사금을 채취해볼 수도 있다. 21세기 오늘날에서 과거(1850년대)를 만나볼 수 있는 곳이다.[177)]

---

175) 출처: 미국공식여행웹사이트
176) 19세기 미국 캘리포니아 등지에서 사금이 발견되면서, 1850년대의 미국 개척민들이 저마다 캘리포니아로 몰려간 현상을 말한다(나무위키).
177) 미국공식여행웹사이트

(3) 금기문화

타일러 라쉬: JTBC 토크쇼
'비정상회담' 미국 대표
(출처: Good Compass)

미국은 웃음을 중요시 여긴다. 따라서 미국인들과 잘 지내기 위해서는 크게 웃기지 않은 상황에서도 웃어주고 리액션을 취하는 것이 바람직하다. 미국인들은 모르는 사람과도 종종 인사를 하곤 한다. 보통 "How's it going?"이라고 인사하는데 무시하거나 웃기만 하면 상대방이 무안할 수 있으므로 간단한 대답을 해주는 것이 좋다. 이러한 인사는 캘리포니아나 플로리다 지역에서 더 자주 한다.

또한 미국은 프라이버시를 매우 중시한다. 길에서 어깨를 부딪치거나 발을 밟았을 때는 정중하게 미안함을 표시하는 것이 예의이고 사람들 옆을 지나갈 때 가능한 상대방을 가로막지 않고 미리 실례한다는 말을 전하는 것이 바람직하다. 줄을 서있을 때도 다른 사람에게 너무 붙지 않도록 주의해야 한다. 그리고 개인의 사적인 정보(특히 나이나 결혼여부)를 물어보는 것을 무례하다고 생각한다. 미국의 음주는 만 21세부터이다. 술을 살 때는 항상 신분증이 있어야 하고 공공장소에서 술을 함부로 들고 다니면 안 된다. 심지어 개인 승용차라 할지라도 밀봉되어 있지 않은 술을 들고 다니는 것은 위법 행위이다.[178]

---

178) 프렌즈 미국 서부

5) 장소와 문화관광

(1) 마을 만들기와 문화관광

① Korea Town

미국 캘리포니아주 로스엔젤레스에 위치해있는 재미 한국인, 한국인 유학생 등이 고정적으로 거주하는 지역으로 또는 LA 한인촌으로도 부른다. 이 곳에 코리아타운이 조성된 것은 1960년대로 추정되며 1970년대 이후 재미교포 2세들의 유입으로 한인촌이 형성되었다. 미국 내 재미교포들이 가장 많이 거주하는 곳이기 때문에 한식당, 한국 상품들을 파는 슈퍼마켓, 한국기업 및 은행 등이 있으며 최근에는 한류의 영향으로 한국 문화에 관심이 많은 미국인들도 찾고 있다.

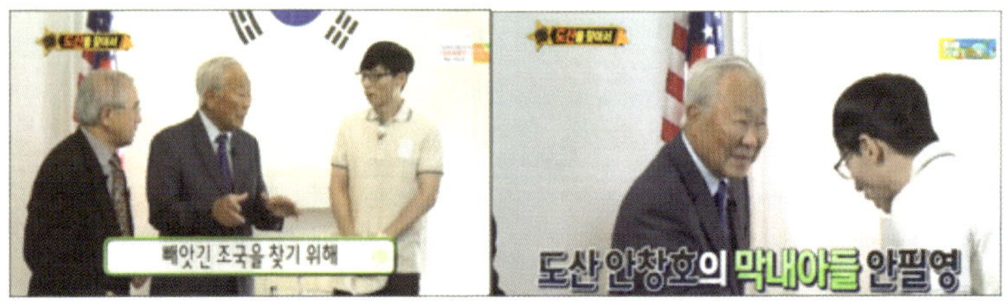

무한도전, LA한인타운편
(출처: http://ripigender.tistory.com/884)

Los Angeles에 위치한 코리아 타운
(출처: LA관광청)

코리아 타운은 슈퍼나 찜질방, 병원, 안경점, 학원, 한의원 등도 모두 있을 정도로 규모가 매우 큰 한인촌이다. 설빙, 공차 등 한국에서 유행하면 2~3년 내로 한인 타운에 유입된다. 최근 무한도전에서 LA 한인 타운 에피소드가 방영되면서 역사를 체험할 수 있는 대한인국민회 기념관, 한인회관, 우체국 등도 새로운 관광지로 떠오르고 있다.[179]

(2) 주거와 문화관광

에어비앤비[180]를 이용하면 캘리포니아의 강남이라 불리는 베벌리힐스(Beverly Hills)의 값비싼 집에서 숙박을 하면서 미국의 주거 문화를 직접 체험할 수 있다. 베벌리힐스는 로스앤젤레스(Los Angeles), 웨스트 할리우드(West Hollywood)의 경계에 위치하며 인구는 2010년 4월 기준으로 대략 34,109명 정도이다. 백화점과 각종 명품 브랜드 매장들이 들어서면서 쇼핑객과 스타들의 호화주택을 구경하려는 관광객들로 늘 북적이는 곳이다. 또한 풍부한 재정으로 로스앤젤레스 시 보안국(LAPD)의 관할이 아니라 독자적인 시 경찰을 운영하며 치안이 잘 유지되고 있다.[181] 에어비앤비 홈페이지를 이용하면 각 숙소의 위치와 가격 그리고 다른 소비자들의 후기도 쉽게 비교할 수 있어 관광객들은 자신의 스케줄과 기호에 맞는 숙소를 저렴하게 이용할 수 있다.

---

179) 코리아 타운, 나무위키
180) 세계 191개국 65,000개 도시에서 운영되고 있는 개인의 방, 집, 별장 등을 소재로 숙박을 중개하는 서비스, 에어비앤비 소개, 에어비앤비 홈페이지
181) 베벌리힐스, 나무위키

(3) 축제와 문화관광

① 샌프란시스코 프라이드 ― 캘리포니아 주 샌프란시스코

샌프란시스코 프라이드의 명물, 퍼레이드[182]

　　샌프란시스코 프라이드(San Francisco Pride)는 미국 관광 시 꼭 가봐야 할 축제 중 하나이다. 미국 최대의 동성애자 축제로 레즈비언, 게이, 바이섹슈얼, 트렌스젠더들의 퍼레이드가 유명하다. 축제기간이면 백만 명이 넘는 사람들이 시빅 센터(Civic Center)와 도심을 뒤덮는 퍼레이드를 즐긴다. 세계를 일깨우는 것은 물론, 동성애 문화에 대한 인식과 성 소수자들의 자유를 위해 진행된다.[183]

---

182) 출처: San Francisco Pride
183) 미국공식여행웹사이트(http://www.gousa.or.kr/info)

(4) 특이한 장소 및 불가사의

① 불가사의 – 금문교

과거 '건설이 불가능한 다리'로 여겨진 다리, 금문교는 오늘날 세계 7대 불가사의 중 하나가 되었다. 샌프란시스코의 가장 유명한 랜드마크인 금문교는 계속되는 바람과 안개, 바위, 종잡을 수 없는 조류 때문에 건설이 중단될 위기에 놓였지만, 결국 1937년에 개통되었다. 안개 속에서도 잘 보이도록 오렌지 색깔로 되어 있다. 또한 샌프란시스코와 마린 카운티 지역을 연결하여 더욱 빠른 길을 내어주고 있다. 만약 금문교를 직접 방문하지 못하는 경우, 가상 체험(증강현실 이용)을 통해 브리지 워크를 경험할 수 있다.[184]

금문교
(출처: 미국공식여행웹사이트)

---

184) San Francisco Travel

6) 콘텐츠와 문화관광

(1) 인문학과 문화관광

① 그리피스공원 & 천문대(Griffith Park & Observatory)

미국 전역의 도심공원 중에서 4,000 에이커의 가장 큰 규모를 자랑하는 공원이다. 뉴욕의 센트럴파크 보다 약 5배 정도 크며, 매년 1,000만 명 이상의 방문객이 찾고 있다. 그리피스 천문대는 로스앤젤레스의 그리피스 공원에 위치하고 있다. 2016년에 상영된 영화 LALA LAND의 촬영지로 LA의 상징인 할리우드 사인 및 LA의 야경이 보이는 로맨틱한 장소이기에 수많은 관광객들로 붐빈다.[185]

(좌측부터)할리우드 사인 / 그리피스 천문대의 야경 / 영화 LALA LAND 한 장면
(출처: Vickey, 할리우드 사인으로 가는 법, Vickey`s LA Life / 앤디황, [Sights&Landmarks] LA 시내 야경을 조망할 수 있는 곳 "그리피스 천문대", KOREA PORTAL / : '라라랜드'에 대해 당신이 알면 좋을 몇 가지, 한국일보, 2016.12.11)

---

185) 오다나, 『ENJOY 미국 서부』, 넥서스Books, 2017

(2) 전시예술과 문화관광

① 휴스턴 현대예술박물관

휴스턴 현대예술박물관
(출처: 휴스턴 현대예술 박물관 웹사이트)

전시예술에 관심이 많다면 세계적인 예술가들의 작품으로 가득한 휴스턴 현대예술박물관을 추천한다. 고대부터 현대까지 전 시대를 아우르는 6만 여점의 미술품들이 가득하기 때문이다. 신고전주의풍 건물, 조각공원 등 다양한 건축물과 공간이 있어 박물관 외부를 거닐 때에도 건축미를 느낄 수 있다. 방문하기 이전에 미리 웹사이트를 확인하여 진행 중인 전시회를 알아보는 것 또한 유익할 것이다. 이 곳을 방문함으로써 과거부터 오늘날에 이르는 미국의 예술과 생활상에 관한 이해를 높이는 데 많은 도움이 되리라 생각한다.

(3) 음식과 문화관광

미국은 이민자들로 구성된 다인종 국가이며, 거대한 국토에서 얻을 수 있는 다양하고 풍부한 식재료로 인한 복합적인 음식 문화가 특징이다. 여기에 미국의 경제력과 식품을 가공, 포장, 운송하는 뛰어난 기술력이 더해지면서 20세기 중 후반부터는 '패스트 푸드'라는 음식 대혁명이 일어났다. 여기에는 미국을 대표하는 맥도날드와 코카콜라를 빼놓을 수 없다. 전 세계 어디를

미국의 브런치
(출처: 집에서 만드는 초간단 레시피 5가지, 한화 데이즈)

가도 이 브랜드를 가장 쉽게 접할 수 있기 때문이다. 간편성을 위해 테이크 아웃 서비스를 제공하는 것도 특징이다. 이는 아침과 점심을 한 번에 해결하는 '브런치(Brunch)'라는 독특한 식문화를 만들어냈다.

바쁜 현대인의 특성상 빠르고 간편하게 식사를 해결하는 것이 중요하기에 주로 아침으로는 커피와 작은 빵 한 조각을 먹는다. 시간적 여유가 더 있다면 베이컨, 햄, 계란 등을 함께 먹기도 한다. 점심으로는 핫도그, 샌드위치 등을 많이 먹는 편이다. 다른 서구권과 차이점이 있다면 미국은 저녁을 푸짐하게 먹는다는 특징이 있다. 저녁으로는 샐러드, 고기, 생선, 디저트류 등을 모두 갖춰 먹는다고 한다.

이러한 경향으로 맛은 물론 건강 또한 생각한다는 것이다. 많은 사람들이 건강에 좋지 않은 과도한 소금과 설탕, 밀가루 섭취를 줄이고자 노력한다. 그러나 최근 들어서 미국에서도 음식 문화가 점차 변화하고 있다. 외식 산업에서는 향이 강한 식재료를 사용하여 맛과 함께 건강을 챙길 수 있는 요리를 연구 중에 있다.[186]

---

186) 글로벌 시대의 음식과 문화, 햄버거와 콜라로 대변되는 미국, 네이버 지식백과

(4) 특이한 콘텐츠들

거대 자본을 가진 문화 강국
미국은 '원소스 멀티유즈'를 매
우 잘 활용하는 국가이다. 대표
적인 사례로는 영화 <스타워즈>
시리즈가 있다. 스타워즈는 영화
뿐 아니라 소설, 애니메이션, 게
임, 만화, 방송, 음반 등 다양한
분야로까지 연계되어 막대한 수
익을 창출하였다. 이때, 영화를

영화 <스타워즈>
(출처: 스타워즈 6편 '연속방송' 설날특선영화
라인업 살펴보니, 아시아경제, 2014.01.31)

단순히 반복하는 것이 아니라 각 분야별 고유성을 잘 활용한 것으로
높이 평가 받는다. 또한 디즈니사의 애니메이션 또한 '원소스 멀티유
즈 방식'에 의해 제작되었고, 그 중 <라이온 킹>의 20억 달러 매출의
대부분은 극장 상영이 아닌 비디오, CD, 캐릭터 상품이라고 한다. 이
방식의 장점은 최초 기획 단계부터 다른 분야로의 확대까지 고려하여
사업을 이어가는 것이다. 이로 인해 소비자 또한 전 분야의 콘텐츠를
다양하게 즐길 수 있게 된다.[187]

7) 문화관광의 미래

(1) 우주관광

미국의 민간 우주 벤처기업인 스페이스 X는 페이팔의 설립자 2002
년 엘론 머스크(Elon Mask)[188]에 의해 설립되었다. 그는 최종적으로

---

187) 정창권, 『문화콘텐츠학강의 : 깊이 이해하기』, 커뮤니케이션북스, 2007

화성에 이주하는 것을 목표로 재활용 로켓을 개발하고 미국 정찰 및 군용 위성 발사를 담당하고 있다. 6년 만에 로켓 '팰컨1(Falcon1)'을 지구 궤도로 쏘아 올렸으며, 이후 화물 운송 로켓인 팰컨 9호를 개발하여 처음으로 화물 수송을

우주여행선 링스(Lynx)
(출처: 동아 사이언스)

하였다. 또 미국 항공우주국(NASA)과 우주 화물 운송 계약을 체결하는 등 큰 성과를 거두었다. 또한 그는 2017년 2월 민간인 여행객 2명을 우주로 보낼 계획을 밝힌 바 있다.[189]

엘론 머스크
(출처: 새로운 세상을 혁신한 남자 엘론
머스크, STORY / PASSION 피플, 2016.04.04)

엘론 머스크는 보통 사람들은 흔히 생각지 못했던 것을 발견하는 눈을 가진 사람이다. 스스로를 특별하다고 믿고 이를 증명하기 위해 같은 주제일지라도 조금은 다른 시선으로 보았다. 전기 자동차 브랜드 테슬라를 성공적으로 런칭하고 영화 속 아이먼맨의 현실 모델이 된 이유는 미래를 바라보는 그의 특별한 생각과 도전 덕분일 것이다. 미래 관광의 형태 중 하나인 우주 관광 또한 마찬가지이다. 그저 먼 미래의 모습이라 생각하지 않고 더욱 적극적으로 세상의 변화를 포착하고 이를 이끌어가는 안목을 기르고자 노력해야 할 것이다.[190]

---

188) 우주여행 프로젝트인 스페이스 엑스와 전기차 제조 업체 테슬라 모터스의 최고경영자,
네이버 지식백과
189) 시사상식사전, 박문각
190) 새로운 세상을 혁신한 남자 엘론 머스크, SK hynix 하이라이트- STORY/PASSION 피플,

세계 1위의 여행 가격 비교 사이트 '스카이 스캐너'는 2024 미래 여행 보고서를 발표하였다. 이에 따르면 2024년에는 첨단 기술을 통해 우주와 해저 여행을 할 수 있을 것이라 한다. 보고서는 2024년에 이르러서는 지금껏 영화 속이나 상상으로만 떠올리던 지구 궤도 여행과 해저 호텔 체험이 보편화될 것이라 전망한다. 또한 항공 기술의 급속한 발전으로 대륙 간의 비행 시간이 상당히 단축될 것이라 예측한다.

또한 미래에는 P2P 여행이 문화관광에 많은 변화를 이끌어갈 것이라고 한다. 여행자들은 에어비앤비와 같은 홈 스와핑 컨셉을 통해 현지 미식가와의 식사처럼 해외 문화를 더욱 깊이 있게 받아들일 수 있을 것이다. 이에 맞춰 호텔 업계 또한 상당한 변화를 겪는다. SNS를 기반으로 더 정확한 고객 데이터를 확보하고 개개인의 취향과 특성을 고려한 맞춤형 서비스를 위해 노력할 것이다.

첨단 기술의 급속한 발전으로 미래의 여행 트렌드 또한 휴식이 아닌 '독특한 체험'이 대두되고 있다. 현지에서 경험할 수 있는 다양한 체험이 곧 여행의 동기가 되는 것이다.[191]

6. 동북아시아 해양문화의 주요국, 일본

일본은 아시아 대륙의 동해안에 위치하며 홋카이도, 혼슈, 시코쿠, 규슈를 포함한 4개의 큰 섬과 부속도서로 이루어진 국가이다. 또한 일본은 환태평양 조산대에 위치하기 때문에 여러 화산지대가 있다. 활화산은 80개이며 이로 인한 지진이 자주 발생한다. 화산은 관광지로 활용되며 닛코, 하코네, 이즈반도 등은 온천과 아름다운 자연 풍경으로 유명하다. 남북으로 긴 일본 열도의 지형적 특성상 홋카이도는 아한대기후, 오키나와는 아열대기후, 혼슈 북쪽의 도호쿠에서 규슈까지는 온대기후에 속하는 등 사계절이 뚜렷하다.[192] 일본은 특히 만화, 애니메이션, 게임, 음악 등 문화콘텐츠산업에서 세계적인 경쟁력을 갖춘 것으로 잘 알려져 있다. 또한 이러한 콘텐츠를 통한 문화관광산업 활성화로 더 많은 관광객 유치에 적극 나서고 있다. 그러므로 한국과 인접해 있음에도 불구하고 전혀 다른 문화적 특징으로 다른 군의 관광객을 유치하는 일본의 사례는 어떠한지 자세히 확인해 볼 필요가 있을 것이다.

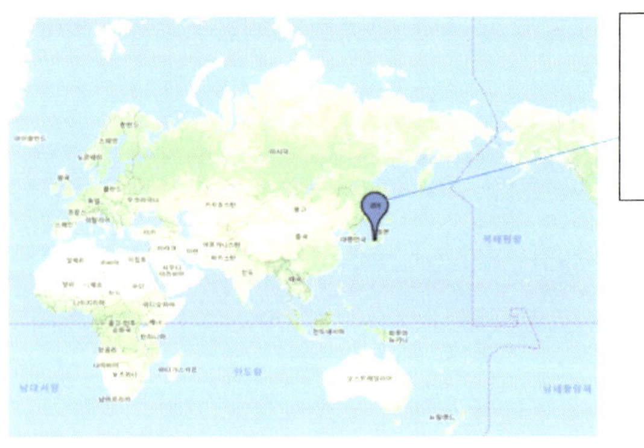

일본의 위치
(출처: The Globe Program)

---

192) 일본, 동아시아 지방정부회합 홈페이지

국가명	일본(日本)[193]
위치	아시아 대륙 북동에서 남서방향으로 이어지는 일본 열도를 차지한 섬나라
도시	일본의 수도(도쿄), 자동차 산업의 중심도시(나고야), 제 2의 도시(오사카), 홋카이도의 중심 도시(삿포로)
면적	377,950㎢(한반도 면적의 1.7배)
민족	일본족(日本族, Japanese)
언어	일본어
기후	해양성의 온화한 기후
종교	신도 52.3%, 불교 42.2%, 기독교 1.1%, 기타 4.3%
GDP	48,412억$(세계 3위)
화폐	円(엔), 현재 100円

오늘날의 일본은 1945년 포츠담 선언(Potsdam Dedaration) 이후 1947년 일본국 헌법에 따라 법적으로 성립된 국가이다. 또한 입헌 군주제를 채택하고 있으며 상징적인 국가 원수의 역할을 하는 일본 천황과 국민의 선거로 선출되는 국회가 함께 존재한다. 일본의 경제력은 2010년을 기준으로 전 세계 3위에 이른다. 일본은 선진국으로 평가받고 있으며, 인간개발지수(Human Development Index)는 2015년 기준 전 세계 20위에서 2016년에는 전 세계 17위로, 동아시아 국가 중 1위이다.

또한 러시아를 제외한 아시아 국가 중에서는 유일하게 G8(미국, 영국, 프랑스, 독일, 이탈리아, 일본, 캐나다, 러시아로 구성된 경제 대국 정상들의 모임)에 해당되는 국가이며, 유엔 안전 보장 이사회의 '비상임 이사국'이라는 지위를 확보하고 있다. 유엔 및 세계 보건 기구에 의하면 일본은 영아의 사망률이 전 세계에서 세 번째로 낮고 가장 높은 평균 수명을 자랑한다.[194]

---

193) 일본, Wikipedia Korea
194) 일본, Wikipedia

1) 문화관광의 주요 이슈와 트렌드

(1) 산업시설의 문화관광매력물화

최근 일본 관광산업의 트렌드는 공장이 관광지로서의 역할을 시작했다는 것이다. 공장을 개방하고 투어를 진행함으로써 환경 오염을 유발하는 흉물이라 비난하던 사람들에게 공장 시설의 아름다움을 보여주며 공장에 대한 흥미로움을 키우고자 하는 것이다. 세계 2차 대전 이후 제조업은

아사히 맥주 공장
(출처: 아사히맥주 공장 견학들 다녀와 효탄스시를 먹고 후쿠오카 타워에 오르다. 민지짱여행짱, 티스토리)

일본 경제가 호황을 누리는 데에 역할을 하였다. 그러나 장기간의 경제 침체와 함께 전통적인 방식을 대체하는 값싼 아시아 지역의 제조업 성장은 일본의 정체성과 절망적인 침체기에 빠진 공장에 관한 고민을 야기시켰다. 그 고민들로 일본 공장의 관광화가 등장하게 되었다.

가장 대표적인 예로는 후쿠오카의 아사히 맥주 공장이 있다. 특히 아사히 맥주 공장은 공장 내부 견학 뿐 아니라 맥주 시음의 기회까지 제공함으로써 방문객들에게 더욱 큰 인기를 끌고 있다. 대부분의 관광객들은 공장이 이렇게 아름다운 장소일 수 있다는 것에 깜짝 놀라곤 한다. 이에 힘입어 현재 일본의 공장 지역들은 관광상품을 개발하는 데 주력하고 있다.

(2) 스토리텔링 여행

일본의 애니메이션은 팬층 또한 매우 두터우며, 문화산업의 중심을 이룬다. 따라서 애니메이션을 활용한 관광을 끊임없이 개발시키는 것은 매우 당연한 일이다. 현재 일본에서는 영화와 책 속 주인공들과의 행복한 만남이 담긴 '스토리 여행'이 꾸준히 인기를 얻고 있다. 특히 일본 애니메이션의 대가 '미야자키 하야오'[195] 의 작품들이 주를 이루고 있다. 그의 대표작 중 하나인 <센과 치히로의 행방불명>과 <이웃집 토토로>의 배경지인 도쿄는 관광지로 급부상하였다. 코가네이에 있는 다테모노엔은 <센과 치히로의 행방불명>의 주요 배경지인 대형 목욕탕 건물의 근원지이다. 목욕탕 양 옆의 가게들은 치히로의 부모가 음식을 먹었던 장면의 배경이 되었다.

<이웃집 토토로> 역시 마찬가지이다. 영화처럼 금방이라도 토토로가 튀어나올 것 같은 푸르른 '후치의 숲'은 관광객들에게 기대감과 동심을 심어준다. 이렇듯 영화의 모토가 된 곳을 직접 가 봄으로써 관광객들은 자신이 실제 영화 속으로 들어간 듯한 상상을 하게 된다.

이웃집 토토로
(지브리 애니메이션 속 장면들의 실제 배경, 은발의 애니 블로그)

현재 가장 인기 있는 스토리 여행은 <너의 이름은>의 배경지일 것이

---

195) '미야자키 하야오'는 애니메이션 제작사 스튜디오 지브리의 수장으로 세계적인 사랑을 받는 일본 감독 이다. 2013년 개봉한 <바람이 분다>를 끝으로 감독직에서 은퇴하여 수많은 팬들에게 큰 아쉬움을 남겼으나 자연과 공존, 비행, 여성 등 자신의 철학이 담긴 많은 작품들은 아직까지도 큰 사랑을 받고 있다[네이버 지식백과].

너의 이름은
(너의 이름은, DVD PRIME)

다. 영화 <너의 이름은>의 감독 신카이 마코토는 정교한 배경 묘사로 매우 유명하다. 때문에 영화의 배경이 된 도쿄 신주쿠는 이른바 '성지순례'[196]로 불리며 수많은 팬들의 방문이 이어지고 있다. 여주인공 미즈하의 실제 배경인 히다시 마을은 기차가 하루 1회, 5분 동안 정차 교대하는 순간을 찍기 위한 수많은 관광객들로 붐빈다고 한다. 이처럼 수많은 관광객들이 영화 속 주인공들의 발자취를 따라가며 영화의 여운을 즐긴다.

(3) 일본 철도의 숨은 매력

카시오페아 열차의 차창 풍경

카시오페아 열차의 차창 풍경[197]

---

196) 종교적 의미로 거룩한 땅이나 장소에 가서 기도하는 것을 뜻하던 성지순례는 현대에 이르러 자신이 좋아하는 것을 찾아가는 모든 활동을 포함하는 넓은 의미로 쓰인다.
197) 출처: 블루트레인, 홋카이도 행 침대열차를 타고 떠나는 여행, 카시오페아, 호쿠토세이(북극

일본의 철도는 세계에서 가장 안전하고 정확한 것으로 잘 알려져 있다. 일본 여행 시에 이러한 철도는 빼놓을 수 없는 중요한 교통수단이다. 일본의 철도는 안전하고 편리한 이동 수단일 뿐 아니라, 열차나 역이 가진 특유의 장점을 관광 요소로 승화시키고 있다. '달리는 호텔'로 큰 인기를 누리는 침대 열차 '카시오페아'는 17시간 만에 도쿄에서 홋카이도 사이(1,214km)를 가로지르는 특급 열차이다. 이 열차의 특별한 점은 전망실이 있는 스위트룸이 있다는 것이다. 열차의 목적지인 삿포로에 도착하기까지 차창에는 홋카이도의 드넓은 대지가 펼쳐진다. 관광객들의 마음을 사로잡을 만큼 이 광경은 무척 아름답다.

지역 관광보다는 열차를 타기 위해 특정 지역을 관광하는 여행객들이 점점 증가하는 추세이다. 또 다른 예로는 와카야마에서 기시 간을 연결하는 와카야마 전철이 있다. 와카야마 전철의 종점인 기시역에는 독특하게도 고양이가 역

고양이 역장 '타마'
(출처: http://likejp.com/3110)

장의 역할을 한다. 역장 모자를 쓴 고양이 '타마' 를 보기 위한 이용객들이 끊이질 않는다고 한다. 차체에 타마 역장의 그림이 있고 타마를 흉내 낸 고양이 모양의 좌석을 설치한 '타마전차'도 인기를 끌고 있다. 2017년 8월에는 기시역사가 타마의 얼굴을 모티브로 하여 히와다부키[198] 건물을 재건하는 등 타마의 인기가 매우 뜨겁다. 이렇게 철도와 역이 관광지로 각광받으면서 일본 관광의 새로운 트렌드로 부상하였다.

성) 열차, 도쿄 동경 베쯔니 블로그, 네이버 블로그
198) 나무껍질로 지붕을 댄 전통 건축 공법, Wikipedia Korea

2) 문화관광객의 동향

(1) 방일 관광객을 위한 일본의 동향

JTB(JTB Corporation:1912년에 설립된 세계 최대의 일본 여행사, 전문 분야는 관광[199])가 발표한 2017년 여행 시장 예측에 따르면 2017년 방일 외국인 관광객 수는 전년 대비 12% 증가한 역대 최대 2,700만 명으로 예측됐다. 특히 일본에서 인기가 높은 중국인 관광객이 증가할 것이라 예측했다. 방일 교통수단으로는 정부가 수용 체제 정비를 진행하는 크루즈선 이용이 증가할 것이라고 예측했다. 크루즈선은 일본 각지에 기항함에 따라 높은 경제 효과를 나타낼 것으로 기대된다.

도쿄, 교토와 같은 유명 관광지는 이미 포화상태이다. 관광 입국을 실현시키기 위해서는 외국인을 사로잡을 수 있는 지방 관광 개척이 중요하다. 작년 방일 외국인 여행객 수는 전년보다 22% 증가한 2,403만 명이었다. 4년 연속의 역대 최고를 갱신하였으며 5년 전과 비교할 때 4배 가까이 급증하였다. 일본 정부는 2020년 도쿄 올림픽의 4,000만 명의 외국인 여행객 유치를 목표로 한다. 향후 15% 신장률을 기록한다면 이 목표는 달성 가능할 것이다. 비자 발급요건이 점차 완화되고 면세 제도의 확대가 성공을 거두었으며, 아시아의 중산층 증가로 해외 여행에 관한 관심이 높아졌다.

방일 관광객이 2017년의 토산품과 숙박, 이동 등에 사용한 금액은 3.7억엔 정도이다. 이는 철강과 자동차부품 수출액에 버금가는 규모이다. 방일 관광객의 증가는 인구 감소로 부진한 내수경기 활성화에 기

---

199) JTB, 네이버 지식백과

여하는 바가 크다. 일본정부는 이후에도 외국인 관광객의 유치를 적극적으로 추진할 예정이다. 인기가 높은 골든 루트는 도쿄－오사카－교토를 둘러보는 코스이다. 하지만 여행객이 집중적으로 몰리면서 부작용 또한 무시할 수 없다. 관광지는 항상 관광객들로 붐비고 호텔은 항상 예약되어 있다. 일본은 북부부터 남부까지 각기 다양한 자연환경과 전통문화를 가지고 있다. 일본 각지의 매력을 전 세계로 알리고 방일 관광의 시야를 넓히는 것이 중요할 것이다.

<표. 2016년 12월 국가별 방일 외국인 수>

(JNTO 추계치, 단위:명)[200]

국가	총수			총수		
	2015년	2016년	신장률	2015년	2016년	신장률
	12월	12월	(%)	1월~12월	1월~12월	(%)
한국	415,656	494,400	18.9	4,002,095	5,090,300	21.8
일본	347,034	427,500	23.2	4,993,689	6,373,000	27.2

관광청은 해외 홍보용 지역을 100개를 선정하고 이를 브랜드화 할 계획이다. 축제와 행사 등 각 지역의 특색이 묻어나는 이벤트 체험의 인기가 높다. 지방공항 활성화도 빼놓을 수 없다. 단체 관광객이 많은 LCC의 증가와 장시간 기다리지 않아도 되는 입국심사를 확충할 필요가 있다. 일본국제관광진흥기구(JNTO: Japan National Tourism Organization, 일본정부 관광국)는 1964년에 처음 설립된 이래로 관광을 통한 국제교류 발전에 기여하기 위해 해외 각국에서 다양한 활동을 펼치고 있다.

또한 일본 국내의 관광사업 발전을 촉진하기 위한 활동과 일본을

---

200) 국가별 방일 외국인 수, 일본정부 관광국(JNTO) 통계 보도자료

방문하는 관광객 유치 활동을 적극적으로 전개하고 있다. 구체적인 활동으로는 외국 관광객을 위한 여행객 안내 센터(TIC)의 운영, 관광객 유치 시설의 일괄 관리, 국제회의와 무역전시회의 유치 등을 들 수 있다. 또한 NTO는 관광진흥의 일환으로 관광과 관련된 일련의 조사, 일본 관광에 관한 안내 자료의 제작(인쇄물, 영상물) 등 다양한 활동을 전개해왔다. 뿐만 아니라 JNTO는 세계 각국의 주요 도시 13곳에 사무소를 설치하여 광범위한 관광객 유치 활동을 펼쳐 왔다. JNTO 해외 현지사무소의 중요한 역할 중 하나는 고객에게 일본여행을 권유하고 판매하는 것을 적극 지원하는 일이다. JNTO는 최근 새로운 조직 로고 및 태그라인을 발표하였고 '보다 풍성하고 건강하고 밝은 일본의 미래를 지향한다'라는 비전을 실현하고자 한다.[201]

① 한국의 일본 관광 동향

한국의 방일 여행객 수는 5,090,300명으로 역대 최고치를 기록하며 처음으로 500만명을 넘었다(지금껏 역대최고치는 2015년 4,002,095명). 한국의 해외 여행객 수는 증가하고 있으며 계속해서 저비용 항공사(이하, LCC)의 신규취항으로 좌석 공급량이 확대되어 1월(한달 내에 처음으로 50만명을 넘음) 이후 매월 30~40만 명대의 송객이 이루어졌다. 또한 '테마성 있는 여행'을 모토로 지방으로의 관광객 유치를 위해 쥬코쿠·시코쿠 지방을 2016년도 관광 중점 지역으로 정해 '알면 알수록 가면 갈수록 일본'이라는 카피를 사용한 영상을 발표했다. 한국시장에서는 최초로 인기 유튜버를 기용하여 현장감 있는 영상을 발송했으며, 민간기업과 제휴한 기획 등 다각적인 방일 여행 프로모션을 진행하여 지역의 다채로운 매력을 전달하였다.

---

201) 일본 정부 관광국 홈페이지

3) 사람과 문화관광

(1) 문화관광과 전문직

① 분라쿠(文樂)

일본은 전통문화의 계승과 장인정신을 높이 산다. 일본의 이러한 장인정신은 직업 세계에서도 뚜렷하게 나타나고 있다. 분라쿠는 일본의 전통 인형극으로 뛰어난 희곡과 음악, 독특한 인형 조종법(하나의 인형을 세 사람이 조종)이 주요 특징이다. 이러한 분라쿠 무대를 완성시키는데 필요한 역할은 총 3가지이다. 바로 타유, 샤미센, 닌교의 역할들이다.

타유는 모든 등장인물의 대사와 장소의 전경이나 사건의 배경을 직접 담당한다. 남녀노소, 무사, 서민 등의 목소리까지 표현하며 인형에게 사람의 마음을 표현하는 것이 목적이다. 샤미센은 샤미센이라는 악기를 연주한다. 타유의 이야기가 음악성보다 이야기의 내용 표현에 중점을 두었던 것처럼, 샤미센도 곡의 마음을 담아 타유를 돕는 것이 중요하다. 마지막으로 닌교는 인형극에 필수적인 인형을 조종하는 직업이다. 인형이 주인공인 인형극 분라쿠는 사실 인형에 이목을 집중시키기 위해 세 사람 모두 검은 망을 씌워 잘 보이지 않게 하여 얼굴이 하나도 보이지 않는다. 그럼에도 불구하고 자신들 없이는 인형극이 완성되지 않기 때문에 분라쿠에 종사하는 사람들의 자부심은 매우 크다.

노는 분라쿠처럼 약 600년의 역사를 가진 일본 중세시대의 가면 무용극으로 전통예술이다. 일본의 전통연극 노를 연기하는 시테는 무대의 주연이라고 볼 수 있다. 시테를 중심으로 시테의 동반자 역할을 하는 츠레와 주역을 담당하는 시테의 상대역인 와키가 있다. 노는 대부분 죽은 사람들, 즉 귀신들의 이야기이므로 귀신들은 모두 가면을 쓰

'오모테'를 쓰고 노를 연기하는 시테　　　검은 망을 쓰고 인형을 조종하는 노
(출처: 지식백과 - 분라쿠)　　　　　　　(출처: 지식백과 - 노)

나 와키역은 절대 가면을 쓰지 않는다. 이 가면을 노멘이라고 하는데 연기자들은 이 노멘을 매우 소중히 여기며 '오모테'라 부른다. 또한 가장 주역인 시테라는 자리까지 가기 위해서 아주 오랜 시간을 조연 역할을 담당하며 연습생의 과정을 거쳐야 하기 때문에 노라는 직업에 대한 명예가 매우 높다.

(2) 문화관광객의 개념

문화관광은 연간 성장률이 15%에 달하는 중요한 산업이며 사회경제 영향력의 확대, 산업의 융합화로 인해 다시금 주목 받고 있다. 지역의 고유자원, 전통과 문화를 보전하고 지역주민의 자발성과 주체성을 강화시키며 관광을 통한 문화 교류로 지역문화를 홍보하고 지역경제 활성화에 많은 기여를 한다. 문화관광객은 예술, 문화상품, 유적 및 역사 관광, 인종 관광(Race Tourism)을 포함한 문화자원을 경험하는 것에 초점을 둔 관광객을 뜻하며 여성의 비중이 높고, 대체적으로 일반 관광객에 비해 교육수준이 높은 것으로 나타난다.

(3) 복식과 문화관광

후리소데   도메소데    유카타    이로무지

　복식은 당시의 생활상을 잘 반영하기 때문에 민족적 전통성과 상징
을 알아볼 수 있다. 일본 복식에 있어 대표적 의상은 다양한 의복의
총칭인 기모노라 할 수 있다. 최초의 기모노는 속옷의 일종으로 착용
되다가 무로마치 시대에 이르러 더욱 폭넓게 보급되었다. 이후 에도시
대에 이르러 현대와 비슷한 다양한 색상과 스타일의 기모노가 등장한
다. 기모노의 소재는 면, 삼베, 울, 비단 등 매우 다양하다. 기모노의
종류 또한 다양한데, 어린 소녀와 미혼 여성의 격식 있는 예복인 '후리
소데'202)가 있다. 주로 밝은 색이며 긴 소매가 특징이다. 후리소데를
가장 흔하게 볼 수 있는 때는 성년식과 결혼식 피로연이다. '도메소
데'203)는 기혼 여성이 공식적인 장소에서 입는 격식 있는 기모노이며
옷자락에 무늬가 있는 것이 특징이다. '유카타'204)는 여름철에 입는 얇
은 천의 기모노이다. 여성용 유카타는 남성용에 비해 색채가 화려하
다. '이로무지'205)는 혼인 여부와 관계없이 입을 수 있는 무지 기모노

---

202) 일본의 전통의상 기모노(후리소데, 쥬우니히토에, 유카타, 시로무쿠), Gel's 일본문화여행, 네
　　이버 블로그
203) 도메소데, 전통의상 & 패션 블로그~Secret Boutique~, 네이버 블로그
204) 유카타세트[YS0450], 큐티 유카다 홈페이지
205) 이로무지, 전통의상 & 패션 블로그~Secret Boutique~, 네이버 블로그

이다. 흰색과 검은색을 포함한 색조의 차분하고 단순하며 세련된 기모
노라 할 수 있다.

(4) 금기문화

일본의 금기 문화들
(출처: JTBC 비정상회담)

금기는 오랜 세월 동안 특정 지역에서 내려오며 그 사회의 구성원
들이 공유하는 문화이다. 따라서 관광 시 금기문화를 알아보고 이를
지키고자 노력하는 것은 서로를 배려하고 이해하려는 첫 걸음이라 할
수 있다.

남에게 피해를 주는 것을 극도로 꺼리는 일본인들의 특성상 큰소리
로 얘기하는 것은 실례이다. 같은 맥락으로 대중교통 이용 시에 음식
을 먹거나 백팩을 뒤로 매는 것 또한 바람직하지 못한 행동이다. 다른
사람들이 움직이는데 불편함이 있기에 백팩은 앞으로 매는 것이 좋다.
또한 일본 특유의 식사 예절도 들 수 있다. 주로 밥그릇을 들고 식사
를 하는데 국을 먹을 때에는 젓가락을 이용하여 건더기를 먹은 후 국

물은 그릇을 들어 입을 대고 먹는다. 반찬은 개인 접시를 이용하여 따로 담아 먹으며, 큰 그릇에 음식이 나온 경우 전용 국자로 덜어서 먹어야 한다.

일본 특유의 음주문화 또한 인상적이다. 일본에는 술잔에 술이 비어 있을 때마다 계속 따라주는 풍습이 있는데, 이를 첨잔 문화라 한다. 일본인과 술을 마실 때에는 상대방의 잔이 비어 있는지를 확인하며 수시로 따라주는 것이 좋다. 또한 한국과는 달리 손위 사람에게도 한 손으로 받고 따르는 것이 일반적이다. 일본인에게 선물을 줄 때에는 짝수로 주는 것이 좋으며 4개는 불행을 가져온다고 생각하기 때문에 피해야 한다. 또한 대화를 할 때 상대방의 눈을 빤히 바라보는 행동을 무례하다고 생각한다. 이렇듯 한국과 일본은 지리적으로 가깝고 같은 동양권에 속하지만 다수의 문화적 차이가 있으므로 이를 이해하고 배려하는 태도가 필요하다.

(5) 특이한 사람들

만화와 애니메이션의 대국인 일본에는 만화 캐릭터와 사랑에 빠진 사람들을 종종 볼 수 있다고 한다. 이들은 일상 속에서 캐릭터가 새겨진 물건을 항상 들고 다니고 대화하면서 사랑에 빠지는 '2D 러버'이다. 스포츠 경향

애니 캐릭터와 결혼하는 일본인 남성
(출처: VR로 이뤄낸 사랑...캐릭터와 결혼하는 일본 웨딩홀 화제, 스포츠 경향)

이 발표한 기사에 따르면 일본의 한 남성이 VR 게임의 캐릭터와 결혼식까지 올리는 모습을 확인할 수 있다. 이렇듯 애니메이션 속 캐릭터

는 일본인들에게 큰 인기를 얻기 때문에 앞서 언급했던 스토리 여행이
나 각종 캐릭터 굿즈 판매 또한 성공적으로 이루어지고 있다.[206]

4) 장소와 문화관광

(1) 마을 만들기와 문화관광

마을 만들기(마치즈쿠리)는 정부의 주도가 아닌 지역 주민들과 지방자치단체를 중심으로 이루어진 프로젝트이다. 성공적인 마을 만들기로 잘 알려진 일본의 문화관광지로는 오이타현의 유후인, 홋카이도의 오타루 등이 있다.

유후인 온천
(출처: 규슈 오이따껭(大分縣)유후인(湯布院 : 由布院) / Yufuin), 다음 블로그 그대, 아직 절실한 기억이고 싶어서)

규슈 오이타현의 중부에 위치한 유후인은 생활형 관광지 조성을 통해 지역 활성화에 기여하고 있다. 지역 주민들은 유후인의 아름다운 자연을 최대한 보전하고, 이를 활용하여 세계적인 온천 마을로 발전시켰다. 저렴한 민박 온천부터 전통적인 고급 료칸까지 숙박시설 선택의 폭이 넓다는 점에서 개인, 여성, 가족 단위의 관광객들에게 인기가 높다. 또한 영화제, 음악제, 건강 마라톤 등 계절별로 다양한 문화행사를 개최하여 관광객들의 관심을 높이고 있다. 유후인은 지나친 상업 활동은 제한하기에 관광객뿐 아니라 자국민들에게도 옛 전통과 역사를 간직한 곳으로 높이 평가

---

206) 남소라, VR로 이뤄낸 사랑...캐릭터와 결혼하는 일본 웨딩홀 화제, 2017.07.05, 스포츠경향

받는다. 이처럼 지역 주민의 주도로 자연 환경을 활용하여 문화관광지로 성장시켰고, 시설 유지 및 관리를 위해 적극적으로 노력하는 등 지역 주민의 참여도가 높은 편이다.

오타루 운하
(출처: 연속된 공간을 가져오고 싶었던 일본
단독주택, 네이버 블로그)

홋카이도의 오타루는 연평균 700만 명이 방문하는 일본의 대표적인 문화관광지이다. 오타루는 삿포로와 가까운 지리적 이점으로 운하를 중심으로 발전하였다. 이후 내륙 철도가 생기면서 위기를 맞았지만, 지역 주민과 지방자치단체의 운하 보존과 활용의 노력으로 문화관광 산업지로 부상하였다. 특히 과거 오타루 운하의 창고로 사용되었던 창고군 내부를 보수한 레스토랑, 맥주집, 초밥 전문점, 전통 유리공예 갤러리, 일본 최대의 오르골 전문점 등이 유명하다. 이렇듯 오타루의 기간산업으로서 관광산업이 자리를 잡아가고 관광업으로 인한 경제적 효과가 상승하면서 역사문화관광 도시로서, 유리와 오르골, 운하라는 낭만적 이미지를 지닌 도시로서 성장하고 있다. 이처럼 지역의 특색을 최대한 보전하고 이를 자원화하는 지역주민들의 적극적인 참여와 노력으로 마을 만들기는 지속적인 지역발전을 거듭해가고 있다. 이때 가장 중요한 것은 지역주민들의 자발적인 참여와 꾸준한 운영, 유지관리를 위한 노력이 있어야만 성장을 할 수 있다는 것이다.[207]

---

[207] 홋카이도에서 꼭 먹어봐야할 음식 2탄, 양고기 구이 징기스칸, 오타루 운하, 홋카이도 여행, 길 위에서 만나는 당신과 나의 이야기, 네이버 블로그

(2) 축제와 문화관광

지역의 고유 자원, 전통과 문화를 활용한 다양한 지역 축제를 통해 지역주민들의 화합과 관광 활성화를 도모하고 있다. 일본의 지역 축제(마츠리)는 '신에게 제사를 지내는 것'을 의미하며, 전통과 지역 등에 따라 개최 시기나 행사 내용이 매우 다양하다. 일본의 대표적인 3대 마츠리로 도쿄의 칸다 마츠리, 오사카의 텐진 마츠리, 교토의 기온 마츠리가 있다. 특히 해외 관광객들에게 마츠리는 일본에서만 경험할 수 있는 독특한 문화관광 행사로서 해당 지역의 특색과 역사적 면모까지 살펴볼 수 있기에 인기가 높다.

① 도쿄의 칸다 마츠리

도쿄의 칸다 마츠리는 도쿄 치요다구 칸다 지역에서 5월 14~15일에 열리는 가마 축제이다. 칸다 마츠리는 1603년 도쿠가와 이에야스의 세키가하라 전투의 승리를 기념하며 시작되었다. 지역 주민들의 참여로 즐기고 기원하는 서민적인 축제이며

도쿄의 칸다 마츠리
(출처: 칸다 마츠리, 버추얼 도쿄, 티스토리)

상업적 기능 또한 크다. 마츠리 기간에는 수많은 관광객들이 모여 그 열기가 매우 뜨겁기에 인근 숙박업소, 주변 상점 등 지역 경제 활성화에 많은 도움이 된다.[208]

---

208) 칸다 마츠리, 버추얼 도쿄, 티스토리 블로그

② 오사카의 텐진 마츠리

오사카의 텐진 마츠리는 오사 카 텐만구신사를 중심으로 매년 7월 24~25일에 걸쳐 열리는 민 속 축제이다. 오사카 주민들의 생활 깊숙이 자리한 축제이며, 천년 이상의 긴 역사를 자랑한 다. 역모죄로 억울하게 죽은 스

텐진 마츠리의 모습
(출처: 텐진 마츠리, 이벤트가이드)

가와라 미치자네(일본 헤이안시대의 정치인으로 오늘날 학문의 신으 로 추앙받는 인물)의 원한을 풀기 위해 949년 당시 수도인 오사카에 텐만구신사(天滿宮神社)를 짓고, 951년 신사 근처 오가와(大川) 강가에 서 가미보코(神鉾, 창과 비슷한 형태의 무기)를 떠내려가게 해서 창이 도착한 곳에 제단을 쌓고 의식을 시행한 데서 비롯되었다.[209]

③ 교토의 기온 마츠리

교토의 기온 마츠리는 매년 7월 일본 교토 히가시야마 구 기온 지역의 야사카진자를 중 심으로 한 달간 열리는 민속 축제이다. 이 축제는 869년 일 본 전역에 역병(疫病)이 창궐했 을 때 병과 악귀를 퇴치하기

교토의 기온 마츠의 모습
(출처: 기온 마츠리, 네이버 지식백과)

위해 제사를 지내고 기도를 드린 고료오에(원한을 품고 죽은 영혼을 위로하기 위한 제사)에서 비롯되었다고 전해진다. 기온 마츠리는 도쿄

---

209) 네이버 지식백과

의 간다 마츠리(神田祭), 오사카의 텐진 마츠리(天神祭)와 함께 일본의 3대 축제로 꼽힌다. 오닌의 난(應仁の亂, 1467~1477)이나 태평양 전쟁 기간에 잠시 중단되었다가 국민의 건강과 안녕을 기원하는 축제로서 1,100년 넘게 이어지고 있다.[210]

(3) 주거와 문화관광

습도와 기온이 높은 일본 기후적 특성상 개방적인 구조의 여름형 주택이 일반적이다. 이는 창문이 많고 지붕이 높기에 겨울에는 적합하지 않은 주택 구조이다. 또한 지진이 자주 발생하는 일본은 주택을 높이 짓지 않고 목조건물을 많이 지어왔다. 건물을 낮게 지어야 지진에 쉽게 무너지지 않고 목조건물이 흔들림에 강하기 때문이다. 하지만 이로 인해 대부분의 일본 주택은 화재에 취약하다는 단점이 있다.

일본의 단독주택

일본의 아파트

일본의 맨션

현대식 일본의 주거 형태는 1) 단독주택[211] 2) 아파트[212] 3) 맨션[213]으로 구분된다. 한국의 연립 주택이나 다세대 주택은 일본에서

---

210) 네이버 지식백과
211) 연속된 공간을 가져오고 싶었던 일본 단독주택, Im Home Story, 네이버 블로그
212) 조기원, 일본 이상 아파트 건축 붐…일본판 서브프라임 사태 우려, 2017.03.26, 한겨레
213) 일본의 면진 맨션은 어느 정도로 안전할까?, 한국인이 본 일본, 티스토리

아파트로 불리고, 일본의 맨션은 한국의 아파트에 가깝다. 일본의 단독주택은 주로 목조 건물이고 단층 혹은 2층으로 지어지며, 최근 들어 철근 콘크리트 주택이 증가하였다.

일본인의 집에 초대받았을 때 지켜야 할 몇 가지 예절이 있다. 가장 먼저 현관에 신발을 벗을 때 신기 편한 방향으로 다시 돌려놓는 것이 좋다. 또한 손님을 집에 초대한 경우 손님을 배려하며 먼저 목욕할 것을 권한다. 목욕물을 데워 가족이 다 함께 사용하기 때문에 목욕탕 내에서 몸의 때를 밀거나 목욕 후에 물을 빼버리는 것은 큰 실례이다. 그리고 대체로 방음이 약하기 때문에 큰소리로 얘기하는 것은 피해야 한다. 한국과 마찬가지로 초대를 받아 일본인의 집을 방문할 때에는 간단한 선물을 사가는 것이 바람직하다.

(4) 특이한 장소 및 불가사의

① 미카미 신사

일본에는 셀 수 없이 많은 신들이 존재하고, 이들을 모시는 신사들이 매우 유명하다. 그중 교토에 위치한 미카미 신사는 머리카락 신사라는 독특한 이름을 갖고 있다. 이곳은 1961년에 교토의 미용업자들이 머리카락의 건강을 기원하며 만든 신사이다.

미카미 신사
(출처: 일본 간사이 여행 – 39.미카미산사 / 노노미야신사 / 도게츠쿄우 (교토) (2), Way of wind God, RULIWEB)

일본 유일의 머리카락 신사인 만큼 에마[214]에도 국가 미용시험에 통

---

214) 에마: 소원을 빌거나 소원이 이루어진 후 신사에 봉납하는 그림이 그려진 나무판, Wikipedia Korea

과하기를 바라거나 머리카락이 빠지지 않고 잘 나게 해달라는 등의 소
원이 적혀있다.215)

② 독특한 카페들

한국에는 커피나 차 등의 음료를 마시며 담소를 나누는 공간으로서
의 카페가 대부분이지만, 일본에는 새, 토끼, 고양이처럼 다양한 동물
들을 접할 수 있는 색다른 카페가 많은 편이다. 아사쿠사의 Torinoiru
Cafe에서는 매, 앵무새, 올빼미 등 약 100마리에 이르는 다양한 새들
을 접할 수 있다. 시부야에 있는 Ra.a.g.f라는 가게에는 20여 마리의
토끼가 있어 간식을 주며 함께 놀 수 있다. 또한 테라스에 두 마리의

일본의 독특한 카페들
(출처: 일본인은 특이해 – 카페 편 – Live Japan)

---

215) 일본 간사이 여행 - 39.미카미신사/노노미야신사/도게츠쿄우 (교토) (2), Way of Wind God,
RULIWEB

염소가 있는 Sakuragaoka Café가 유명하다. 카페에서 음료와 간단한 식사를 하면서 염소를 바라보는 이색적인 경험을 할 수 있다. 도쿄에는 약 350년 전통의 금붕어가 있는 Kingyozaka라는 카페가 있다. 이곳에서 금붕어를 구입할 수도 있고 금붕어 낚시도 할 수 있다고 한다.[216)

③ 저주를 위한 신사

앞서 소원을 빌고 안녕을 기원하는 신사를 살펴보았다. 하지만 2014년 2월 TV조선의 '세계로 가는 아시아 헌터'는 교토의 키부네 신사에서 발생한 불가사의한 일을 소개하였다. 이곳은 주로 소원을 빌거나 점을 보는 사람들이 자주 찾아오는데, 새벽 2시에 신사를 방문하는 사람들의 소원은 누군가를 저주하기 위함이라고 한다. 신사의 가장 외진 곳에서 타인을 원망하는 글을 종종 볼 수 있다. 새벽 2시가 되면 짚 인형에 대못을 박는 복수 의식이 행해진다고 한다.

5) 콘텐츠와 문화관광

(1) 인문학과 문화관광

관광산업은 국가의 종합적인 문화적 역량이 드러나며, 지역별 이미지를 제고하여 지역 경제를 더욱 활성화시킬 수 있다. 관광산업은 예술, 문화, 인문학 등 다양한 분야와 함께 발전한다. 문화관광진흥에는 인문학적 역량이 필수적이기 때문에, 인문학과 예술콘텐츠 등에 문화관광산업을 융합시키는 것이 매우 중요하다.

---

216) 일본인은 특이해 - 카페 편 - Live Japan

① VR 시장의 급속한 성장

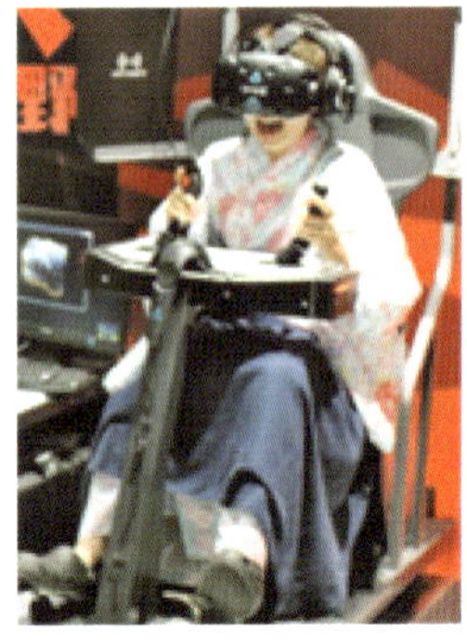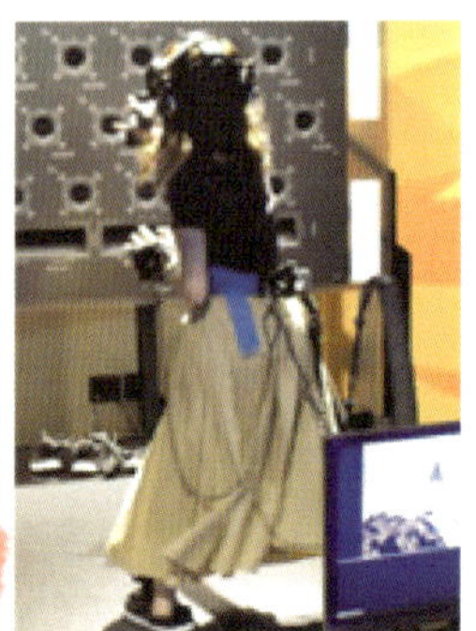

VR을 체험하는 모습
(출처: 조선일보 홈페이지)

VR(Virtual Reality)이란 컴퓨터를 사용한 인공적인 기술이고, 실제
와 유사하지만 실제가 아닌 어떤 특정한 환경이나 상황 혹은 그 기술
을 의미한다. 이때, 만들어진 가상의 환경이나 상황 등은 사용자의 오
감을 자극하며 실제와 유사한 시, 공간적 체험을 통해 현실과 상상의
경계를 자연스레 허문다. 또한 사용자는 실재하는 장치를 이용하여 조
작이나 명령을 가하는 등 가상현실과의 상호작용이 가능하다.[217] 7월
20일 오후, 일본 도쿄 신주쿠구의 VR ZONE에서 방문객들은 전투 탱
크를 조종하는 게임, 하늘을 나는 자전거 체험, 드래곤볼의 주인공인
손오공이 되어 장풍을 쏘는 체험을 하면서 즐거운 시간을 보냈다. 또
한 작년 말 도쿄의 'VR 세계 여행사'에는 하루 5차례 VR 전세기를 통
해 미국의 뉴욕과 하와이, 영국의 런던 등 세계 주요 도시를 여행하는
체험을 진행하였다.[218]

---

217) 네이버 지식백과
218) 이동휘, VR 전세기 타고 세계여행까지… 가상현실에 푹 빠진 일본, 2017.08.23, 조선비즈

② 전시 예술과 문화관광

'요코하마 트리엔날레'는 3
년마다 요코하마시에서 열리
는 국제 현대미술전이다. 일
본을 대표하는 현대미술 국
제전시로서, 요코하마시의 발
전을 선도하고 문화적 다양
성을 추구하고자 한다. 현재
세계적으로 유명한 아티스트

요코하마 트리엔날레 2014
(출처: 요코하마 트리엔날레 공식 홈페이지)

의 작품을 전시하기도 하고, 새롭게 떠오르는 신예들을 소개하면서 현
대 미술의 트렌드를 제시하고 있다. 2001년 첫 개최된 이래로, 수많은
시대적 변화 속에서 전시를 이어오면서 개인과 사회의 관계, 일본과
세계, 현대 미술의 사회적 의의 등을 다양한 관점으로 생각할 수 있게
한다.

③ 음식과 문화관광

최근의 여행 트렌드는 단순히 역사적인 명소를 관광하는 그치지 않
고, 스스로 자신이 좋아하는 컨셉을 정하여 이를 경험하는 것으로 바
뀌고 있다. 대표적인 예는 우리에게 친숙한 식도락 즉, 음식 문화관광
이다. '일본'은 우동, 초밥, 라멘, 디저트 등의 다양한 음식들이 발달해
왔다. 특히 일본의 오사카는 관광객들에게 흔히 '먹방 여행'으로도 불
릴 정도로 다양한 맛 집이 있고, 음식점 앞에 줄을 서서 기다리는 광
경이 자주 목격된다.219)

---

219) 대표적인 일본 음식, Japong 홈페이지

④ 특이한 콘텐츠들

일본식 메이크업은 독특한 화장법으로 전 세계의 여성들에게 큰 인기를 누리고 있다. 갸루 화장은 1990년대 중반부터 유행한 화장법으로 갸루란 영어의 girl을 일본식으로 발음한 것이다. 또한 블러셔를 눈 밑에 발라 술에 취한 듯한 인상을 주는 숙취 화장(이가리 메이크업)도 유명하다. 애니메이션 시장이 크게 발달한 일본에서는 많은 사람들이 코스프레 화장을 하곤 한다.

갸루 메이크업[220)

이가리 메이크업[221)

코스프레 메이크업[222)

6) 문화관광의 미래

쿨재팬의 대표적 사례[223)

장르	작품명	내용	연도
영화 (만화)	테루마에 로마에	대만흥행수입랭킹 1위 획득. 이탈리아, 프랑스 등에서 배급 결정	2012년
영화	오쿠리비토	제 81회 미국 아카데미상 최우수외국어영화상 부문	2008년
애니	센과 치히로의 행방불명	제 52회 베를린 국제영화제 금곰상 수상, 애니상, 제 75회 아카데미 장편애니메이션 수상	2001년

---

220) 갸루 메이크업, 나무위키
221) "술취한 여자처럼?" 日서 대유행인 메이크업...왜?, 2015.08.31, 헤럴드경제
222) Japan Cosplay, AliExpress
223) 출처: 송혜주, 일본, '쿨재팬 기구' 통해 대중문화 수출, KOTRA 해외시장뉴스

애니 (만화)	원피스	30개국 이상의 국가 및 지역에서 방송되어 대히트	1999년~
드라마 (만화)	JIN-仁-	해외 80개국 및 지역에서 판매되어 성공 ※ 예능 프로그램에서는 해외 판매는 물론 'SASUKE', '요리의 철인' 등 포맷 판매로 세계적인 인기 프로그램이 된 경우도 있음	2009년~
게임	'파이널 판타지' 시리즈	발매로부터 25년 동안 전 세계 누계 판매량은 1억 개를 돌파. 최근 타이틀은 해외 판매량이 일본을 능가하는 등 해외에서 정착	1987년~
패션	잡지 'Ray'	1988년 발간된 여성패션잡지로, 중국과 태국에서도 발매중이며 중국에서는 지명도 No.1 패션잡지	2009년~
식	일본요리	글로벌 푸드 앙케이트(hotels.com 조사)에서 이탈리아, 프랑스에 이어 3위. 그 중에서 초밥이 인기	2012년
관광	일본관광	2003년도 대비 2012 방일 관광객이 60% 증가. 외국인 관광객 90%가 '만족, 다시 오고싶다'고 응답(일본 관광청 조사)	2011년

일본 문화관광의 주요 특징은 '일본 특유의 콘텐츠를 상용화하기 위한 정책적 지원 강화 및 새로운 콘텐츠 발굴을 위한 문화 부문의 개척 추진'이라 할 수 있다. 아베 정부는 문화콘텐츠를 통해 해외 매출을 3배 이상 확대하여 경제성장에 기여하기 위한 문화·관광 정책을 강조하였다. 또한 2020년까지 외국관광객 2,500만 명 유치를 목표로 지속가능한 성장을 추구한다. 일본 문화를 해외에 전파하고 현지 관광 유입을 활성화하기 위한 '쿨재팬(Cool Japan)' 전략224)을 강화하고자 한다. 쿨재팬 전략은 일본의 대중문화를 전 세계로 확장하여 패션, 음악, 영화, 게임, 식품, 영상 콘텐츠 등의 수출을 늘리려는 것이다.

---

224) 일본에서 체계화된 전통 – 현대 문화가 국제적으로 평가 받는 현상 혹은 고부가가치 문화콘텐츠 및 관련 홍보, 경제 활동을 지칭

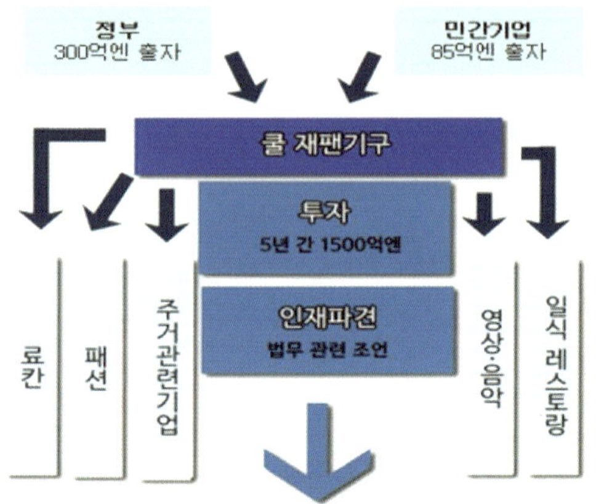

일본문화 판매를 위한 해외고객 개척
일본문화 판매를 위한 전략
(출처: 일본경제신문, KOTRA 후쿠오카 무역관 작성)

일본 정부는 패션, 음식, 관광 등과 함께 ICT 신기술 도입·융합을 통한 콘텐츠 발굴과 확산을 통한 경제성장을 기대한다. 또한 기술 발달에 따라 콘텐츠 개발·전달·서비스화 방식을 전환하였다. 초기에는 문화콘텐츠 선별과 디지털화 등 기반 조성에 집중하였고, 이후 콘텐츠 발굴 대상을 확대하고 온라인 서비스 연계 및 데이터 축적·관리·개방 등에 예산을 집중 투자한다.[225]

한국의 K-POP을 선진 모델로 벤치마킹하여 일본의 문화산업을 다양한 해외 시장으로 확대하며 세계화를 적극적으로 추진하려는 계획이다. 일본 정부는 일본 문화에 대한 인식과 이해가 높아질수록 국가 전체의 이미지에 긍정적인 영향을 미칠 것이라 기대한다.[226]

---

225) 2013년도 쿨재팬 전략, Kocca 한국콘텐츠진흥원
226) 일본경제신문, KOTRA 후쿠오카 무역관 작성

7. 문명의 시작, 이집트

　G20에 속하지 않음에도 불구하고 조사대상으로 선정한 이집트 아랍 공화국(이하 이집트)은 아프리카 북동부에 위치한 4대 문명 중 하나인 나일 강 문명의 발상지로, 피라미드나 스핑크스 등의 뛰어난 관광 유적과 함께 풍부한 지하자원 및 천연가스 등을 보유한 자원 부국이다. 특히 세계 3위의 매장량에 달하는 인광석의 수출량은 세계 최고 수준이다. 주요 관광도시인 카이로[227]는 나일 강의 남단에 위치하며, 아랍권과 아프리카 대륙에서 가장 큰 도시이다. 관광산업은 이집트 GDP의 12%를 차지하는 외화 수입의 최고 원동력이며, 매년 한국을 포함한 영국, 독일, 러시아의 100만여 명에 달하는 관광객이 이집트를 방문하고 있다. 이에 따라 이집트 정부는 신규 관광 인프라 개발 등 관광 산업 육성을 위한 지속적인 투자를 해오고 있다. 또한 이집트의 수에즈 운하로 인해 많은 유럽 국가의 선박들이 아프리카를 거치지 않고 바로 아시아로 이동할 수 있게 되었으며, 수에즈 운하는 동서양을 잇는 국제 무역 및 해상 교통의 거대한 혁명으로 높이 평가받는다. 이집트의 관광 산업이 국가 경제 전체에 중대한 역할을 하는 만큼, 테러와 항공 여객기의 추락 등으로 실추된 국가 이미지를 회복하고, 관광 산업의 침체를 타개하기 위해 적극 노력해야 할 것이다.

---

227) 이집트의 수도이자 중동, 아프리카, 유럽을 잇는 국제도시로 성장하였으며 투탕카멘의 황금 마스크와 람세스 2세의 미라 등을 보유한 고고학 박물관 등으로 이집트의 주요 관광국이 되었다. 카이로, Wikipedia Korea

이집트의 위치

국가명	이집트 아랍공화국(Arab Republic of Egypt)
위치	아프리카의 북동쪽, 시나이 반도를 통해 서아시아와 이어짐
도시	카이로(수도), 알지자, 알렉산드리아, 아스완, 수에즈, 룩소르
면적	$1,001,450\,km^2$(우리나라의 약 10배, 세계 30위)
민족	함족(이집트인, 베두인, 베르베르인) 99%, 소수 민족(그리스인, 누비아인, 아르메니아인 1%)
언어	아랍어
기후	건조기후(인구의 약 99%가 국토 면적의 5.5%에 집중)
종교	이슬람교(수니파) 90%, 콥트교 및 기독교 10%
GDP	3,363억 USD(2016년 기준)
화폐	이집트파운드(EGP), (100EGP=6,414원 2017.09.25. 기준)

이집트는 아프리카 대륙의 북동부에 위치하며 융성했던 고대 시대의 문명, 기독교와 천주교의 성지, 그리고 기적을 일군 나일강이 오늘날의 이집트를 든든하게 받쳐주고 있다. 사막에서 불어오는 모래바람과 지나치게 많은 일조량 등 기후적인 악조건 속에서도 찬란했던 고대 문명을 이루고 유지해 나가는 국가이다.[228]

228) 이연수 조형미. 이지 지중해. travelboolksblue, 2010, 429

1) 문화관광의 주요 이슈와 트렌드

(1) 후르가다[229]

흔히 이집트를 생각할 때면 끝없이 이어지는 모래 사막이 가장 먼저 떠오를 것이다. 하지만 이곳은 이집트의 전형적인 이미지와는 다소 다른 매력을 가진 곳이다.

후르가다에서 다이빙을 즐기는 사람들
(출처: 후르가다, 네이버 지식백과)

후르가다는 이집트 홍해의 관광도시이며 전 세계의 다이버들에게 인기 있는 다이빙 포인트 중 한 곳이다. 이집트의 뜨거운 열기를 피해 푸르른 에메랄드빛 바다에서 해양 생물들과 한가로이 해수욕을 즐길 수 있다. 또한 후르가다는 스노클링, 국제 다이빙 자격증(PAD) 등 다

---

229) 네이버 지식백과 - 후르가다

양한 프로그램을 갖춘 다이빙 센터와 쇼핑 지역, 그리고 유럽풍의 고
급 리조트까지 갖추고 있다.[230]

(2) 수에즈(Suez)[231]

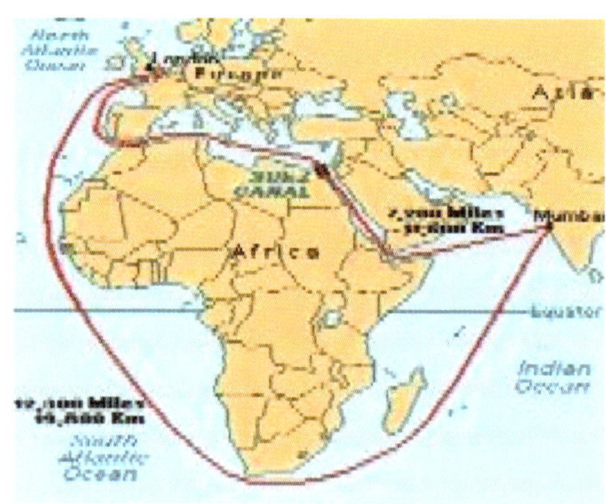

수에즈 운하
(출처: Egypt's economic lifeline runs through the
Suez Canal, Global Risk Insights)

수에즈 운하 남단에 위치한 홍해의 항구 도시이다. 수에즈 운하[232]는 이집트 시나이반도 서쪽의 지중해, 홍해, 인도양을 잇는 세계 최대의 해상 단축 경로로 이집트의 주요 외화 수입원 중 하나이다. 경로는 지중해와 홍해 사이를 지날 때 육로로 혹은 아프리카 대륙으로 우회할 필요 없이 유럽과 아시아를 해상로로 바로 연결해준다. 세계 원유 해양수송 물동량의 7%, 세계 LNG의 13%가 이집트 수에즈 운하를 통해 운송 된다고 한다.[233] 이렇듯 유럽과 아시아를 잇는 해상 물류의 거점지라는 큰 지리적 이점을 갖고 있다.

---

230) 이연수 조형미. 이지 지중해. travelboolksblue, 2010, 550-565
231) Global Risk Insights - Egypt's economic lifeline runs through the Suez Canal
232) 지중해의 포트 사이드(Port Said) 항구(시나이 반도 서쪽)와 홍해의 수에즈(Suez) (남쪽 끝)항
    구를 연결하고 있다.
233) 수에즈 운하, 네이버 지식백과

2) 문화관광객의 동향

관광산업은 2010년 기준 이집트 GDP의 약 12%를 차지하며 관광객 27,731만 명, 전체 인구의 10% 고용, 관광수지 300억 달러 등의 성과를 기록한 이집트의 대표적인 산업이다. 또한 전 중동 지역 관광객의 25%, 북아프리카 관광객의 41%가 이집트 관광객으로 추정되며 전 세계 관광객 수로는 25번째 국가였으나 2011년 민주화 혁명 이후 심각한 침체기에 빠져들었다.[234] 또한 이슬람 극단주의 무장단체 IS의 이집트 지부가 시나이반도[235] 북부를 중요 거점으로 삼은 뒤 크고 작은 테러를 잇달아 자행하면서 현지의 치안에 관한 우려가 커졌다.[236] 이로 인해 2016년 이집트를 찾은 관광객 수는 526만 명에 그쳤다. 이집트 내 관광객의 72%는 유럽인이며, 그 중 최근 5년간 러시아 관광객이 가장 많았다고 한다. 작년 한 해 동안 러시아 관광객 320만 명이 방문하였으며 이집트는 이들로부터 25억불의 외환 수입을 거두었다. 하지만 2017년에는 루불화의 가치 하락으로 관광객 수가 약 10%가 감소하여 9월 말에는 205만 명이 방문하였다.[237] 이집트 관광부는 이집트의 심각한 전력난을 계기로 화석 연료 기반의 에너지 경제에서 풍력, 태양력 등의 비 화석 연료·재생 가능 에너지 기반의 관광산업으로 전환하는 '그린 투어리즘'에 집중했다.

이집트 그린 투어리즘의 주요 사업은 호텔의 친환경 정도에 따라 ★의 개수로 등급을 매기는 '그린스타' 인증 제도를 시행하는 것이다. 또한 태양열 온수난방 시스템을 도입하여 에너지 효율을 높이고자 한

---

234) Kotra 공식 홈페이지
235) 시나이 반도는 기독교 유대교 이슬람의 성지로 성지 순례지 중 하나이다, 이집트, Wikipedia Korea
236) 이집트, 2013. 9. 30, KOTRA 국가정보
237) 이집트 관광산업 동향, Daily News 11.8, 주 이집트 대사관

다. 그리고 빈 방의 램프를 자동으로 탐지하여 끄는 지능형 조명 시스템을 도입함으로써 전기세를 평균 15~20%까지 절감할 수 있다.[238]

2010	2011	2012	2013
27,721	5,845	10,518	8,699

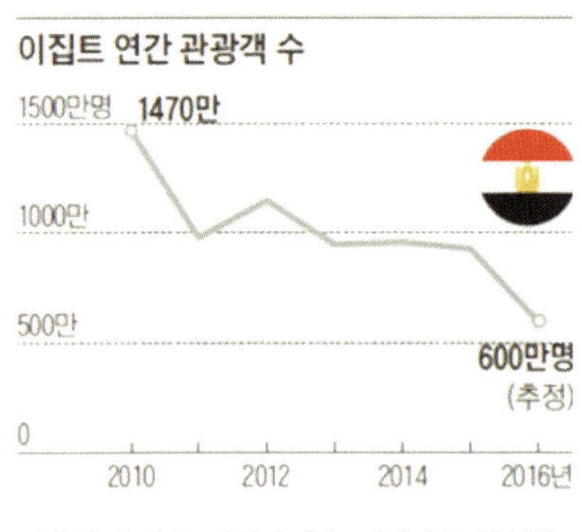

(출처: 노석조, 테러에 우는 피라미드...방문객
4분의 1토막, 2016.09.01., 조선일보)

이집트의 관광객 수는 연간 9백만 명에 이르는 것으로 집계된다. 2011년경에는 이집트를 방문하는 관광객 수가 14백만명에 이를 것으로 전망하나, 의료 서비스를 원하는 의료 관광객 수는 전체 관광객의 3% 이하로 추정되는 등 아직은 이집트가 중동 아프리카 권에서 의료서비스 허브로서의 역할을 성공적으로 수행하지 못하는 것으로 평가된다. 의료 서비스로 이집트를 방문하는 관광객이 필요로 하는 의료 서비스에는 일부 신체 성형, 피부 미용, 치과 진료 등이 있다. 하지만 의료 시설의 부족과 의료 관광산업에 대한 인식 등으로 인해 의료 관광산업 서비스가 제 가치를 인정받지 못하는 상황이다.

하지만 현지 의료진들의 실력 향상, 유럽, 미국 등에 비해 저렴한 의료비, 등으로 인해 의료 서비스와 관광을 합친 트렌드가 인기를 끌고 있다. 더 많은 외국인 의료 관광객을 유치하고, 고부가 가치의 산업으로 성장하기 위해서는 우선, 구분되어있는 분야별 의료 서비스들을

---

238) 관광대국 이집트, 테러에 무릎 꿇을 것인가 - 관광 : 아플 때, 돈 없을 때 떠나는 여행 (4)
(2015 한국을 뒤흔들 12가지 트렌드, 2014.11.05.), 네이버 지식백과

통합적으로 묶는 것이 중요하다. 또한 이집트 정부의 적극적인 지원 하에 의료 시설의 현대화를 추구하고, 의료 서비스 산업에 대한 인식 개선으로 전문적인 의료서비스 관광을 책임지는 여행업계의 노력이 필요할 것이다.[239]

3) 문화관광 산업의 현황과 동향

관광산업은 이집트의 핵심적인 산업이다. 성장세를 기록하던 이집 트 관광객 수는 2011년 1월의 시민혁명을 계기로 급감하였고 이후 이 를 회복하는 데 어려움을 겪고 있는 실정이다. 계속되는 불안한 치안 과 교통 및 관광 인프라 부족 등으로 문화관광산업이 큰 타격을 입었 다. 이는 대외적으로도 확인되었는데, 세계경제포럼(WEF)이 발표한 2013 관광 경쟁력 보고서 관광 경쟁력 순위가 2011년에 비해 10단계 (75위→85위, 140개국 중) 하락하였다.

관광산업이 활기를 되찾기 위해서는 가장 먼저 이집트가 관광하기 에 안전한 치안 체계를 가진 국가임을 확신시켜야 한다. 2013년 1~3 월간 이집트 방문 관광객 수가 조금씩 증가하고 있지만, 아직 완전히 회복되기에는 많은 시간이 필요할 것으로 보인다. 외국인 관광객(특히 아랍국가, 남미, 아시아 시장에 집중) 유치를 위해 여성 전용 수영장을 개설하는 등 남녀 간의 독립된 공간을 가진 숙박 시설이 생겨났다. 또 한 유명 관광지에 카메라를 설치하고 이를 중개함으로써, 이집트가 안 전한 국가임을 알리고 있다. 현재에도 미래에도 이집트 관광산업의 포 인트는 정세와 치안 회복과 유지일 것이다. 관광산업이 이집트 경제의 효자산업이었던 만큼 관광 인프라 개선과 관광지 개발을 통한 위기 극 복이 필요하다.[240]

---

239) 이집트 의료서비스 시장동향, 2009.10.27, 한국보건산업진흥원

4) 사람과 문화관광

(1) 문화관광과 전문직

① 펠루카 뱃사공

아스완과 뗄레야 뗄 수 없는 아스완의 상징적인 이미지인 펠루카[241]는 바람의 힘으로 나아가는 전통적인 돛단배이다. 펠루카는 나일강변의 선착장마다 정박해 있으며, 돛을 감아 두었다가 운행을 시작할 때 뱃사공들이 그 돛을 펴셔 바람에 따라 키로 방향을 조정하며 나일강을 가로지른다. 나일강 유역의 이집트 문명은 세계 4대 문명 중 하나로 태양력, 기하학, 천문학, 건축 등이 발달하였다. 펠루카의 뱃사공들은 보통 해가 가장 뜨겁게 떠 있는 시간동안에는 운행을 하지 않고, 아침과 저녁시간에 호객 행위로 손님을 맞이한다. 호수와 같은 강 위에서 따뜻한 바람을 느끼며 아름다운 경치를 바라보며 일할 수 있는 것이 펠루카 뱃사공의 장점이다.

나일강의 한 뱃사공
(출처: 박경, "노 프라블럼"이라는 그에게서 여유를 배웠다, 2011.12.16., 오마이뉴스)

바다 위의 펠루카
(출처: 배용기, [이집트 여행] 나일강 펠루카 타고 키치너 섬으로, 2010.03.31., 하나투어 홈페이지)

---

240) 이집트 관광산업 동향 및 전망, 주 이집트 대사관
241) 네이버 지식백과 - 펠루카

(2) 복식과 문화관광[242)

고대 이집트 복식의 주요 특징으로는 단순한 색상과 기하학적 패턴, 화려한 장신구들, 짙은 화장 등이 있다. 의복의 종류로는 로인클로스, 칼라시리스, 하이크, 쉬스 스커트, 갈라베야, 타르하 등이 있다. 이외에도 헤어스타일, 수염, 머리 장식, 신발, 장신구, 화장 등이 특징적이다.

① 로인클로스

허리에 둘러서 착용하는 가장 간단한 형태의 의복이며, 바느질을 하지 않고 천을 그대로 둘러 입는다. 허리에 둘러 천의 끝 부분을 허리에 끼워 넣거나 끈이나 벨트로 고정시켜 입었다. 시간이 흐르면서 길이와 주름 장식이 다양해졌다.

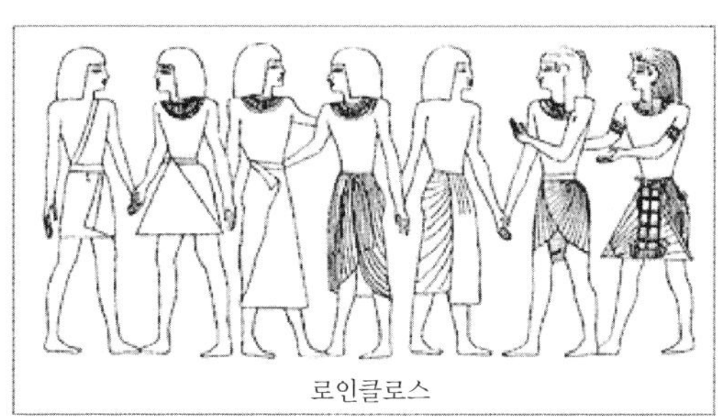

② 칼라시리스

상류층의 남성과 여성 모두 입었던 로브나 가운과 같은 드레이퍼리형 의복이다. 얇고 고운 린넨 천으로 만들어져 속이 비치며 신왕국 시대에 주로 착용하였다고 한다.

---

242) 이집트 복식, 리얼스킨, Daum blog

③ 하이크

몸에 걸치거나 두르는 숄(Shawl) 형
으로 주로 왕족들의 위용을 과시하기
위해 입었던 의상이다. 이집트 의상을
통틀어 가장 우아하고 독창적인 형태
이다.

④ 쉬스 스커트

쉬스드레스, 쉬스가운이라고도 하며
어깨끈이 달린 긴 원피스 형태이다. 주
로 여성이 입었으며 스커의 허리를 가
슴 밑까지 하여 유방을 그대로 드러냈
다. 옷감으로는 리넨과 면직물을 사용
하였다.

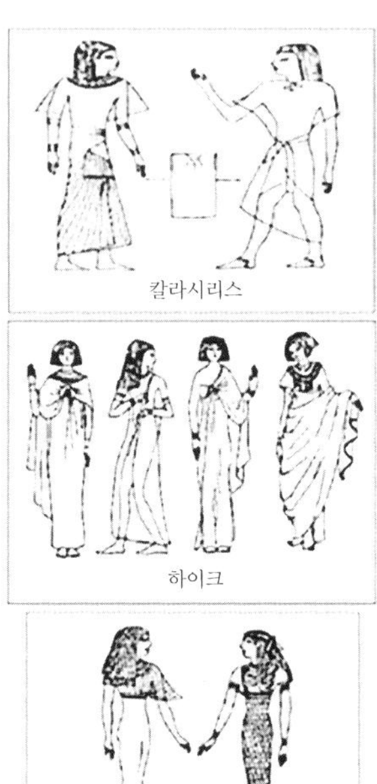

(출처: 이집트 복식,
Daum Blog, 리얼스킨)

⑤ 갈라베야(Galabeya / Jellabiya)[243]

이집트를 비롯한 아프리카 북부 이슬람 지역에서 널리 입는 남성의
전통 의상이다. 목 부분을 둥글게 파서 앞을 틔운 가운 형식의 옷이며,
폭이 넓고 길이는 땅에 닿을 정도로 길다. 여름철에는 통풍이 잘 되게
하기 위하여 소매를 넓고 헐렁하게 만들며 주로 무명처럼 얇은 재료로
만든다. 반면, 겨울철에는 따뜻하게 입을 수 있도록 두꺼운 면이나 울
(Wool) 소재를 주 원단으로 사용한다. 색상은 다양한 편이지만, 대부
분의 사람들은 흰색을 선호한다. 흰색은 고급스러운 이미지로 아랍권
에서는 경제적 여유가 있는 사람일수록 흰색을 즐겨 입는다는 인식이

---

243) White Men's Galabeya - Amera's Palace online shop

있기 때문이다.[244]

⑥ 타르하(Tarha)[245]

엄격한 이슬람 교리에 입각하여 여성들이 입는 전통 민족의상으로 아라비아, 이집트 등에서 차도르를 부르는 명칭이다. 흔히 검은 목면의 망토형으로 만들어진다. 종교적 이유로 타인에게 얼굴을 보이지 않도록 눈 부분을 제외하고, 전신에 뒤집어쓰는 형태이다.[246]

차도르(타르하)를 입은 이슬람 여성들
(타르하, 네이버 지식백과)

⑦ 헤어스타일

남녀 모두 위생을 목적으로 머리를 짧게 자르거나 삭발을 하고 가발을 썼다고 한다. 가발의 형태는 시간이 지나면서 변화했는데, 초기의 가발은 짧은 단발에서 점차 부피가 커지고 길이가 길어졌다. 상징적인 신분을 표시하는 머리 장식물 등은 이집트 복식의 중요한 특징 중 하나이다.

---

244) KOICA(국제협력단) 공식블로그 - 사막이 만들어준 이집트의 전통, 갈라베야와 파타
245) 나무위키 - 차도르
246) 네이버 지식백과 - 타르하

⑧ 수염

의식이 있을 때, 왕은 인조 수염을 달아 위엄과 권위를 드러냈다. 계급에 따라 수염의 길이가 달랐으며, 왕의 수염은 길고 뭉툭한 형태이고 관리는 수염을 짧게 관리했다.

⑨ 머리 장식

가발을 가릴 수 있도록 이마에 둘러서 착용하는 머리 장신구이다. 착용한 모습이 피라미드와 유사하다.

▶ 커치프

가발이 가려지도록 이마에 두른 거친 아마 직물의 머리 수건이다. 왕과 여왕이 쓰는 커치프는 클라프트라고 하며, 뱀 머리와 독수리 문양의 장식이 특징이다.[247]

커치프의 모습
(출처: 커치프 & 파시움 #06,
서보영 무대의상)

▶ 네메스

네메스의 모습
(출처: 투탕카멘의 황금마스크
네메스, Pinterest)

네메스란 커치프가 발전된 형태로, 머리에 통째로 뒤집어쓰게 되는 형태의 고대 이집트 관(Crown)이다. 목이나 등, 어깨까지 내려오는 형태 등 다양한 형태가 발견되고 있으며, 왕과 귀족만이 착용가능하다. 관의 이마 부분에 있는 코브라 장식이 특징이다.[248]

---

247) 서보영 무대의상 - 커치프&파시움 #06
248) Nemes, Wikipedia

⑩ 신발

뜨거운 대지로부터 발을 보호하기 위해 신발을 착용하며 주로 슬리퍼의 형태로 열의 발산을 돕는다. 슬리퍼는 종려나무 줄기 등의 식물성 재료와 염소 가죽으로 만들어진다.

⑪ 장신구

아열대성 기후로 인한 의복은 단순하되 크고 화려한 장신구가 발달하였다. 파시움이란 어깨를 감싸는 넓은 목 장신구이고 금과 보석 장식이 특징이다. 펙토랄은 가슴 장식용의 큰 펜던트이다.

⑫ 화장

강한 햇빛으로부터 눈을 보호하기 위해 짙은 아이라인을 그렸다고 한다.

(3) 금기문화

이집트는 타 중동지역의 이슬람 국가에 비해 개방적이지만 여전히 보수적인 문화가 남아있기 때문에 금기하는 행동들은 삼가는 것이 좋다.

이집트 라마단 저녁 기도 중인 무슬림들
(출처: 2017.06.01, Naver News)

① 라마단 기간(금식)

라마단이란 일 년에 한 번, 무슬림249)들이 따르는 한 달 동안의 금식 기간이다. 해가 뜨는 새벽부터 첫 식사가 시작되는 저녁까지 물을 포함한 그 어떤 것도 섭취할 수 없으며, 성행위 등 일체의 본능적 행위를 억제하는 금욕 생활을 해야 한다. 이 엄격한 단식의 의미는 빈곤한 자의 고통을 알고 스스로 인내심을 기르며 신앙을 굳게 하는 것이다. 라마단이 지나면 무슬림들은 화려하게 차려 입고 거리로 나와 축제를 벌인다.[250]

② 노출이 심한 옷

보수적 성향이 강한 이슬람의 문화적 특성상 몸에 많이 붙거나 노출이 심한 여성의 옷은 아랍 남성들의 표적이 될 수 있다. 단순히 관심이 있어 쫓아오는 것이 아니라 위협적인 발언과, 신체 접촉 등의 성추행을 당할 수 있으므로 긴 스카프로 몸을 감싸고 다니는 것이 좋다.

노출을 막은 이집트 여성
(출처: Are Egyptian Women Banned from Voting in 'Sexy Clothing'?, 2015.10.15., EGYPTIAN STREETS)

③ 돼지고기나 짐승의 피, 이슬람식으로 도살하지 않은 고기

단, '알라의 이름'으로라는 아랍어 구절을 암송하고 목과 식도, 정맥을 한 번에 절단하는 도살법을 거친 고기는 섭취 가능하다.

---

249) 이슬람교를 믿는 사람들을 지칭하는 말.
250) 네이버 지식백과

(4) 특이한 사람들

① 카이로 쓰레기 마을 모카탐 주민들251)

뿌연 먼지가 시야를 가리고, 차들이 끊임없이 골목으로 밀려 들어온다. 크고 작은 트럭들, 짐차, 수레 등이 모두 쓰레기를 한가득 싣고 골목으로 들어온다. 이곳은 산기슭에 위치한 '모카탐의 쓰레기 마을'이라 불리는 곳이다.

모카탐의 일상적인 모습
(출처: Waste not: Egypt's refuse collectors regain role at heart of Cairo society, The Guardian)

작은 골목들 사이로는 여성들이 바삐 쓰레기를 비닐, 의류, 플라스틱류 등으로 나누고 있다. 남성들은 이렇게 분리한 쓰레기 더미를 나르는 일을 한다. 주민들은 대부분 가족 단위로 가업처럼 몇 대에 걸쳐 일을 해오고 있다. 이렇게 해서 버는 돈은 한 달에 한화로 약 7만 5,000원 정도이다. 이곳은 열악한 환경 탓에 가난이 대물림되고 질병도 많다고 한다. 어린 아이들조차도 생계를 위해 부모와 함께 쓰레기를 만져야하기 때문이다.

이 모카탐 마을 주민의 90% 이상은 고대 기독교의 한 종파인 콥트 기독교도이며, 이들을 콥틱 인이라 부른다. 이들은 이슬람 사회 속에서 기독교를 믿는다는 이유로 지금껏 많은 박해를 받아왔다고 한다. 게다가 2003년 쓰레기 수거가 외국 기업에 개방되면서 주민들의 쓰레기 처리 일마저도 위협받고 있다. 쓰레기 마을이라는 다소 독특한 이름을 가진 곳에서 치열한 삶을 살아가는 주민들이 많은 안타까움을 자아낸다.

---

251) Waste not: Egypt's refuse collectors regain role at heart of Cairo society, the guardian,

5) 장소와 문화관광

(1) 마을 만들기와 문화관광

① 칸 엘 칼릴리(Khan El-Khalili)

칼리리 시장의 엘 피샤위 카페

(출처: Khan el-Khalili: A Labyrinth of Narrow Alleys, 2013.01.09., EGYPTIAN STREETS,)

14세기에 카이로 동쪽의 칸 엘 칼릴리를 중심으로 들어선 이집트 최대 규모의 전통 시장으로 한국의 남대문 시장처럼 골목마다 상점들이 빼곡히 들어차 있다. 기념품부터 화려한 보석세공품까지 한 곳에 다 모여 있기 때문에 언제나 관광객들로 붐비는 곳이다. 원래 칸(Khan)이란 10세기경 상인들의 거주 장소로 건물 구조는 2~3층의 사각형으로 조성되며 1층은 점포로, 위층은 숙소로 활용되던 곳이다. 칸엘칼릴리(Khan El-Khalili) 또한 카이로가 아랍 사회의 경제적 중심도시로 부상했던 1382년에 Jarkas El-Khalili 왕자의 지시에 의해 형성되었다고 한다.

635년의 역사를 가지고 있는 이 시장의 특징은 첫 번째, 현재도 현대식 건물 없이 대부분이 옛 모습 그대로 유지되고 있다는 점이다. 두 번째로는 주변에 전통 음식점들도 함께 있어 관광객들은 기념품도 사고 전통음식도 맛볼 수 있다는 점이다.

또한 시장 주변에는 후세인 모스크, 알 아즈하르 모스크 등 훌륭한 이슬람 모스크[252)가 있다.[253)

(2) 축제와 문화관광

① 아부심벨 축제

아부심벨 축제는 3000년경 고대 이집트 역사상 가장 위대한 왕으로 평가받는 람세스 2세의 생일인 2월 22일과 그의 대관식이 있었던 10월 22일을 기념하기 위한 축제이다. 이집트 최남단의 작은 도시인 아부심벨에는 람세스 2세의 신전이 있다.

축제일에 신전 주위로 몰려든 사람들
(출처: 아부 심벨 페스티벌, Naver 지식백과)

지평선에서 솟아오른 눈부신 아침 햇살은 거대한 신전 입구부터 신전의 벽, 내부의 신상들까지 환하게 비춘다. 특히 신전 내부의 가장 깊은 곳에 있는 지성소는 1년 내내 어둠속에 갇혀 있다가 이 날 태양빛이 비친다. 이는 태양의 움직임을 면밀하게 관찰하고 정확히 계산할 수 있었던 이집트인의 천문학적 지식과 건축 기술 덕분에 가능하였다. 해돋이 후 여러 이집트 전통 부족들이 펼치는 민속춤 또한 이 축제의 인기 있는 볼거리 중 하나이다.[254]

(3) 주거와 문화관광

① 누비안 마을

누비안 마을은 고대 이집트 문명 이전부터 이집트 남부의 나일 강

---

252) 이슬람교의 예배당이다.
253) 이집트, KOTRA 국가정보
254) 이연수 조형미. 이지 지중해. travelboolksblue, 2010, 510-511.

변에서 살아온 누비아족의 전통 마을이다. 그들은 전통적인 정령 숭배 신앙을 가졌지만, 중세 이슬람의 영향을 받은 이후 대부분이 이슬람으로 개종하였다. 누비안족은 혈통과 민족에 대한 자긍심이 매우 높아 독특한 문화를 가지고 있다. 같은 종족이 아니면 결혼이 불가능하다는 것이다. 종족

누비안 마을의 위성지도
(출처: 오로시, 신혼여행 3일차_이집트 크루즈 여행과 누비안 마을, Naver Blog)

계승에 대한 열망이 높기 때문에 대가족이라면 심지어 사촌과도 결혼할 수 있다고 한다.[255]

1960년부터 아스완 하이댐(Aswan High-dam)[256]이 건설되면서 누비아 지역이 수몰되어 누비아 인들은 몇 천 년 간 살아온 삶의 터전을 잃게 되었고, 정부의 정책에 따라 이집트 아스완의 엘레판티네 섬 중부에 새로 정착하게 되었다. 누비아 인들은 지금까지도 전통적인 생활양식을 유지하며, 이를 관광자원으로 활용하여 숙박업소, 식당, 수공예품 상점 등도 운영하고 있다.[257]

② 파라오 마을(마스를 아디이마)

카이로에 위치한 '파라오 마을'은 파라오 시대의 생활양식과 이집트 기독교의 역사를 경험할 수 있는 곳이다. 한국의 경주에 민속촌이 있듯 이집트에 파라오 마을이 있는 것이다. 이곳에는 무슬림이

---

255) Ebs동영상 - 누비안 마을
256) 나일 강의 홍수를 방지하고 사막을 농경지로 만들기 위해 건설한 댐
    Aswan High Dam in 6-meter Resolution from the International Space Station, EARTH OBSERVATORY, 2002.05.06
257) 네이버 지식백과 - 누비아 마을 [Nubian Village] (두산백과)

지배적인 시대를 포함해 천 년이 넘는 시간동안 견뎌온 전통 있는 고대의 교회들이 남아있다. 또한 미이라와 석상 등의 고대 유물들을 전시하고 있다.[258]

(4) 특이한 장소 및 불가사의

① 특이한 장소

모카탐은 이집트의 수도 카이로 동쪽에 위치한 바위산 아래 지역의 한 마을이다. 이 곳은 자발린[259]들이 모여 사는 쓰레기 마을로 극심한 악취와 함께 쓰레기를 잔뜩 실은 당나귀 마차와 트럭이 길을 누비는 곳이다. 주민들이 하는 일은 쓰레기를 수거해서 종이와 플라스틱, 알루미늄 캔, 케이블,

모카탐의 모습
(출처: 한상용, 폭염속 이집트 최대 쓰레기 마을에 가다, 2016.08.17., 연합뉴스)

음식 등의 16가지 종류로 분류하고 이를 각 쓰레기 재활용 회사로 팔면서 생계를 꾸려나간다. 이들이 하루 동안 카이로에서 수거하는 쓰레기의 양은 카이로 전체 쓰레기의 85% 가량을 재활용하고, 프랑스 파리의 에펠탑 무게에 맞먹는 9천톤에 달한다고 한다. 이 때, 음식물 쓰레기는 가축의 먹이로 사용된다.[260]

---

258) kcm-성경지명 사전 / 이스라엘 정부 관리국 / 파라오의 마을 이집트의 민속촌, 기독정보넷
259) 쓰레기 수거와 분류로 생계를 이어가는 주민을 뜻하는 '자발린'은 아랍어로 '쓰레기'를 뜻하는 '자발라'란 용어에서 파생되었다.
260) 한상용, 폭염 속 이집트 최대 쓰레기 마을에 가다, 2016.08.17., 연합뉴스

② 불가사의

▶ 피라미드[261]

피라미드는 먼 옛날, 거대한 석조 건축물을 무슨 이유로 또 어떻게 만들었는지에 관한 기록이 남아 있지 않기 때문에 지금껏 세계 7대 불가사의 중 하나로 꼽혀왔다. 피라미드를 만든 이유에 관한 여러 설이 있지만 '파라오의 무덤'이 정설로 여겨진다. 이에 따르면 고대 이집트

가장 크고 오래된 대(大) 피라미드
(출처: 피라미드의 신비... 별빛 속의 축제, MIDAS, 2017년 10월호)

의 파라오는 인간 세상의 최고 통치자이며 사망 후에는 명계의 왕이 될 것이라 여겨졌다고 한다. 이로 인해 파라오들은 초기 왕조부터 막대한 인적, 물적 자원을 총동원하여 '영원한 안식처'가 될 자신의 무덤을 지었다고 한다.

인류 최대의 미스터리 중 하나이자 가장 큰 규모인 기자 지역의 피라미드는 지금으로부터 약 4천 500년 전에 만들어졌다. 거대한 세 피라미드는 왕의 이름을 따서 이름을 지었으며 각각 쿠푸왕, 카프레왕, 멘카우라왕의 무덤이다. 특히, 쿠푸 피라미드는 이 중 규모[262]가 가장 큰 피라미드이다. 피라미드의 건축 기법을 살펴보면, 피라미드를 구성하는 바위 사이에는 시멘트 등의 접착 물질이 전혀 사용되지 않았지만 아래위의 바위가 완벽하게 밀착되어 있다. 또한 모든 바위가 평평하게 깎여 있고 피라미드의 각 모서리는 천문학을 활용하여 동서남북의 방향을 정확히 맞췄다고 한다. 이집트의 피라미드는 수천 년 동안 그 자리를 지키고 있

---

261) 피라미드의 신비... 별빛 속의 축제, MIDAS, 2017년 10월호
262) 정사면체 모양이며 높이는 146.5m이고, 각 변은 약 230m에 달한다. 쿠푸 피라미드에는 약 230만 개의 크고 작은 바위가 사용되었다고 전해지며, 각 바위들의 평균 무게는 2.5톤이라 한다.

기에 건축 역사의 기적이라 불린다. 또한 전통적인 세계 7대 불가사의 중에서 유일하게 현존하는 건축물이기에 그 의미가 남다르다.

▶ 파로스 등대[263]

파로스 등대는 현존하지는 않지만 지금껏 알렉산드리아 문명 발달의 상징으로 사랑받고 있다. 기원전 3세기경 이집트 알렉산드리아의 파로스 섬에 세워진 거대한 건축물을 일컫고, 모든 등대의 원형으로 여겨지는 세계 7대 불가사의 중 하나이다.

이 등대는 항구 동쪽의 타원형 섬에 세워졌다. 흰 대리석으로 만들어졌으며, 중세의 많은 아랍인과 유럽인 여행객의 기행

파로스 등대 복원도
(출처: 이상기, 파로스 등대 자리에 카이트 베이 성채만 남아, 2013.02.27., 오마이뉴스)

문이나 고문서를 통해 재현된 등대는 150m의 높이로 3층탑의 구조이다. 특히 내부에서 올라가면 16층에 달했기 때문에 당대에도 가장 높은 건물로 인정받았다고 한다. 또한 등대의 꼭대기에 큰 거울이 달려있었기 때문에 멀리 떨어진 거리에서도 거울로 반사되는 빛을 볼 수 있었다.

파로스 등대는 약 2000년 전에 어떻게 이처럼 높은 건축물을 지을 수 있었는지 등이 정확히 확인되지 않기 때문에 고대 세계 7대 불가사의 중 하나로 여겨진다. 등대가 존재했다는 증거로는 1994년 이집트 당국과 CEA에 의해 해저 발굴이 시작되면서 등대의 잔해물들이 발견

---

263) 이상기, 파로스 등대 자리에 카이트 베이 성채만 남아, 2013.02.27., 오마이뉴스

되었음을 들 수 있다. 또한 해저 발굴 과정에서 파라오, 그리스 로마 시대의 유물들도 발견되었다고 전해진다.

6) 콘텐츠와 문화관광

(1) 인문학과 문화관광

① 클레오파트라 7세

클레오파트라 7세는 이집트 왕국의 마지막 여왕이다. 그녀는 강대국 로마로부터 자신의 왕국을 지키고 대제국을 건설하고자 노력하였다. 이러한 부단한 노력으로 이집트 여왕의 자리에 오르고 이집트의 경제 성장을 이끌 수 있었다. "그녀의 코가 한 치만 낮았어도 세계 역사가 달라졌을 것이다."264) 라는 말이 있을 정도로 클레오파트라는 세계의 역사를 움직인 로마의 장수들을 자신의 남자로 만들었다. 그녀는 어떻게 위대한 장수들을 유혹하고 세계의 역사를 움직일 수 있었을까?

클레오파트라 7세의 옆모습을 새긴 주화
(출처: 클레오파트라 7세, 치명적 팜므 파탈,
시골길 인생 Daum 블로그, 2010.07.15.)

클레오파트라 7세, Naver 지식백과

---

264) 사후 2천년 이상이 지났는데도 여전히 명성을 떨치고 있다. 무성영화시대부터 지금까지 클레오파트라를 주제로 한 영화가 30편이 넘는다. 가장 유명한 것이 엘리자베스 테일러 주연의 영화 클레오파트라이다. 그밖에 세익스피어의 희곡 안토니와 클레오파트라가 유명하다 (지식백과-클레오파트라).

클레오파트라는 치명적인 팜므파탈 이미지를 가진 서양의 매력적인 미인으로 잘 알려져 있다. 다만 그녀가 미모만으로 남성들의 마음을 사로잡은 것은 아니었다. 비결은 '상대방의 성향을 파악하고 그에 맞게 대하는' 인문학265) 습관 덕분이었다. 그녀는 어렸을 때부터 고대 그리스식 공부법인 '인문학 교육법'으로 천재적인 지식을 만드는 교육을 받았다.

이 공부법의 핵심은 탈레스, 피타고라스 등 당대 지중해의 최고 학자들이 직접 집필하거나 그의 제자들이 집필한 철학, 역사, 문학 고전을 치열하게 읽고 사색하고, 저자와 지속적으로 대화하고 토론하는 것을 통해 지식과 지혜를 쌓고 실천하는 것이라고 한다.266) 풍부한 교양과 재치, 말솜씨, 뛰어난 외국어 능력을 겸비한 지적인 그녀만의 매력으로 많은 사랑을 받았던 것이다.

(2) 전시예술과 문화관광 이집트 카이로 박물관

이집트 카이로의 중심부에 위치하며, 5천 년의 역사를 가진 이집트의 다양한 유물을 전시한 고고학 박물관으로 높이 평가받는다. 선사시대부터 그레코로만시대 초기의 약 10만 점의 유물을 소장하고 있다. 19세기 무렵 프랑스인 장프랑수아 샹폴리옹은 이집트 문화 유적 보존의 중요성을 인식하기 시작하였다. 이후 이집트 유물 보호국을 세우고 1863년에는 유물 보관소를 설립하였다.

카이로 박물관의 1층 전시실에는 각 왕조들의 유물들이 전시되어있으며, 2층 전시실에서는 투탕카멘 왕의 무덤 유물과 신왕조 시대를 이

---

265) 인간을 연구하는 학문으로 보통 철학, 역사, 문학고전을 읽으면서 인간과 사물의 본질을 탐구하는 것을 일컫는다. 철학을 하면 인간의 생각을, 역사를 하며 인간의 삶을, 문학을 하면 인간의 마음을 알 수 있다(이지성. 스무 살 클레오파트라처럼. 차이정원, part 3).
266) 이지성. 스무 살 클레오파트라처럼. 차이정원, part 3

끌었던 왕들의 유물과 역대 파라오의 미라 또한 둘러볼 수 있다.[267]

고대 이집트 유물을 간직하고 있는 카이로 박물관
(출처: 이집트 카이로 박물관, Doopedia 두산백과)

(3) 음식과 문화관광

이집트의 대표적인 전통 음식으로 '따미야'가 있다. 따미야는 이집트인들의 주식으로 밀가루를 반죽해서 납작하게 구운 빵(에이쉬)안에 콩을 주재료로 야채를 넣어서 튀긴 음식이다. 우리에게 친숙한 고로케와 비슷

타미야의 모습
(출처: 이집트 여행정보, 이집트 음식, 이집트 타미야, 따메이야, Enjoy egypt, tistory)

하다고 할 수 있다. 가격은 한화로 100∼200원 정도로 매우 저렴하

---

267) 네이버 지식백과 - 이집트 카이로 박물관(두산백과)

다.268)

　이집트의 대표적인 음식으로 '쿠사리'도 있다. 쿠사리는 쌀과 국수, 마카로니와 볶은 양파, 콩 등을 토마토 소스에 잘 버무려 이집트 특유의 향신료를 곁들여 먹는 국민 음식이다. 가격 또한 한화로 300～500원 정도로 매우 저렴하고 이집트의 어느 지역에서도 쉽게 맛볼 수 있다는 특징이 있다.

　이집트인들은 대개 토마토나 칠리소스를 곁들인 쿠사리를 먹은 후에는 간단한 디저트로 '무할라비야'라는 쌀을 갈아서 만든 푸딩으로 입가심을 한다. 무할라비야는 완전한 고체가 아닌, 반은 액체, 반은 고체의 형태이며 걸쭉하고 쌀알이 씹히며 달콤한 맛이 나는게 특징이다.269)

쿠사리의 모습
(출처: 이집트의 짜장면 '쿠사리 한 그릇',
Free Kim & Lee, daum blog)

무할라비야의 모습
(출처: 이집트의 짜장면 '쿠사리 한 그릇',
Free Kim & Lee, daum blog)

(4) 특이한 콘텐츠

　고대 이집트인들은 좋은 관에 들어가야만 부활할 수 있는 가능성이 커진다고 믿었다. 심지어는 더 좋은 관을 얻고자 남의 무덤에서 관을

---

268) 이집트 여행정보, 이집트 음식, 이집트 타미야, 따메이야, Enjoy egypt, tistory
269) http://blog.daum.net/freeleeandkim/1122

국립중앙박물관 주최의 '이집트 보물전' 특별전에 전시된
토티르데스의 관(기원전 700~400)

(출처: 사후세계로 향한 여정, '이집트 보물전', 해외문화홍보원)

훔쳐 사용하기도 했다고 한다. 이처럼 영생에 대한 당대 이집트인들의
열망을 가늠해볼 수 있다. 또한 미라를 제작하기도 했는데, 미라 주문
자의 재력과 사회적 지위에 따라 제작 방식이 달랐다고 한다. 신분이
낮은 사람은 기본적인 간단한 무늬의 관에 들어갔지만, 사회적 지위가
높은 사람은 석관에 들어갔다고 한다. 이러한 고대 이집트인들의 내세
관은 사후 세계를 믿고, 육신을 미라로 만들어 관에 넣으면 부활할 수
있다고 생각했다는 것이다. 이외에도 이집트의 독특한 동물숭배도 엿
볼 수 있다. 고대 이집트인들은 사람은 동물과 함께 창조되었다고 믿
으며, 신과 같은 존재로서 영원한 삶을 가지며 자신을 위험으로부터
보호해줄 것이라 여겼다.[270]

---

270) 고대 이집트인들이 영생에 집착한 까닭은?, 한국경제, 2016.12.19

7) 문화관광의 미래

여행의 묘미는 새롭고 때로는 낯설기도 한 환경에서 새로운 사람을 만나고 문화를 접하며 또 다른 자신을 발견하는 것이다. 이러한 의미에서 이집트는 친숙한 세계 문화 유산을 가진 호기심이 생기는 나라임에 틀림없다. 또한 이슬람 국가이지만 기독교인들이 방문하는 명소들로 성지 순례 여행객들에게도 많은 사랑을 받아왔다. 그리고 다이버들이 사랑하는 아름다운 홍해의 후루가다를 포함한 여러 휴양지와 사막, 오아시스도 인기가 높다.

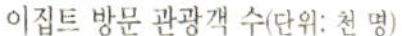
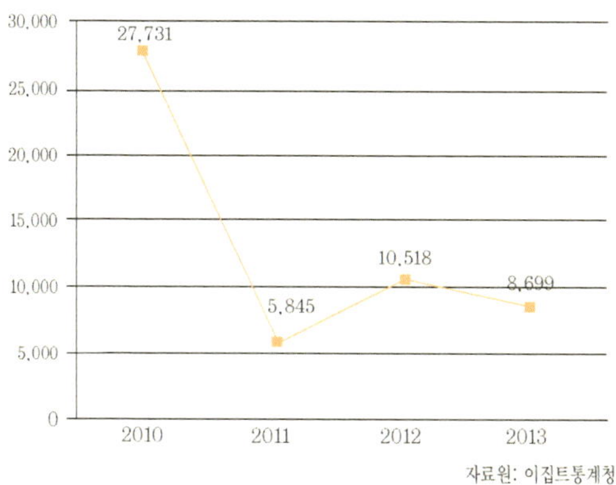

신비한 미스테리를 가진 문화 유적들과 아름다운 자연 경관, 저렴한 물가 등으로 이집트는 지금껏 수많은 전 세계 관광객들의 사랑을 받으며 관광대국으로서 성장하였다. 하지만 2011년 이후 이집트 정부는 테러의 위협을 극복하고 관광대국의 자부심을 되찾아야할 큰 위기에 놓였다.[271]

---

271) 네이버 지식백과 - 이집트의 주요 산업 동향

이집트의 전통적인 효자산업이었던 관광산업은 2011년의 시민혁명과 호스니 무바라크 대통령 하야를 계기로 흔들리기 시작하였다. 시민혁명을 겪으며 치안이 매우 허술해졌으며, 공권력의 약화는 곧 정치적 불안으로 이어졌다. 2010년 2,770만 명이었던 이집트 관광객은 2011년에 이르러 980만 명으로 급감하였다. 치안의 부재가 결국 사회 경제적 불안으로 귀결된 것이다.

특히 2014년 2월 16일에 발생했던 이슬람 무장 세력의 자살 폭탄 테러는 한국인 3명이 사망하고 17명이 부상을 입으면서 큰 충격을 안겼다. 이 사건 이후 한국인 관광객은 전부 등을 돌렸고, 이집트 여행 경보가 상향 조정되면서 관광수요가 급격히 하락하였다.

이러한 상황에서 다시금 관광객의 발길을 이집트로 되돌릴 수 있는 가장 중요한 과제는 치안 확보이다. 이미 경찰과 군대가 동원되며 엘시시 정부는 '안전한 나라'의 이미지를 만들고자 노력하고 있다. 앞으로도 이집트 정부는 상당 기간 '관광객의 안전 확보'를 위해 다양한 치안 유지 및 관리에 나설 것으로 기대된다. 또한 낙후된 관광 인프라를 개선하는 사업과 개발이 미흡한 홍해 및 서부 사막 지역의 관광지 개발에 만전을 가할 것으로 예상된다. 또한 감소하는 유럽 관광객의 빈 자리를 채워줄 중동 지역 관광객을 추가 유치하기 위한 고부가가치의 여행 상품 개발 노력도 필요할 것이다. 관광산업이 이집트 경제의 상당 부분을 차지하는 만큼, 관광산업의 부활은 이집트 경제 성장과 직결된 과제이다. 이집트가 과거의 관광대국의 영예를 회복할 수 있을지 기대된다.[272]

---

272) 네이버 지식백과 - 관광대국 이집트, 테러에 무릎 꿇을 것인가

8. 신화의 시작, 문화의 원형, 그리스

그리스의 경우에는 세계에서 가장 오래된 문화관광지 중 하나이다. 고대에 전성기를 맞았던 그리스는 유럽 최초의 문명으로 인정받고 있으며, 거의 모든 서양 학문의 출발점으로도 불리고 있다. 그리스는 직접 문화를 퍼뜨리는 것보다도 로마제국에 점령당해 거꾸로 문화를 전달하게 된 독특한 사례를 보여준다. 고대 문화의 우수성으로 인해 문화유적을 소재로 한 문화관광이 활발하게 이루어지고 있으며, 유적지의 아름다움을 이용해 영화 및 드라마의 배경으로도 잘 알려져 있다. 2004년에 있었던 아테네 올림픽의 성공적인 개최를 통해 안전하고 깨끗하며 신화적 아름다움을 갖춘 국가적 이미지를 유지해오고 있으며 'Live your Myth in Greece'라는 홍보 슬로건으로 적극적인 관광 홍보를 펼치고 있다.[273] 실제로 아테네 올림픽의 성공을 통하여 외국인 관광객들에게 그리스에 대한 접근성이 향상되었으며 그리스 신화의 유명세와 합쳐져 올림피아, 파르테논신전 등 고대 그리스의 유적으로 더 많은 관광객을 유치하게 되었다. 최근에는 지중해식 라이프스타일 자체를 문화관광의 소재로 많이 활용하고 있으며, 그 대표적인 예시로는 건강한 그리스식 식단이 나오는 그리스 전통 식당 등을 들 수 있다. 또한 그리스의 경우 최근에 겪게 된 경제위기를 관광산업을 통해 벗어나고 있기 때문에 더욱 주목하여 살펴볼 필요가 있다.

---

273) 그리스 관광진흥 정책, 2015.12.06., 외교부 공식 홈페이지

그리스의 위치
(출처: The Globe Program)

국가명	그리스 공화국(Republic Singapura)[274]
위치	남유럽 발칸 반도 남쪽 끝에 위치
도시	수도인 아테네를 비롯하여 주요 도시로는 테살로니키, 파트라, 이라클리오, 라리사, 볼로스, 요안니나, 카발라, 로도스, 세레스
면적	131,957㎢
민족	그리스 계(약 93%, 2001년) 알바니아계(4.3%), 불가리아계(0.4%), 기타(1.3%)
언어	그리스어
기후	지중해성 온대 기후에 속하며 여름은 기온이 높고 매우 건조한 맑은 날씨가 계속됨, 겨울에는 우기가 있어 습함
종교	그리스 정교(98%), 이슬람교(1.3%), 기타(0.3%)
GDP	2016년 기준 $ 2,970억, 1인당 17,806$, 세계 24위
화폐	유로화

1) 문화관광의 주요 이슈와 트렌드

국가별 관광 경쟁력 24위의 그리스는 해양관광 대국이다. 역사, 연극, 정치, 철학의 용어와 개념 모두 그리스에서 시작된 것인데, 그리스는 그야말로 관광산업으로 국가가 유지된다고 해도 과언이 아니다.

---

274) 그리스, Wikipedia Korea

2012년 한국인 관광객이 그리스 현지 경찰들에게 집단 폭행을 당한 사건이나 경제위기, 올해 발생한 지진으로 인한 피해, 난민 수용으로 인해 관광객의 발길이 줄었다는 평가가 있지만, 그리스의 GDP 대비 관광산업 비중은 여전히 16.5%나 된다. 그리스 관광산업의 지속 가능성은 문화유산에 달려있다. 상당수의 국민이 관광산업과 관련한 호텔업과 요식업, 라이센스 가이드, 안내원과 같은 직종에 종사하고 있다. 2016년 관광객 수는 2,500만 명, 관광수입은 100억 유로에 이를 것으로 전망되었다.

2) 문화관광객의 동향

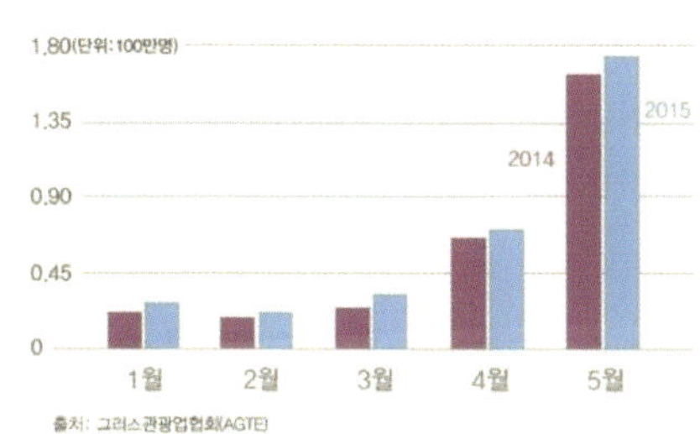

2014-2015년 그리스를 방문한 관광객 수
(출처: 저렴해진 물가에 관광객 증가...그리스 경제 깜짝 성장, ChosunBiz, 2015.09.21.)

그리스 관광청에 따르면 러시아 관광객의 수가 급격히 증가했다고 한다. 7월 러시아 관광객의 수는 2010년 같은 시기와 비교할 때 180% 가량 증가하였고, 로스투어리즘의 자료에 의하면, 2010년 그리스를 방문한 러시아 관광객의 수는 37% 증가하여 386,700명이 방문한 것으로 드러난다. 그리스 당국은 관광객 수 증가요인으로 새로운 비자센터의 등장, 빠른 비자 수속을 꼽았다. 문화 관광부 장관 파블로스 게루라노스는 그리스 홍보를 위해 가까운 시일 내에 러시아를 방문할 계획이다.[275]

---

275) 그리스, 러시아 관광객 급증, 한국관광공사

관광산업은 다른 어떤 산업보다 외부의 변수에 민감한 산업으로, 경기와 환율에 직접적인 영향을 받는다. 그리스는 국가 전체가 관광지라 해도 과언이 아니다. 파르테논신전, 델피 신전, 올림피아 등의 고대 그리스 유적과 초기 기독교의 성지들을 많이 보유하여, 연간 1,400만 명의 관광객이 그리스를 방문하고 있다. 관광산업은 그리스 GDP의 18~20% 정도를 차지하며, 약 70만 명이 고용되어 전체 고용인구의 19%를 차지하는 핵심 산업이다.

그리스는 특히 아름다운 바다와 섬으로 잘 알려져 있으며, 3천개 이상의 수많은 섬들을 연결한 전체 국경의 길이는 미국보다 길다고 한다. 1950년 그리스의 관광산업을 책임지는 정부 기관인 그리스 관광청이 설립되었다. 주로 호텔 건설과 그리스를 해외에 홍보, 광고하는 역할을 담당한다.

2004년 아테네 올림픽의 성공적 개최 이후 적극적인 관광홍보정책과 투자유치 노력으로 2005년 1~10월 기간 동안 전년 동기 대비 13% 이상의 관광 성장을 이뤄냈다. 2004년 아테네 올림픽의 성공적 개최로 그리스가 깨끗하고 안전한 관광국이라는 이미지를 심어주어, 미국(49%), 호주(25%), 이태리(25%), 스페인(25%), 네덜란드(15%), 러시아(15%) 등의 성장세를 보였다.

2005년 관광홍보 슬로건은 고대 그리스 신화와 올림픽 신화를 배경으로 그리스의 태양과 바다를 상상하게 하며, Live your Myth in Greece라는 홍보 슬로건을 적극 활용하였다. 또한 그리스는 해외자본 유치를 통해 새로운 종합관광개발지역(Integrated Tourism Development Area) 조성을 추진하고 있다. 종합관광개발단지에는 고급 호텔, 골프장, 스포츠시설, 자동차 경주장, 요트정박장, 쇼핑센터 등 종합적인 관광 센터를 설립할 예정이다. 그리스 정부는 이러한 새로운 관광단지의 건설을 통해 관광의 고급화와 신규 고용 증진을 목표로 한다.

또한 그리스 정부는 전 세계 주요도시에서 관광투자유치포럼을 개최할 예정이며, 관광투자유치포럼에서는 그리스의 신투자 유치법, 그리스 관광의 안정성, 역사적 유적, 지중해성 기후 등의 장점을 부각하고자 한다.

그리스는 다양한 문화 행사 및 각종 회의, 스포츠 행사를 적극 추진하고, 다양한 문화관광 활동을 통해 관광객을 늘리고자 한다. 2004년 아테네 올림픽 개최를 통해 교육 및 스포츠 이벤트를 적극 개발하여 올림픽 도시로서의 입지를 다지고, 올림픽 정신과 문화 홍보로 전 연령대의 다양한 관광객 유치를 목표로 한다.[276]

3) 문화관광 산업의 현황과 동향

2014년도 그리스의 관광객은 2013년 대비 23% 가량 증가한 2,420만 명으로 집계되었다. 재정위기에도 불구하고 그리스의 관광산업은 성장세를 기록하며, 경제 회복을 이끌 것으로 기대된다. 그리스 국민의 약 200%에 달하는 관광객이 매년 그리스를 방문하고 있으며, 그리

[표. 연도별 그리스 관광산업 주요지표 변화]

(단위: 억 유로, 만 명 %)

	2011	2012	증감률	2013	증감률	2014	증감률
관광수입	105.0	104.4	-0.6	121.5	16.4	133.9	10.2
관광객	1,642.7	1,694.7	3.2	2,011.1	18.7	2,427.2	20.7
1인당평균지출(유로)	639.5	616.2	-3.6	604.2	-1.9	551.8	-8.7
평균 숙박일수	9.2	8.4	-8.6	8.1	-3.6	7.7	-4.9

자료원: 그리스 중앙은행, 그리스 관광협회

---

276) 그리스 관광진흥 정책, 외교부 홈페이지

스를 방문하는 관광객 중 가장 큰 비중을 차지하는 국가는 독일(246만 명)과 영국(209만 명)으로 확인되었다. 한편, 한국, 중국, 브라질 등의 신흥국들의 관광객 또한 68%, 83%, 91%로 크게 증가하고 있다.

그리스는 2008년 재정위기 발생 이후 지속된 6년간의 마이너스 성장을 극복하고 2014년 GDP 0.8% 성장을 이룩하였다. 2015년 그리스 관광산업의 호황은 앞으로도 지속될 전망이다.

그리스 정부는 관광산업을 증진시키기 위해 엘리니꼬 공항 부지 재개발 프로젝트를 추진하는 등의 적극적인 노력을 기울이고 있다. 그리스 진출을 희망하는 국내 기업들의 귀추가 주목된다.[277]

4) 사람과 문화관광

(1) 문화관광과 전문직

의료관광 산업에 종사하는 여행 업계

해외에서 의료 서비스를 받으면서 문화관광을 하는 의료관광이 블루칩으로 떠올랐다. 의료 기술의 발달로 해외에서 비용 부담을 줄이고 신속한 치유가 가능해졌기 때문이다. 의료관광의 허브인 그리스의 의료 서비스 비용은 다른 EU 회원국들에 비해 25~30% 가량 저렴하다고 한다. 휴가철에 그리스 관광과 함께 의료 서비스를 받으려는 전 세계 관광객들의 행렬이 예상된다. 재정 위기 속에서도 증가해온 그리스의 관광산업을 고려할 때, 의료 관광의 발전 가능성은 상당히 높을 것으로 기대된다. 그리스는 훌륭한 의료기술, 아름다운 자연환경, 온화한 지중해성 기후, 전통적인 문화유산 등의 다수의 유리한 조건을 갖추고

---

277) 그리스 관광산업, 경기 침체 속 나홀로 호황, kotra 해외시장뉴스, 2015.04.14

있다. 정부 차원의 전폭적인 지원으로 의료 관광산업은 성장을 이어오
며 활성화된 의료 관광의 분야로는 투석 치료, 안과 치료, 치아 이식
등이 있다. 앞으로도 고품질의 의료 서비스를 통한 의료 관광 산업의
수익은 지속적으로 향상될 전망이다.[278]

(2) 복식과 문화관광

고대 그리스의 대표적인 의상은 자연스러운 주름이 있는 헐렁함이
특징이다. 고대 그리스의 의상은 서양 복식의 토대가 되었다.

그리스의 문화
(출처: 네이버 지식백과)

① 키톤(Chiton)

이오니아식은 이오니아 지방에서 착용했던 의상으로, 도리스식 키
톤보다 폭이 넓고 발목까지 오는 긴 길이가 주요 특징이다. 얇은 천으

---

278) [신성장산업기술] 그리스 뉴 이머징마켓, 의료관광산업 뜨다, kotra 해외시장뉴스, 2011.10.31

로 만들어지며, 속이 비치고 주름이많은 편이다. 도리스식은 주로 모 직을 사용하고, 큰 천 한장을 접어 양 어깨와 허리를 묶어 입었다.

② 히마티온(Himation)

어깨에 두르고 길이는 바닥까지 닿는 형태이며, 오늘날의 망토와 비 슷한 의상이다. 히마티온을 통해 신분과 직업을 구분했다고 한다.

③ 클라미스(Chlamys)

히마티온이 변형된 것으로, 키톤 위에걸치는 짧은 망토이다. 주로 여행자나 군인들이 입었다.

④ 그리스의 민속 의상

비잔틴 시대부터 이어진 그리스의 민속 의상으로, 남성들은 그리스 영웅인 에브조네스를 모방한 에브조네스 복장을 입곤 하였다. 19세기 독립 후 오토 왕이 건설한 국회의사당 앞에는 에브조네스를 입은 그리

에브조네스를 입은 근위병
근위병의 기본 복장인 돈시에 민속 의상으로, 축제와 공연에서도 볼 수 있다.

그리스의 문화
(출처: 네이버 지식백과)

스 근위대가 보초 서는 것을 매일 볼 수 있었다. 여성들은 오토 왕의 왕비인 아말리아의 이름을 따서 아말리아 의상을 입었다고 한다. 그리스의 민속 의상은 비교적 단순하지만 고대 문명의 전통으로 여겨지며, 칼라마티아노(Kalamatiano)[279]를 출 때 이 민속 의상들을 착용한다.[280]

(3) 금기문화

허핑턴포스트 그리스의 라이프 & 컬처 에디터인 데스피나 트리볼리는 "그리스인 집에 초대된 손님은 절대 빈손으로 가지 말라"고 지적한다. 그는 술이나 케이크를 포함한 디저트류, 화초가 좋다고 덧붙였다. 그리스인들은 꽃도 좋아하지만, 마당이나 발코니에서서 기를 수 있는 화분을 더 선호한다고 한다.

그리고 식탁에 둘러 앉아서 먹는 행사라면 모든 사람들이 도착할 때까지 기다리는 것이 예의이다.[281]

(4) 특이한 사람들

① 그리스의 독특한 결혼식

영화 <나의 그리스식 웨딩>에는 그리스만의 독특한 결혼식 문화가 잘 드러난다. 결혼식은 화려하고 성대하게 이뤄지며, 아버지와 남동생이 신부의 신발을 신겨준다. 이는 결혼과 함께 새롭게 시작되는 여성의 앞날을 축복하는 깊은 뜻이 담겨 있다. 아버지는 신부의 오른쪽 구두를, 남동생은 왼쪽 구두를 신겨준다고 한다.

---

279) 그리스의 민속춤
280) 네이버 지식백과
281) 당신이 알아야 할 전 세계 방문 예절 17, HUFFPOST, 2015.03.25

영화 <나의 그리스식 웨딩>
(출처: 네이버 영화)

또한 그리스의 결혼식은 수많은 하객으로도 유명하다. 보통 500~800명 정도이며, 친척이 많을 경우 1천 명이 넘기도 한다. 신랑 신부의 부모는 하객 한 명 한 명에게 볼 키스로 인사를 전하기 때문에 볼이 얼얼해지는 웃지 못할 해프닝도 벌어진다.

또한 그리스에서는 신부의 친구들이 결혼식 중인 신부의 신발을 벗겨 다음엔 누가 결혼식의 주인공이 될 것인지를 점치기도 한다.[282]

5) 장소와 문화관광

(1) 마을 만들기와 문화관광

400개가 넘는 그리스의 아름다운 섬들 중 가장 매력적인 곳은 산토리니 마을일 것이다. 산토리니 마을은 누구나 CF, 영화, 엽서 등을 통해 한번쯤 봤을 정도로 그리스의 대표적인 마을이라 할 수 있다.

그리스인들은 산토리니를 '티라'로 부른다. 키클라데스 제도 최남단의 화산섬인 티라(산토리니)의 번화가는 '피라'이다. 피라는 전 세계 관광객들로 북적이지만 여전히 사람 사는 따뜻하고 정겨운 냄새가 풍겨오는 곳이다.

에게해의 섬들은 6~8월이 성수기이다. 5월, 9월 산토리니는 매우

---

282) 그리스의 독특한 결혼식, 이렇게도 하는구나, 오마이뉴스, 2014.08.08

그리스 산토리니
(출처: 나무위키)

한적하고, 호텔의 가격은 절반 가량 저렴해진다. 가을을 넘어서면 섬은 쌀쌀한 기운이 풍겨오고, 겨울이면 매서운 바람이 불며 상가들은 문을 닫기도 한다.

산토리니는 그리스 키클라데스 제도 남단에 위치한 섬이다. 면적은 73㎢이며 주변의 무인도 등도 모두 합하면 약 90㎢이다. 섬의 서쪽(칼데라 호 안쪽)에는 매우 가파른 절벽이 있지만, 동쪽은 흑모래가 있는 해변으로 이루어져 있다. 서고동저형의 지형을 이루며 상부는 서쪽에서 동쪽으로 기울어진 완만한 경사를 이루고, 서쪽 암벽 위에 대부분의 주민이 마을을 이루며 살아간다.[283]

(2) 축제와 문화관광

정교회 국가인 그리스의 다양한 축제들 중 가장 규모가 크고 유명한 축제는 부활절 축제이다. 부활절 3일전에는 예수의 피를 상징하는 빨간색으로 달걀을 칠하고 지인들에게 추레키[284]를 선물한다. 부활절의 이틀 전에는 많은 사람들이 촛불을 들고 행렬을 이어간다. 부활을

---

283) 네이버 지식백과
284) 부활절에 먹는 빵

알리는 첫 종이 울리면, 사
람들은 저마다 부활절 초를
가지고 교회로 모인다. 교회
내부는 꽃으로 장식되고 서
로 촛불을 전달하면서 예수
의 부활을 기념한다. 교회의
종이 울리면 축하를 전하며
불꽃놀이를 한다.

그리스의 최대 명절 '부활절' 양고기·포도주로
축제 즐겨, 2017.01.23., 헤럴드 경제

부활절 당일에는 온 가족이 함께 모여 통째로 구운 양고기를 나눠
먹는다. 거리에는 신이 난 사람들이 춤을 추고 전통술을 즐겨 마신
다.[285]

(3) 주거와 문화관광

그리스 주거 문화의 특징은 대부분의 건물이 3~4층 정도로 낮은
편이며, 10층 이상의 고층 빌딩은 시내 중심에서만 볼 수 있다. 현존
하는 그리스의 건축 형태는 서양 건축의 기본으로서 오늘날까지 계승
되고 있다. 그리스의 주거 형태를 가장 핵심적으로 보여주는 곳은 단
연 화산섬 산토리니(티라)일 것이다.

그리스의 도시들은 경관이 아름다운 곳이나 산기슭에 위치하며,
언덕의 위와 아래 부분으로 나뉜다. 언덕의 위 부분은 그리스어로
높은 도시국가를 뜻하는 아크로폴리스라 칭하며, 주로 신전이 지어
지는 등 신성한 장소로 여겨진다. 아크로폴리스에는 파르테논신전,
니케신전, 디오니소스극장, 아고라 언덕 등의 유적들이 있다. 언덕의

---

285) 홍수연, 홍연주, 『무작정 따라하기 그리스』, 길벗, 2016, p23

그리스 산토리니, 네이버 지식백과

아래 부분은 일반 시민들이 거주하며 중심에는 시민 광장의 역할을 하는 아고라가 있다. 고대 아테네의 아크로폴리스는 고전주의 정신과 보편적인 문명을 상징하는 위대한 건축물로 높이 평가받는다.

그리스 건축의 대부분을 차지하는 신전도 빼놓을 수 없다. 신전은 고대의 신들에게 바쳐졌던 건축물이며, 신의 상이 있는 것이 주요 특징이다.[286]

(4) 특이한 장소 및 불가사의

로도스의 거상

고대 세계 7대 불가사의 중 하나로 그리스 로도스섬에 존재했던 높이 33m의 청동상이다. BC 305년 로도스인들이 전쟁 승리를 기념하기 위해 에게해 만드라키온 항구에로도스의 거상을 세웠다. 로도스섬의

---

286) 네이버 지식백과

로도스섬
(출처: 네이버 지식백과)

수호신이자 태양신인 헬리오스를 형상화했으며, 적군이 놓고 간 무기를 팔아서 마련한 석재, 청동, 철 등으로 만들어졌다. 주민의 대부분은 그리스인이지만, 이탈리아인도 다수 섞여 있다. 시에는 기사단의 성채가 박물관의 형태로 남아 있고, 동쪽 중앙부에는 아테네신전의 유적이 있다. 맑은 기후와 섬 특유의 동식물을 볼 수 있다는 장점으로 매년 수많은 관광객들이 방문한다.[287]

6) 콘텐츠와 문화관광

(1) 인문학과 문화관광

인문학에 대한 기원은 고대 그리스의 '교육' 또는 '학습'이라는 뜻을 가진 '파이데이아(Paideia)'에서 유래하였다. 이는 기원전 5세기 중반 철학 사상가이자 교수였던 소피스트(Sophist)들이 젊은이들을 유능한 시민으로 교육하기 위해 실시했던 교육과정을 의미한다. 교육과정으

---

287) 네이버 지식백과

로는 문법, 수사학, 음악, 지리학, 철학 등
다양한 과목이 포함된다.

인문학은 '인간의 본성'이라는 의미를 가
진 라틴어 '후마니타스(Humanitas)'에서 유
래되었다. 인문학은 자연과학에 대립되는
개념으로, 객관적인 자연 현상을 다루는 자
연과학과 달리 인간의 가치를 탐구하고 표
현하는 활동이 중심이 된다.

고대 그리스의 대표하는 철학자로 아리

아리스토텔레스의 흉상,
네이버 지식백과

스토텔레스가 있다. 그는 플라톤의 사상을 계승하고 발전시킨 인물이
다. 이데아라는 상상 속의 세상이 아니라 현재 우리가 살아가는 현실
에 집중하였다. 아리스토텔레스는 모든 것은 고유의 목적을 갖고 있으
며 이를 실현시키는 것의 중요성을 강조하였다. 그는 사람간의 관계
속에서 정의를 실현하고자 노력하였다.[288]

(2) 전시예술과 문화관광

뉴 아크로폴리스 박물관

아테네의 뉴 아크로폴리스 박물관은 존재만으로도 역사적 기념물이
며 건축가 베르나르 추미(1944년생)가 그 지역의 건축가와 함께 설계
한 건물이다. 이 박물관에는 아르카이크 시대부터 로마 시대의 고전
보물이 소장되어 있으며, 파르테논으로부터 244m가 떨어져 있고 고대
신성한 바위 남쪽에 위치한다.

특징적인 디자인 요소는 바로 빛이다. 갤러리 공과, 넓고 투명한 섹

---

288) (공)저: 서윤호,최정호, 『생각이 크는 인문학8_정의: 옳고 그름은 누가 정하는 것일까?』, 을파
소, 2015

션들은 귀중한 전시품을 보호하면서 베르나르 추미의 사다리꼴 건물 안에서 구세계와 신세계를 연결해 준다. 건축가들은 단순한 디자인과 기하학적 추상성을 유지하며 전통적인 역사, 아테네의 현대적인 면모와도 잘 어울리게 하였다.

박물관의 최상층은 유리 홀인데 현재 영국 런던의 대영 박물관이 이 조각품을 갖고 있기에 마찰을 빚고 있다. 홀 전체가 파르테논 신전을 거울처럼 비출 수 있도록 기울어져 있어, 옛 신전에 있었던 때와 같은 모습으로 일 것이고, 박물관을 방문하는 사람들은 이 건축물과 마주할 수 있다. 세계적인 건축가 베르나르 추미는 뉴 아크로폴리스를 최신 기술과 고대의 재료들이 결합된 도시 속 박물관이라 극찬한 바 있다.289)

뉴 아크로폴리스 박물관
(출처: 네이버 지식백과)

---

289) [네이버 지식백과] 뉴 아크로폴리스 박물관 [New Acropolis Museum] (죽기 전에 꼭 봐야 할 세계 건축 1001, 2009. 1. 20., 마로니에북스)

(3) 음식과 문화관광

2010년 말 유네스코(UNESCO)는 지중해식 식단을 세계 무형 문화유산으로 지정했다. 지중해를 끼고 있는 그리스, 이탈리아, 스페인, 모로코가 공동으로 유네스코에 등재 신청을 냈으며, 이는 음식문화가 문화유산으로 처음 채택된 것이었다..

오늘날 지중해 식단은 '건강한 음식'으로 인식된다. 지중해풍 요리는 심장병을 예방하고 콜레스테롤 수치를 낮추는 데 효과가 있다는 주장도 제기되고 있다. 육류는 적게 쓰면서 생선과 올리브, 토마토, 각종 콩류 등 식물성 식재료를 주로 쓰기 때문이다.

특히 그리스 음식은 지중해 식단을 이루는 큰 기둥이다. 중동과 유럽의 특징을 모두 아우르는 독특한 음식문화가 특징이며, 건강 웹진 어소리티뉴트리션(Authoritynutrition)은 다음과 같이 그리스 대표적인 메뉴 5가지를 소개하였다.

① 멜리차노살라타(Melitzanosalata)

가지를 활용해 만든 대표적인 그리스 음식이다. 흐물흐물 해지도록 푹 구워낸 가지를 으깨고 여기에 올리브오일, 마늘, 레몬즙을 함께 섞어낸 요리이다. 주로 채소나 빵에 발라서 에피타이저로 먹는다. 멜리차노살라타의 조리법과 맛은 레바논을 비롯한 중동에서 흔히 먹는 '바바가누쉬(Baba Ghanoush)'와 닮았다. 가지는 섬유소와 항산화 물질이 풍부한 식품이다. 면역력을 강화하고 심장병을 예방에 효과가 있다.

멜리차노살라타
(출처: 지중해 식단의 대표주자 '그리스 푸드', REAL FOODS, 2017.07.31.)

② 차지키(Tzatziki)

차지키
(출처: 지중해 식단의 대표주자 '그리스 푸드', REAL FOODS, 2017.07.31.)

차지키도 빵이나 채소에 발라서 먹는 소스 혹은 스프레드로 활용된다. 멜리짜노살라타의 베이스가 가지였다면, 차지키는 그리스식 요구르트(Greek Yogurt)를 바탕으로 만든다. 요구르트에 마늘, 오이, 식초, 올리브 오일 등을 넣고 섞으면 된다. 그리스식 요구르트의 특징은 질감이 묵직하다는 것인데, 이는 우유를 치즈나 버터로 가공하는 과정에서 생기는 부산물인 유청(Whey)을 최대한 걷어내기 때문이다.

③ 돌마데스(Dolmades)

돌마데스
(출처: 지중해 식단의 대표주자 '그리스 푸드', REAL FOODS, 2017.07.31.)

돌마데스는 쌀, 다진 고기, 각종 채소들, 향신료(허브잎) 등을 포도잎에 감싸 쪄낸 음식이다. 조리법과 음식의 모양이 '연잎밥'과 유사하다. 에피타이저이자 메인 음식으로 인기가 있다. 파슬리나 딜, 오레가노 등의 향신료를 넣어 다양한 풍미를 살리기도 한다. 포도잎은 항산화물질, 비타민 A, 비타민 K 등 영양분이 풍부하다.

④ 아브고레모노(Avgolemono)

그리스식 치킨 수프라 할 수 있
다. 주요 식재료는 달걀과 레몬이
다. 세계 음식명 백과에 따르면 '아
브고레모노'라는 이름 또한 아브고
(Augó·달걀)와 레모니(Lemóni·
레몬)라는 단어가 결합된 것이라
한다.

아브고레모노
(출처: 지중해 식단의 대표주자 '그리스
푸드', REAL FOODS, 2017.07.31.)

조리법을 간단히 소개하자면 다
음과 같다. 우선, 닭육수에 파스타나 쌀을 넣고 끓인다. 여기에다 달걀
과 레몬즙을 함께 넣어 끓여내면 된다. 레몬즙을 많이 넣을수록 상큼
한 맛이 나는데, 특히 그리스 사람들은 감기에 걸릴 때마다 아브고레
모노를 먹는다고 한다.

⑤ 호리아티키 살라타(Horiatiki Salata)

호리아티키 살라타
(출처: 지중해 식단의 대표주자 '그리스 푸드',
REAL FOODS, 2017.07.31.)

호리아티키 살라타는 오이, 토
마토 양파, 올리브 등을 적당한
크기로 자르고, 그 위에 흰 페타
치즈와 올리브 오일을 뿌려 먹는
그리스식 샐러드이다. 채소가 많
이 들어간 만큼 미네랄과 영양소
모두 풍부하다. 페타 치즈는 염
소, 양의 우유로 만들어지는데,

다른 치즈보다 단백질, 칼슘 함량이 더 높다.290)

---

290) 지중해 식단의 대표주자 '그리스 푸드', REAL FOODS, 2017.07.31.

(4) 특이한 콘텐츠들

그리스 지중해식 식단

지중해식 식단은 고른 영
양소를 갖추며, 비만 예방에
많은 도움이 되는 웰빙 식단
으로 그리스를 포함한 지중
해 연안 국가의 사람들이 먹
는 식사를 의미한다. 식단의
주재료는 채소, 과일, 콩, 곡
물 등이 있고 생선과 닭고기

지중해식 식단, 다이어트꿀팁!
그리스 지중해식 식단관리!, 티스토리
(출처: http://infojam.tistory.com/42)

도 포함된다. 식사 시에 가볍게 와인을 즐겨 마시기도 하며. 조리 시에
과일, 채소, 마늘, 올리브유 등이 사용되므로 비타민, 미네랄 등의 충
분한 영양소를 섭취할 수 있다.

과도한 소금, 동물성 지방, 당분 등의 일반적인 서양식과는 달리, 지
중해식 식단은 체중감량, 고혈압 예방, 심장 질환 치료 등에 많은 도움
이 된다. 지중해식 식단을 먹기 위해서는 채식 위주로 소금 대신 허브
와 각종 향신료를 사용해야 한다. 붉은 고기류, 당분이 함유된 음식들
은 최대한 절제하고 주기적으로 운동을 하는 것이 좋다.[291]

7) 문화관광의 미래

그리스는 아름다운 지중해 바다에 둘러싸여 맑고 깨끗한 날씨를 가
진 관광 경쟁력을 가진 국가이다.

---

291) 지중해식 식단과 다이어트 식단 구성하기, GRADIUM

WTTC(World Travel and Tourism Council)에 따르면, 그리스의 관광수입은 그리스 전체 GDP의 약 17.5%를 차지하는 최대 산업이라 할 수 있다.

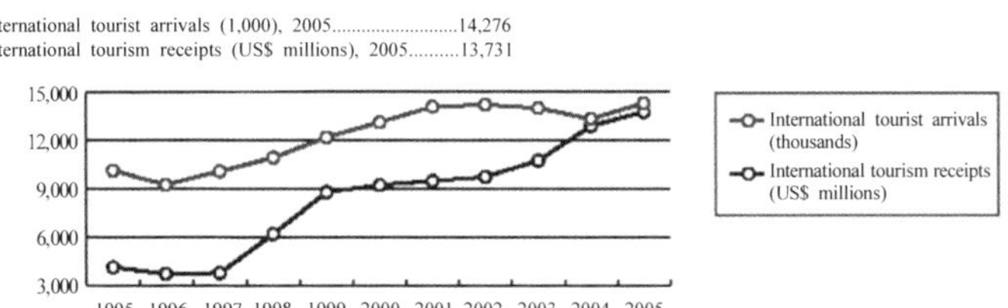

자료원 : United Nations World Tourism Organization

그리스 방문 해외관광객 수 및 관광수입

(1) 그리스 요트 관련 산업

요트 산업에 경쟁력을 가진 그리스는 관련 산업의 성장을 위해 규제를 축소하는 등의 적극적인 노력을 기하고 있다(10m 이하 요트 구입 시 재무증명서 제출 면제 등 행정 서류 간소화 조치, 등록 갱신 등의 유지 관련 행정절차도 크게 축소함).

2004년 올림픽 전후로 그리스의 등록된 요트 수는 2배가 넘었으며(2000년:2,000척 -> 2005년:4,000척), 다양한 마리나 시설(요트 정박 및 관리 시설)이 개발되고 있다.

기술력의 부족으로 인해 요트 건조가 어려운 그리스는 요트 운영과 마리나 시설의 확충 및 운영 관련 산업 개발에 집중해왔다.

특히 마리나 시설은 친환경 산업일 뿐 아니라 부가가치가 높으며, 관광자원으로 서평가 받으며 그리스에서 집중 투자 대상으로 여겨진다.

(2) 그리스 마리나 산업

1960년대 그리스 마리나 시설의 개발 및 운영을 시작으로, GNTO (Greek National Tourism Organization)에 의해 장기적인 시설 관련 계획이 수립되었다.

2004년 아테네 올림픽을 전후로 관광과 레저를 함께 즐길 수 있는 대형 마리나 시설 건립이 본격적으로 활성화되었으며, 아테네 부근의 Flisvos 마리나를 포함한 대형 복합 마리나 시설이 등장하였다.

그리스 정부는 마리나 산업과 관련 산업(호텔, 레스토랑 등)을 차세대 산업으로 육성하고자 외국 자본 유치를 위해 다양한 노력을 기울인다.[292]

관광산업이 그리스 경제에 상당 부분을 차지하는 만큼, 파산위기와 시위 등으로 인한 부정적인 국가 이미지를 탈피하고 유적지의 관리 및 보존을 철저히 하여 관광대국으로서의 자부심을 되찾아야 할 것이다.

---

[292] [그리스] 미래 성장동력산업을 공략하라, kotra 해외시장뉴스, 2008.01.29

양위주

부경대학교 경영대학 관광경영학과 교수
글로벌해양관광연구소장
부산광역시 해양레저관광진흥위원
Texas A&M 대학, Ph.D.
서울대학교 MLA, BA

이현찬

(주) 지엠 네트웍스, 대표이사
(주) 호텔에어, 대표이사
부경대학교 인문사회과학대학 겸임교수
부경대학교 경영컨설팅협동과정 박사수료

김명희

부산일보 출판부 차장
"커피를 만들다 LAB", 커피지키미
부경대학교 경영컨설팅협동과정 박사과정

이샛별

ART&CULTURE, 대표
이안오케스트라 수석 Violist
경성대학교 창의인재대학교 외래교수
부산대학교 예술—문화와영상매체협동과정 예술학박사
부산대학교 경영학과 박사과정 수료

해양문화관광의 이해

초판인쇄 2018년 5월 30일
초판발행 2018년 5월 30일

지은이 양위주 이현찬 김명희 이샛별
펴낸이 채종준
펴낸곳 한국학술정보㈜
주소 경기도 파주시 회동길 230(문발동)
전화 031) 908-3181(대표)
팩스 031) 908-3189
홈페이지 http://ebook.kstudy.com
전자우편 출판사업부 publish@kstudy.com
등록 제일산-115호(2000. 6. 19)

ISBN 978-89-268-8455-3 13330